HISTOIRE
DE
MONTPELLIER

DEPUIS SON ORIGINE
JUSQU'A LA FIN DE LA RÉVOLUTION

AVEC PLUSIEURS PLANS DE MONTPELLIER

(Première Partie)

par

ALBERT FABRE

La Tour des Pins en 1852

MONTPELLIER

1897

LK⁷
30960

HISTOIRE
DES
COMMUNES DE L'HÉRAULT

Cette publication comprendra 40 volumes avec cartes, plans, gravures hors texte et vignettes.

Chaque volume renferme l'histoire des communes d'un canton.

DIVISION DES VOLUMES

I. Histoire du département de l'Hérault.
II. MONTPELLIER (1).
III. Communes du 2e canton.
IV. Communes du 3e canton.
V. Aniane.
VI. Castries.
VII. Cette.
VIII. Claret.
IX. Frontignan.
X. Ganges.
XI. Lunel.
XII. Matelles (Les).
XIII. Mauguio.
XIV. Méze.
XV. St-Martin de Londres.
XVI. Béziers.
XVII. Communes du 1er canton.
XVIII. Communes du 2e canton.
XIX. Agde.
XX. Bédarieux.
XXI. Capestang.
XXII. Florensac.
XXIII. Montagnac.
XXIV. Murviel.
XXV. Pézenas.
XXVI. ROUJAN.
XXVII. St-Gervais.
XXVIII. Servian.
XXIX. Lodève.
XXX. Communes du canton
XXXI. Clermont.
XXXII. CAYLAR (Le).
XXXIII. Gignac.
XXXIV. Lunas.
XXXV. St-Pons.
XXXVI. Communes du canton.
XXXVII. La Salvetat.
XXXVIII. Olargues.
XXXIX. Olonzac.
XL. St-Chinian.

Ont paru : II MONTPELLIER ; XXVI ROUJAN ; XXXII LE CAYLAR.

Le prix de chaque volume sera de 2 francs à 5 francs pour la première édition ; de 10 à 20 francs pour l'édition de luxe.

L'édition de luxe comprend en outre un album avec des gravures et des phototypies.

---

(1) L'*Histoire de Montpellier pendant le XIXe siècle* complètera l'Histoire de cette commune.

DU MÊME AUTEUR

ARCHITECTURE

L'Architecture au Salon de 1872, 1 vol. in-fol.................. 40 fr.

HISTOIRE

De l'utilité d'une Histoire des Communes...................... Epuisé.

L'Hérault Historique, 1 vol 5 f.	Histoire de Montblanc, 1 v.	1 —
L'Hérault Illustré, 1 vol... 5 —	— Caussiniojouls.... »	50
Histoire de Mèze, 1 vol ... 2 —	— Liausson, 1 vol.... »	50
— *Balaruc*, 1 vol.... 1 50	— Merifons, 1 vol... »	50
— *St-Georges*, 1 vol. 1 —	— d'Arques (Aude), 1 v.	2 —

Ces publications ont eu des éditions sur Hollande avec gravures en eaux-fortes.

HISTOIRE DES COMMUNES DE L'HÉRAULT
AVEC CARTES, PLANS, DESSINS ET VIGNETTES

IIe Montpellier. Edition ordinaire............................ 4 fr.
— Edition de luxe.......................... 6 —
— Edition sur Japon........................ 12 —

Montpellier. *Monuments. — Scènes historiques. — Portraits. — Œuvres d'art.*
— Edition de luxe.......................... 25 —
— Edition avec épreuves sur Chine............. 30 —
— Edition sur Japon........................ 60 —
— Edition sur Japon avec épreuves sur parchemin. 120 —

XXVIe Roujan *et les communes du canton.*
— Edition ordinaire........................ 4 —
— Edition de luxe avec album (22 planches)...... 20 —
— Edition de luxe sur Japon avec album......... 40 —

XXXIIe Le Caylar *et les communes du canton.*
— Edition ordinaire........................ 2 —
— Edition de luxe avec album................ 15 —
— Edition de luxe sur Japon................. 30 —

THÉATRE

Les Albigeois, drame en cinq actes.
La Fille du Conjuré, drame en cinq actes.

Ces ouvrages ont été représentés sur les scènes des théâtres de Béziers et de Montpellier.

HISTOIRE DE MONTPELLIER

> Si j'étais en état de vivre dans le lieu qui me serait le plus agréable, je choisirai la ville de Montpellier, et j'en ferai le nid de ma vieillesse. Il n'y a point d'endroits où l'on puisse passer plus doucement ses jours, soit qu'on ait égard à la bonté de l'air, soit aux mœurs des habitants et aux commodités de la vie.
> JOSEPH SCALIGER,
> *Voyageur* (1540-1609).

HISTOIRE

DE

MONTPELLIER

DEPUIS SON ORIGINE

JUSQU'A LA FIN DE LA RÉVOLUTION

AVEC PLUSIEURS PLANS DE MONTPELLIER

(PREMIÈRE PARTIE)

par

ALBERT FABRE

Honoré d'une souscription du Conseil général de l'Hérault.

La Tour des Pins en 1852

MONTPELLIER

1897

AVANT-PROPOS

Ce livre a été écrit afin de permettre à la nouvelle génération de connaître l'histoire de son pays natal; aussi n'avons-nous pas cherché à faire une œuvre de savant, mais celle de vulgarisateur. Il ne nous appartient point de modifier le plan d'un ouvrage dont nous poursuivons la publication depuis plusieurs années (1); *aussi avons-nous pris pour terme la fin de la Révolution, en conservant toutefois l'espoir d'écrire une* Histoire de Montpellier pendant le XIXe siècle. *Il nous sera alors permis de nous étendre plus longuement sur ses monuments, les riches collections de ses musées, de ses bibliothèques; d'étudier son commerce, son industrie et de suivre la prospérité toujours croissante de ses écoles.*

---

(1) *Histoire des Communes de l'Hérault.*

PRÉFACE

Des légendes mystiques sont les origines de la fondation de Montpellier. Les deux bourgs de Montpellier et Montpelliéret seraient restés longtemps dans leur état primitif si les habitants de Maguelone, chassés par Charles-Martel, n'étaient point venus y établir leurs foyers. La vie communale prit un mouvement des plus actifs lorsque les deux bourgs unirent leurs intérêts. Sous les premiers seigneurs les habitants par une lutte incessante et le plus souvent pacifique conquirent ou se prévalurent peu à peu de nombreux privilèges et libertés.

Son commerce rayonnait sur tout le littoral méditerranéen, son enseignement attirait dans ses murs des personnages célèbres et de nombreux étudiants.

Après avoir échappé aux catastrophes de la Croisade contre les Albigeois, après avoir été une des villes les plus libres, les plus indépendantes, les plus commerçantes de notre pays, elle devint un des centres des luttes religieuses des XVIe et XVIIe siècles. Dans moins d'un siècle, elle vit disparaître ses monuments ; ses remparts furent démantelés et une citadelle étouffa son esprit d'indépendance ou de rébellion envers le pouvoir royal.

Combien de familles n'avaient-elles point abandonné leur pays natal pour aller porter ailleurs leur fortune, leur commerce, leur industrie ? Son ancienne renommée s'était éclipsée peu à peu et de sa splendeur d'autrefois il ne lui restait que son enseignement médical toujours en grand renom.

La réunion des Etats de Languedoc à Montpellier pendant presque tout le cours du XVIIIe siècle amena dans ses murs des personnages de qualité et lui donna ce caractère aristocratique qu'elle a conservé jusqu'à nos jours.

Depuis lors Montpellier a tout reconquis. Sa population augmente dans des proportions très sensibles, et ses faubourgs s'étendent bien loin de son ancienne enceinte.

Cette cité, dont les annales sont si glorieuses, conservera toujours la grâce et la beauté de ses femmes, égides de ses premières destinées.

Albert FABRE.

Montpellier, 21 mars 1897.

HISTOIRE
DE
MONTPELLIER

I

TOPOGRAPHIE

Situation. — Panorama, vu du Peyrou. — Cours d'eau : Le Lez. Le Merdansou. — Description de la ville à la fin du XVIIIe siècle.

Montpellier, chef-lieu du département de l'Hérault, est situé à onze kilomètres à vol d'oiseau de la mer Méditerranée et à une altitude de 17 mètres, au seuil de la gare du chemin de fer, et de 45 mètres, à la promenade du Peyrou.

Bâti primitivement sur le penchant d'un monticule, ses maisons s'étendent bien au-delà de la première enceinte que déterminent les grands boulevards construits sur les anciens fossés.

Ce sont les principales artères où viennent aboutir les rues de l'ancienne ville et où commencent les avenues conduisant aux faubourgs.

C'est du Peyrou qu'on peut se rendre compte de l'étendue des faubourgs dont les principaux sont ceux de Boutonnet et de Nîmes, au nord ; du Pont-Juvénal, de Lattes, de la Gare, à l'est; de Toulouse, de Figuerolles, au sud ; de Saint-Dominique, des Arceaux, à l'ouest.

En levant les yeux vers l'horizon on découvre un panorama admirable :

Au nord la colline de Castelnau dont le village rappelle le souvenir de la cité de Substantion de l'époque romaine ; sur la droite les collines du Crès ; plus loin, à gauche de Castelnau, les hauteurs de Saint-Bauzille-de-Montmel et de Sainte-Croix-de-Quintillargues ; et dans cette même direction le mont Ventous ; au nord-ouest, le pic Saint-Loup (633 mètres); sur le contrefort de droite les ruines grandioses du vieux château de Montferrant se détachant sur le fond bleu du mont Hortus (512 mètres). C'est sur le versant opposé du pic Saint-Loup et sur sa gauche que se trouve le village de Saint-Martin-de-Londres.

On aperçoit par un temps clair les montagnes de la Lozère (1702 mètres).

A l'Ouest, on voit la longue chaîne de la Serane avec le roc des Vignes (848 mètres), et à l'horizon l'Aigoual (1569 mètres), l'Espérou, les montagnes d'Aulas.

Les collines de Murles, de Saint-Bauzille (187 mètres), inclinent leurs pentes sur la plaine qui s'étend jusqu'à la mer.

Au soleil levant, on voit scintiller la longue ligne de la mer qui s'étend d'Aigues-Mortes jusques et au-delà de Maguelone.

Maguelone, résidence des anciens évêques, est sur un petit mamelon ; puis vient Palavas avec ses nombreux chalets ; et enfin, au sud, Aigues-Mortes et la tour Constance qu'on peut apercevoir par un temps très clair.

Non loin de la ville, au nord, coule un *petit fleuve,*

le Lez, déjà relié aux faubourgs de Nimes et du Pont-Juvénal, et le Merdanson que quelques personnes écrivent à tort Verdanson. Ce ruisseau est plutôt un torrent restant à sec la plus grande partie de l'année.

La place de la Comédie occupe l'emplacement d'un bastion de défense élevé pendant les guerres religieuses du xvie siècle.

Sur le milieu de cette place s'élève le groupe des Trois-Grâces, d'Antoine.

Voici, à gauche, le nouveau théâtre, inauguré le 1er octobre 1883; en face, la rue de la Loge ; sur la droite, l'Esplanade. Dans le fond, à travers les arbres, on aperçoit la Citadelle avec les bâtiments de la Caserne du génie et plus près la gare de Palavas.

Le boulevard Victor-Hugo, autrefois boulevard de la Comédie, occupe l'emplacement de l'ancien fossé de l'Arbalète, où les habitants de la ville allaient se livrer à l'exercice de ce jeu.

Au commencement du boulevard de l'Observatoire s'élève, sur l'emplacement de l'ancienne tour Babotte, la Tour de l'Observatoire, d'où les savants du siècle dernier faisaient leurs observations. C'est du balcon qui donne sur le boulevard qu'eut lieu la première descente en parachute. Derrière la halle circulaire est située la petite place de la Croix de Fer.

Nous trouvons ensuite, sur la droite de ce boulevard, la rue des Etuves, où les barbiers étuvistes tenaient autrefois maison de santé et de plaisirs ; et dans cette rue, l'église des Pénitents bleus, qui renferme un Christ colossal en marbre blanc ; à l'extrémité de la rue de la Saunerie, l'église Saint-Denis construite en 1699 par d'Aviler dans un champ où furent pendus 63 prisonniers de l'armée protestante du duc de Rohan (1628).

Cette église est aussi située près de la route de Toulouse et de l'ancien Cours de la Reine, plus tard Cours-la-Reine, établi au siècle dernier en imitation de celui de Paris, et où se donnaient les rendez-vous des hauts personnages et des précieuses de la ville. C'est de ce côté, à l'extrémité de la rue Chaptal, que l'on a construit la gare du chemin de fer d'intérêt local.

Le boulevard Jeu-de-Paume était en vogue au XVIIIe siècle. Les comédiens forains dressaient leurs tréteaux en cet endroit, et Molière y joua ses premières œuvres.

Le boulevard Ledru-Rollin (autrefois boulevard Saint-Guilhem) conduit au Peyrou, une des plus belles promenades de France, remarquable par ses dispositions architecturales et la statue équestre de Louis XIV et l'aqueduc.

En descendant par la place d'Aviler, on voit, sur la gauche, à l'entrée du faubourg Saint-Jaumes, la porte d'entrée principale du Jardin des Plantes, fondé par Henri IV, en 1593; plus bas, sur la droite, les bâtiments de la Faculté de Médecine et la Tour des Pins, seul vestige des anciennes fortifications; au bas du boulevard Henri-IV, l'Hôpital Général. Là commence le boulevard Louis-Blanc auquel fait suite le boulevard Bonnes-Nouvelles, ainsi désigné en souvenir d'une chapelle bâtie un peu plus haut en l'honneur de la délivrance de la France par Jeanne d'Arc, et au lieu même où le courrier qui apportait l'annonce de ses victoires était descendu. On a placé, en 1894, sur la façade du Lycée, une plaque en marbre portant cette inscription :

A JEANNE D'ARC
LA VILLE DE MONTPELLIER, EN SOUVENIR DES BONNES NOUVELLES
DU SUCCÈS DES ARMES FRANÇAISES
ET DE LA DÉLIVRANCE D'ORLÉANS, 1429.

Nous sommes maintenant au boulevard de l'Esplanade; on voit, sur la gauche, les allées qu'ombragent de beaux platanes; dans le fond, la citadelle construite par Louis XIII sur l'emplacement de laquelle se trouvait autrefois un village avec son église sous le vocable de Saint-Denis ; sur la droite, la façade du Lycée, ancien collège des Jésuites, auquel l'église de Notre-Dame, qui y est attenante, servait de chapelle.

En suivant la rue Girard, on arrivait à la rue Salle-l'Evêque, où s'élevait un palais portant ce nom, abattu par les protestants en 1598, et où les évêques de Maguelone avaient fixé leur demeure.

La rue de l'Aiguillerie, qui passe au-devant de la place Notre-Dame, est une des plus anciennes de la vieille ville. En suivant cette rue on voit une suite d'hôtels, dûs, pour la plupart, à l'architecte d'Aviler. Madame de Staël en parle en ces termes : « Magasin de belles maisons. »

Dans une impasse, à gauche, s'élevait la tour d'En Canet, célèbre dans les fastes de Montpellier.

La porte d'entrée du n° 31 est surmontée des attributs du travail intellectuel. C'était l'hôtel de la fameuse Société royale des Sciences de Montpellier, unie par ses statuts à l'Académie des Sciences à Paris, et qui brilla d'un si vif éclat pendant le xviiie siècle.

Dans la même rue est la place Brandille, dite aussi place Jacques-Cœur.

A l'entrée de la rue Aiguillerie se trouve la Halle aux Colonnes. C'est sur son emplacement que s'élevait primitivement l'église de Notre-Dame des Tables.

La maison attenante à la rue de la Loge et à la rue Collot servit de lieu de réunion aux derniers Etats du Languedoc. La place, autrefois dite Notre-Dame, fut longtemps témoin des exécutions par le bûcher et par la roue. Elle est désignée aujourd'hui sous le nom de place des Etats-de-Languedoc.

En descendant la rue de la Loge, sur la gauche, s'ouvre la rue des Trésoriers-de-France, où se trouvaient, dans l'hôtel du n° 5, les bureaux de cette juridiction.

L'intersection de la rue de la Loge, de la Grand'Rue et de la rue Jacques-Cœur forme un petit carrefour où les étudiants dressaient au moyen âge des tréteaux sur lesquels ils jouaient leurs farces. Ne serait-ce point en cet endroit que Rabelais aurait fait représenter la comédie dont il parle dans *Pantagruel* : *La femme muette* ?

Dans la rue Jacques-Cœur, vis-à-vis la façade de l'église des Pénitents Blancs, on remarque les vestiges d'une tour, seul souvenir de l'ancienne demeure de ce marchand qui fut si généreux envers Montpellier.

La Grand Rue, une des artères les plus fréquentées de la ville, possède, vers le milieu, le Tribunal de Commerce (Hôtel St-Côme) bâti en 1756, avec les deniers légués par La Peyronie, chirurgien de Louis XIV, pour l'établissement d'une école de chirurgie. La rotonde, le portique d'entrée et l'escalier offrent des modèles hardis de coupe de pierre.

Derrière cet édifice, la place Saint-Côme occupe l'emplacement de l'un des temples des Réformés.

Par la rue Puits-du-Temple, ou la rue des Sœurs-Noires, on arrive à la rue Saint-Guilhem, une des plus anciennes rues de la ville; elle a son origine à la place de la Préfecture et se termine aux boulevards Jeu-de-Paume et Ledru-Rollin. Au n° 31, se trouve le vieil hôtel de Castries.

Devant l'église Sainte-Anne, la place du Petit-Scel, seul souvenir de cette juridiction fondée par Philippe-le-Bel, précède la rue Dauphine. Celle-ci aboutit au Palais de Justice, commencé vers la fin du règne de Louis-Philippe, au lieu et place de l'hôtel de la Cour des Aides et du palais des anciens seigneurs.

Après avoir franchi la porte de l'Arc-de-Triomphe, on se trouve de nouveau en face du Peyrou : en descendant par la place d'Aviler et le boulevard Henri-IV, on rencontre, à droite, l'ancienne rue Basse, où Jean-Jacques Rousseau logea pendant l'automne de 1737 (n° 26); puis les bâtiments de la Faculté de médecine, ancien couvent de l'ordre des Bénédictins (1364), et la cathédrale ancienne chapelle de ce monastère.

Par la rue escarpée de Saint-Pierre, on arrive à l'extrémité du square de la Canourgue, soutenu par les fondations d'une église dont le cardinal Richelieu fit interrompre la construction.

Sur le plan de la Canourgue, on a placé la fontaine des Licornes, dite des Chevaux-Marins, œuvre du sculpteur d'Antoine (1773). Cet ouvrage fut d'abord édifié sur la place des États-de-Languedoc. La mairie, ancien hôtel de Richer de Belleval, est située devant ce square.

A l'extrémité de la rue du Palais, la maison dite de la Coquille, œuvre de l'architecte d'Aviler, représente, pour les hommes de l'art, une remarquable étude de la coupe de pierre.

En suivant la rue du Palais, on arrive par la rue de Ratte, à l'ancienne rue de la Blanquerie, (aujourd'hui de l'Université) où se trouvait l'hospice Saint-Éloi.

Par la rue Chrestien, à droite de la rue de l'Université, on pénètre dans la rue tortueuse Urbain V. Dans la maison portant le n° 1, qui fait angle avec la rue de l'École de Pharmacie, se trouvait le collège de Mende, fondé pour douze étudiants en médecine de ce diocèse par le pape Urbain V, en 1389. Au n° 2 est une maison bâtie sur les ruines de l'ancien collège de Girone.

L'église Saint-Mathieu a servi de chapelle à un cloitre de dominicains. A côté, est l'École de pharmacie, installée dans le logis de la première Faculté de médecine.

En revenant sur nos pas, on arrive à la rue Fournarié, où se trouvait l'hôtel du diplomate Bonnier d'Alco, assassiné à Rastadt en 1797 (n° 3).

Par la rue Henri-IV, puis par la rue Montpelliéret, on arrivait à l'hôtel où Molière joua, ainsi que l'indique une plaque de marbre placée sur le mur du Musée Fabre construit sur son emplacement.

Par la rue Fabre on arrive à l'église des Carmes, bâtie par les Augustins en 1643. En longeant cet édifice on retrouve l'Esplanade et l'on est en face du Cercle des Etudiants, du Cercle et de la Bibliothèque des Officiers et de la gare de Palavas. Depuis cet endroit jusqu'à la rue Baudin, on foule le sol du premier cimetière des Réformés, où toutes les grandes familles eurent leur sépulture de 1565 à 1628.

C'est sur l'emplacement du square de la gare de Palavas que se trouvait l'ancien Jeu de Ballon.

La rue du Faubourg de Lattes, qui commence à la place de la Comédie, était autrefois un quartier mal famé de la ville. On y vivait des produits du vol et du meurtre et les gens de loi même n'osaient y mettre les pieds. Dans cette rue se trouvait le logis du Lion d'Or, où, pendant le xviiie siècle, la poste eut ses bureaux.

Dans la rue de l'Observance se trouve une ancienne chapelle du couvent des Cordeliers de l'Observance (n° 8), où fut inhumé, en 1785, Charles Bonaparte, père de Napoléon Ier, mort à Montpellier. Lors du rétablissement du culte, l'église fut donnée aux protestants et leur servit de temple jusqu'à la construction du nouveau temple de la rue Maguelone.

II

GÉOLOGIE

Montpellier, par la composition de son nom, semble se réclamer de la géologie, puisque la première des syllabes dont il est formé, rappelle un des résultats les plus sensibles des forces dont cette science a pour mission spéciale d'étudier l'action et les produits : *Mont Pelier*, montagne soit des jeunes filles *(Mons Puellarum)*, soit plus simplement, *Mont Pelier*, *Mons Pessulanus*, comme prénom, mais toujours Mont, c'est-à-dire, inégalité du sol, c'est-à-dire encore éminence qui saille au-dessus d'une région déprimée qu'elle commande de sa hauteur et permet à l'observateur d'embrasser d'un regard du haut de son sommet.

En effet, le Peyrou et l'Esplanade ne constituent-ils pas comme deux plates-formes, sortes d'observatoires, du haut desquels le pays se découvre sur une étendue et avec une variété d'aspects qui font le charme exceptionnel de ces deux promenades, et en particulier de la première ?

Ce n'est donc pas sans raison que l'auteur d'une *Histoire de Montpellier* en appelle aux lumières de la géologie pour s'expliquer la situation de la ville, et en même temps la réalité et la raison de ses conditions topographiques.

Si de la terrasse supérieure du Peyrou, on jette

les yeux du côté de l'Ouest, vers les hauteurs qui dominent l'Ecole d'Agriculture, et de l'extrémité orientale de l'Esplanade, vers la rive gauche du Lez et les coteaux de Gramont, on sera frappé de la ligne de niveau qui relie ces divers points de l'horizon, au lieu d'où on les envisage.

D'un côté la vallée du Lez se profile comme un large sillon creusé entre l'abrupt du polygone et le sommet des buttes sableuses de la Pompignanne, et de l'autre une dépression sensible, une sorte de vallon sec, s'étend entre la promenade basse du Peyrou et les buttes qu'a tranchées, pour s'y établir, le chemin de fer d'intérêt local; de part et d'autre, même altitude.

D'autre part, si l'on observe la nature des sols ainsi séparés, on les reconnaîtra formés de part et d'autre de matériaux absolument identiques : cailloux, marnes, sables, et rangés dans le même ordre.

La déduction qui s'impose est que ces sols, aujourd'hui disjoints, étaient autrefois continus.

Qu'elle est la cause de cette solution de continuité qui ne laisse saisir aucune trace de violence? Elle est toute entière dans l'action de la pluie longtemps continuée, formant sur l'ancien sol des sillons, à la manière des rigoles que nous voyons se produire sur les sables de nos plages; progressivement approfondis, ces sillons ont créé l'état actuel des lieux. Le Lez a creusé sa vallée; l'eau de pluie canalisée dans la rigole qu'elle s'était formée, suivant continuellement la même pente et la même direction, concentrant sa masse, élargissant ses bords, a produit finalement notre petit fleuve, encaissé ainsi entre deux berges, dont l'une n'est pas autre que le sol même de la ville.

Du côté de l'ouest, il ne s'est pas établi de cours d'eau; mais une dépression sous la même cause ne s'en est pas moins formée; l'aqueduc a dû s'aider d'arches pour franchir le vide produit.

Montpellier mérite donc bien son nom ; c'est bien d'un mont qu'il s'agit, en effet, et la raison en est dans le simple travail des eaux ; c'est un relief produit par voie d'érosion.

La géologie nous apprend qu'il est d'autres facteurs (1) des inégalités de la surface terrestre, et celles, autrement considérables, qui se dessinent à l'horizon du Peyrou, l'Aigoual à l'extrême lointain, le Saint-Loup plus près de nous, et son cortège montagneux de l'Ortus et de la Serane, sont les effets d'autres forces, qui ont, elles aussi, contribué à l'établissement de l'état actuel de notre globe. Mais l'agent dont nous avons reconnu l'action et le produit, l'eau atmosphérique, sous ses différentes formes de pluie, de torrents ou de fleuves, est entre tous, sans contredit, le plus continuellement actif, celui dont l'incessant labeur a opéré la plus décisive influence sur le modelé de notre globe. Notre modeste Mont Pellié nous met en présence de l'un des phénomènes géologiques les plus importants :

---

(1) Ces autres facteurs d'inégalités terrestres sont dits d'origine interne, par opposition à l'agent aqueux qui opère à la surface ; ils sont susceptibles, d'ailleurs, d'être ramenés tous à un simple phénomène de contraction : la masse intérieure du globe perdant de sa chaleur première, se refroidit, se contracte ; il en résulte à la surface des plis, des ruptures et des effondrements, et par suite, des creux et des reliefs. Une autre conséquence de ces retraits et de ces fractures est la sortie des matières demeurées fondues dans l'intérieur ; l'Aigoual d'une part, le mont d'Agde de l'autre, témoignent de ces épanchements de matériaux profonds, étrangers au sol qui leur a livré passage ; d'autre part les chaînes de la Gardiole et de la Serane sont en tout comparables aux rides d'une pomme qui se flétrit. Sous l'action des eaux ruisselantes à l'extérieur, ces rides s'affouillent, se ravinent, se façonnent de mille manières ; les parties meubles disparaissent, les parties plus résistantes se creusent et prennent mille formes donnant ainsi naissance aux silhouettes parfois fantastiques de nos chaînes de montagnes. Notre Saint-Loup, en particulier, n'est qu'un feston rocheux découpé par les eaux dans un bourrelet calcaire.

la production d'inégalités par voie d'entraînement de matière.

Examinons maintenant de plus près la nature particulière des matières minérales qui le constituent; pour cela nous n'aurons qu'à observer les matériaux de déblais que nous offrent les travaux de fondations de nos maisons; l'occasion s'en présente tous les jours; procédons des plus hauts quartiers aux plus bas; Montpellier, s'échelonnant sur les flancs d'une colline, un creusement de profondeur minime, aux différents niveaux, mettra à jour les différentes matières qui la forment; on sait, en effet, que la charpente de notre globe consiste en une série d'assises de différentes natures en recouvrement les unes sur les autres. Le Palais de Justice, la Halle et le faubourg de Boutonnet nous offriront, par leur niveau respectif, des conditions favorables à notre étude.

C'est un dépôt de limon rougeâtre, contenant des cailloux siliceux de grosseur variable, que les premiers coups de pioche mettent à jour, et cela seulement sur la partie culminante de la ville, dans le rayon du Palais de Justice.

Ce sol rouge n'est autre que le *crès* des agriculteurs qui, au-delà de la vallée du Lez, sur les côteaux de Gramont, et de là vers Lunel, Arles, et dans toute la Crau, et à l'Ouest, aux différents points d'égale attitude à celle du Peyrou, s'étend jusque dans l'arrondissement de Béziers.

Ces cailloux indiquent par leur présence, leur forme et leur nature siliceuse, qu'à ce moment de niveau uniforme, la surface de notre région était parcourue par des cours d'eau descendant des hautes Cévennes du côté de l'Ouest jusque vers Saint-Aunès, et au-delà, plus à l'Est, des hauts sommets des Alpes.

Au-dessous de cette argile caillouteuse se rencontrent des couches de marne blanche redoutées des agriculteurs, et contenant, celles-ci, des cailloux calcaires, qui dénotent une provenance différente des cailloux siliceux : la région de nos basses Cévennes de nature calcaire (Serane, Saint-Loup). Ces marnes renferment des coquilles d'animaux d'habitat lacustre, indice irrécusable de la présence sur les mêmes points d'un régime d'eau douce, d'un véritable lac, dont on retrouve les témoins au loin, à l'horizon, vers Nîmes et au-delà, toujours sur les sols de même niveau que notre Palais de Justice.

Des ossements d'animaux s'y rencontrent aussi, dont les genres ne vivent plus dans nos régions, ceux d'un singe en particulier.

Plus bas que le Peyrou, à la Halle-Neuve, un fait assez singulier a été observé à cette même profondeur. C'est la présence d'une assez grande abondance de mercure natif, dont on a pu dès les premiers travaux de fouille, remplir des tubes de thermomètre. Les mines de mercure natif dans ces conditions sont assez rares pour qu'on ait cru devoir, pour expliquer le fait, rappeler l'existence, à cette même place vers le moyen-âge, d'anciennes pharmacies, dont les caves profondes auraient contenu du mercure, lequel avec le temps se serait infiltré dans le sol.

On peut voir dans les collections de la Faculté des Sciences quelques échantillons de ces matériaux imprégnés de mercure.

Ces dépôts d'argile rouge et de marnes blanches sont supportés par une grande masse sableuse qu'on exploite pour les constructions dans tous les environs de la ville. Les arches de l'aqueduc sont assises dans la masse de ce dépôt sableux, dont on voit un affleurement sous le Peyrou même, à côté du gymnase municipal.

Ce sable indépendamment de son utilité industrielle offre un grand intérêt d'un ordre tout scientifique, par les ossements des grands mammifères terrestres (Mastodontes, Rhinocéros) qui s'y trouvent, et qui leur ont donné une grande notoriété.

C'est sous le nom de *Sables supérieurs de Montpel-*

lier qu'ils sont connus en géologie ; on pouvait admirer à la dernière exposition de Montpellier une mâchoire de l'un de ces animaux remarquablement restaurée ; elle a été réduite en cendres et a péri en un moment, après tant de milliards et de milliards de siècles de conservation, dans l'incendie désastreux qui a détruit toutes ces richesses.

Ces mêmes sables présentent la précieuse particularité d'être parcourus dans l'intérieur de leur masse par de riches nappes d'eau, où s'alimentent dans nos environs, plus de deux cents puits à roues, qui donnent la raison du grand développement de la culture maraîchère autour de la ville. Au coude que fait l'aqueduc, vers les réservoirs, une sablonière à mis à jour des bancs d'huîtres, dont l'espèce est aujourd'hui perdue, et dont la présence témoigne de la longue existence en ces lieux d'un régime marin auquel devait succéder plus tard, à la suite du mouvement du sol, le régime lacustre constaté tout à l'heure.

Au niveau le plus bas, au pied de la colline Montpelliéraine, dans le quartier de Boutonnet, les sables se retrouvent encore dans les fondations ; mais bientôt au-dessous d'eux, l'outil heurte contre une roche d'une nature bien différente ; c'est un calcaire en bancs épais, d'une dureté très variable, qui fournit les moëllons de nos constructions, et a pris le nom de *Calcaire Moellon*.

Les débris d'êtres marins qu'ils renferment, tels que les beaux oursins rencontrés dans les fondations du Sacré-Cœur, nous apprennent qu'à ce moment déjà la mer occupait notre sol ; les débris de poissons y fourmillent, les dents de dorades y pullulent ; leur forme de boutons nacrés et leur abondance dans la pierre auraient, paraît-il, valu sa dénomination de *Boutounet* au faubourg de ce nom, centre autrefois d'actives exploitations, dont les traces se retrouvent dans les dépressions sises des deux côtés de la route de Montferrier. Notre région était donc bien alors un fond de mer, et la mer s'étendit, au loin, jusqu'en pleine Provence d'un côté, et en pleine Aquitaine de l'autre.

L'épaisseur du calcaire moëllon, l'extrême variété de ses bancs (Vendargues, Saint-Jean-de-Védas, Montbazin) donnent la raison de la richesse et de la diversité de nos édifices ; à l'encontre des régions moins pourvues de pierres calcaires, comme celle de Toulouse, où le pisé et les briques ne favorisent guère l'architecte.

Enfin un dernier dépôt, recouvert par tous les précédents, affleure partout autour de la ville, au-dessous du calcaire moëllon, et constitue la formation des marnes bleues exploitées par nos potiers ; il s'étend, au loin, et constitue le sol de nos riches plaines de Pignan, Cournonterral, et, plus loin, à l'O., celles du Bitterrois et du Narbonnais.

Telle est la série des matériaux dont la superposition forme la charpente minérale de notre mont ; elle offre au simple naturaliste des éléments précieux d'observation, à l'industriel, à l'architecte, à l'agriculteur un nombre considérable de matières utilisables, accumulées sur un étroit espace ; au naturaliste philosophe elle fournit des documents lumineux pour l'histoire de la formation de notre planète, en le mettant à même de recueillir, dans les limites d'un territoire aussi restreint, des traces irrécusables des états successifs, fonds de mer, lac, surface continentale, qu'a traversés, dans la suite des temps, une même surface, avant de revêtir sa physionomie actuelle.

Paul DE ROUVILLE.

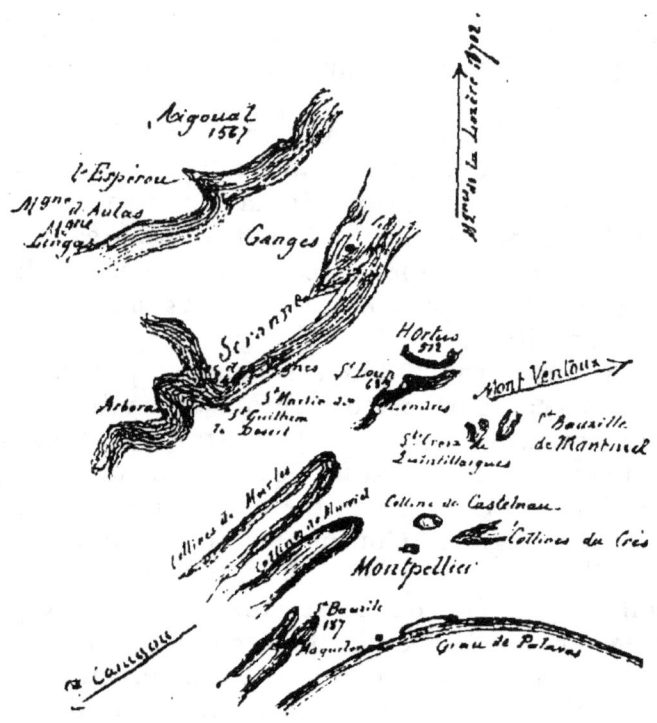

HORIZON DE MONTPELLIER
Vue prise du Peyrou.

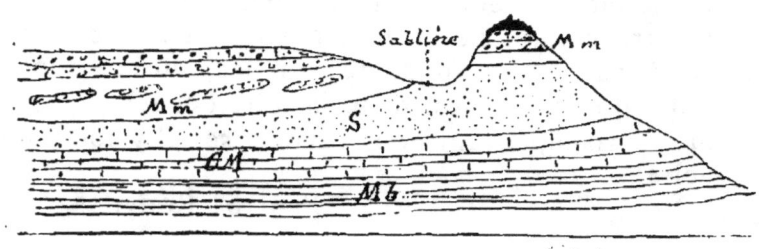

COUPE GÉOLOGIQUE (OUEST-EST)

C. Grès rouge et cailloux quartzeux (Crau). — Mm. Marnes blanches et cailloux calcaires. — S. Sables marins avec huitres. — Cm. Calcaire moëllon. — Mb. Marnes bleues.

III

CLIMAT

Le climat de Montpellier serait un des plus beaux du midi de la France, si quelques changements de température ne venaient point parfois suspendre pendant quelques jours les belles saisons.

En 1614, le voyageur Stobelberger s'exprimait ainsi : « Grâce à l'excellente température et à la clémence particulière du climat, la fertilité des champs, la fécondité et la variété merveilleuse des fruits placent Montpellier au premier rang des cités. »

L'affluence des étrangers qui venaient à Montpellier avant l'annexion de Nice à la France, était due à la pureté de son ciel, presque toujours sans nuages, à sa douce température, à la salubrité de l'air qu'on y respire.

L'île de Rhodes dans les Etats-Unis, dont l'atmosphère bienfaisante attire les Américains qui cherchent la santé, a reçu le nom de *Montpellier de l'Amérique*.

Dans les Indes-Orientales le plateau de Neelgéries porte ce nom.

L'île de Foulo Funang (du Prince de Galles), dans la Malaisie, offre une température si douce, si calme, si uniforme surtout, une atmosphère si pure qu'on l'a nommée le *Montpellier des Indes*.

Enfin les mêmes causes ont fait attribuer à la Nouvelle Galles du Sud l'appellation de *Montpellier du Monde*.

La situation de Montpellier (1) ne permet pas d'assigner à cette ville une température moyenne bien déterminée et invariable ; bâtie sur un pli de terrain dont les deux versants regardent l'un la Méditerranée, l'autre la chaîne des Cévennes, elle a sur ses divers points une altitude qui varie de 45 mètres, au seuil de la Mairie, à 22 mètres, au dépôt des machines de la gare du chemin de fer de Palavas. L'influence qu'exerce sur la température la variation d'altitude est absolument négligeable en présence de celle qui est due aux variations d'exposition.

Le versant qui regarde la mer est moins directement exposé à l'influence des vents froids et violents du Nord-Ouest ; la température moyenne y est plus élevée (14°,7 à la gare de Palavas et 14°,5 à la citadelle) que sur le versant Nord (13°,5 à l'Ecole Normale et 13°,6 au Jardin des Plantes).

Sur le versant sud, la différence entre les moyennes des maxima et des minima est environ de 11°,1, tandis qu'elle est de 12°,7 sur le versant nord ; cette différence de plus d'un degré et demi entre les deux moyennes donne au versant sud un caractère qui le rapproche des climats maritimes, et au versant Nord, de celui des climats continentaux.

La pente du sol relativement douce sur le versant sud est plus accentuée au nord ; de ce côté la limite de la ville correspond à une dépression ou à une sorte de cuvette dont le Jardin des Plantes et l'Ecole Normale d'instituteurs occupent les deux points principaux, et qui se relève ensuite en pente douce vers le nord.

La température moyenne de Montpellier, prise au

---

(1) La température à Montpellier et dans le département de l'Hérault par M. Crova (Extrait de la *Géographie Générale du département de l'Hérault* en cours de publication par la Société Languedocienne de Géographie).

niveau moyen de la ville, et dans son voisinage immédiat, est de 14°,18, tandis que dans cette dépression elle est de 13°,50 ; cette différence de 0°,6 environ s'accentue davantage si l'on considère la moyenne et les minima absolus de la température.

Pendant la période de 1874 à 1888, le plus grand maximum a été de + 40°, et le plus faible minimum de — 12°, à l'Ecole Normale, tandis qu'ils n'ont été pendant la même période que de + 34°,4 et — 10°,7 à l'Ecole d'Agriculture, station, dont le climat représente le mieux celui de Montpellier.

Le printemps est parfois de courte durée ; à peine s'aperçoit-on de la transition de l'hiver.

Les observateurs ont reconnu que la végétation avait une avance de quinze jours sur celle de Paris.

L'automne est la plus belle saison de l'année ; une douce température se prolonge parfois jusqu'aux premiers jours du mois de décembre.

Les hivers ne sont point rigoureux, car les vents du nord n'ont pas ici une bien longue durée.

Le mois de juillet est considéré comme le mois le plus chaud et les mois de janvier et de février comme les plus froids.

Les brouillards y sont très rares et les pluies y sont peut-être plus fréquentes que dans les autres régions du département, à cause de son voisinage avec la mer.

On n'y voit plus ces affections épidémiques d'autrefois, alors que la ville était resserrée dans ses murs élevés. La pente considérable de la plupart des rues des anciens quartiers ne permet ni aux eaux de pluie, ni à celles des égouts d'y croupir.

Si la longévité est la mesure de la salubrité de l'air et des autres circonstances dont la réunion doit rendre les habitations plus ou moins saines, la ville de Montpellier peut être considérée comme une de celles qui ont été les plus favorisées par la nature.

Situé au centre du défilé bordé par les Pyrénées et

les Alpes qui permet aux bourrasques de l'Atlantique de faire irruption sur la Méditerranée, dominé d'autre part par les hauteurs du plateau central et les ramifications occidentales de la chaîne des Cévennes qui déversent vers le sud une nappe d'air incessamment renouvelée, Montpellier est une des stations les plus favorables à l'étude du régime des vents de la région méditerranéenne. Ce régime est caractérisé à la fois, et par l'intensité exceptionnelle qu'y prennent les vents, surtout au printemps et en hiver, et par leur orientation déterminée par le relief du sol et la trajectoire habituelle des courants d'air généraux de l'atmosphère.

Les vitesses moyennes mensuelles du vent sont susceptibles d'écarts assez considérables ; elles s'abaissent de 2 m. 44 en juillet et s'élèvent à 6 m. 67 en décembre 1887. Les vitesses moyennes mensuelles ne sont pas liées invariablement à une saison déterminée de l'année. Elles se produisent néanmoins de préférence en hiver et au printemps. L'intensité du vent, après un minimum absolu en décembre, décroit en janvier, reprend un second maximum relatif en avril, diminue régulièrement jusqu'en septembre, et enfin augmente en octobre et novembre. Les coups de vent sont fréquents en décembre, c'est l'époque où règne surtout le vent fixe du N.-N-O., connu sous le nom de mistral en Languedoc et en Provence ; ils abondent en hiver et au printemps, sont plus rares en été et en automne. Cette répartition de la fréquence des grands vents est du reste à peu près la même que celle des vitesses moyennes mensuelles. Les époques des vents cavaliers et vaccarions indiqués par la tradition locale à la fin de mars et d'avril, ne sont guère vérifiées que par la moyenne habituelle des coups de vent pendant la saison du printemps.

L'intensité des vents du nord exerce, au point de vue hygiénique, un très heureux effet sur la salubrité du littoral méditerranéen, en balayant rapidement en toute saison les émanations délétères qui se dégagent des marais littoraux. S'il n'est pas permis de faire à Montpellier l'application d'un dicton ancien, mais quelque peu injurieux pour Narbonne et Avignon : « ville trop venteuse, sans le vent vénéneuse »; il est juste d'attribuer à l'intensité des vents du Nord, qui refroidissent et renouvellent incessamment son atmosphère, la salubrité générale du climat de Montpellier.

Direction des vents. — Si le climat d'un lieu est plus spécialement déterminé par la somme de chaleur qu'il reçoit annuellement et la température moyenne qui en résulte, si l'humidité de son atmosphère est sous la dépendance du régime de ses pluies et de l'activité de l'évaporation de son sol, il n'en est pas moins vrai que la constitution de son atmosphère dépend tout aussi essentiellement de la composition des masses d'air qu'elle emprunte aux courants généraux qui la traversent à chaque instant.

Rose des vents des années 1883 à 1888 :

Série 1883-88	N.	N.-E.	E.	S.-E.	S.	S.-O.	O.	N.-O.
Nombre de jours	58,3	46,3	52,8	49,6	37,6	22,2	34,1	64,3

Les vents du Nord, tramontane, ou leurs dérivés Nord-Est, vent grec, ou Nord-Ouest, magistral ou mistral, prédominent chaque année sur les vents du Sud, vents marins. Le vent d'Est est le vent dominant pour l'année 1886; il occupe du reste la troisième place dans l'échelle de fréquence de la série 1883-1888. Les vents se classent pendant cette série dans l'ordre suivant de fréquence décroissante : Nord-Ouest, Nord, Est, Sud-Est, Nord-Est, Sud, Ouest, Sud-Ouest.

Si l'on supprime de cette série le Nord-Est et l'Ouest, on voit que les fréquences vont en décroissant assez régulièrement quand on parcourt la rose des vents en partant du Nord-Ouest pour se diriger vers l'Est et le Sud.

Les vents du Nord, Nord-Est, Nord-Ouest dominent exclusivement en novembre, décembre, janvier et février. Les vents du Sud-Est règnent de préférence en avril, mai, août et septembre. Le vent du Nord dont l'intensité est assez grande en hiver et en automne faiblit beaucoup à la fin du printemps et en été au moment où le Sud-Est présente sa fréquence maximum.

Les vents d'Ouest et du Sud-Ouest se font remarquer en toute saison par leur faible fréquence qui passe par un minimum en été. Les vents du Sud faiblissent en automne et en hiver; les vents d'Est en novembre et en décembre.

Les vents qui règnent à Montpellier peuvent ainsi se diviser en deux groupes, les uns, le Nord, le Nord-Est, le Sud-Ouest et l'Ouest soufflent de préférence pendant la saison froide; les autres, l'Est, le Sud-Est et le Sud règnent pendant la chaude saison. Le Nord-Ouest souffle à peu près indifféremment à toute époque de l'année.

De nombreux documents permettent de fixer la moyenne annuelle des pluies pour la station de Montpellier. Cette moyenne varie dans d'assez larges limites, suivant la période d'observations d'où elle a été déduite. Les observations recueillies par Poitevin, de 1767 à 1791, donnent une moyenne de 820^{mm}; celles de J. Castelnau, de 1835 à 1849, 669^{mm}; la série de Ed. Roche, de 1857 à 1866, a donné 990^{mm}; celle de Ch. Martins, de 1852 à 1874, 800^{mm}; celle de l'Ecole d'Agriculture, de 1873 à 1888, 745^{mm}.

Ainsi que l'a fait voir Ch. Martins, la pluie annuelle de Montpellier est supérieure à celle relevée à la latitude égale pour les villes de Marseille et de Carcassonne.

Montpellier présente de même, bien que situé sous

un climat plus sec, une supériorité sur Paris pour la valeur moyenne des pluies annuelles. De 1852 à 1874, Paris n'a reçu en moyenne que 509^{mm}, pour 860^{mm} tombés annuellement à Montpellier.

Le nombre annuel des jours de pluie figure aussi comme un élément important du régime pluviométrique.

Ed. Roche estime que le nombre de jours réellement pluvieux est inférieur à 60 par an. Les jours de pluie se sont répartis de la manière suivante en 1886 :

Hiver, 12,5; Printemps, 14,5; Eté, 8; Automne, 14,1.

Le nombre d'heures pendant lesquelles le soleil brille est encore un des éléments les plus importants d'un climat.

Depuis six années ce nombre d'heures est enregistré à Montpellier au moyen de l'héliographe de Campbell, en usage dans plusieurs stations.

Le nombre d'heures d'insolation, minima en décembre, augmente jusqu'au mois d'août; en présentant deux minima secondaires en février et en avril; à partir du mois d'août, ce nombre diminue avec une grande rapidité jusqu'au mois de décembre.

Les pluies de février et les bourrasques d'avril rendent compte de ces deux minima secondaires; la longue période de sécheresse qui caractérise l'été à Montpellier explique très bien l'augmentation du nombre d'heures d'insolation après le 21 juin; enfin le régime assez habituel des pluies d'automne rend compte de l'abaissement très brusque que l'on observe à partir du mois de septembre.

Les tableaux que nous donnons ci-après sont le résultat d'observations faites à l'Ecole d'Agriculture de Montpellier.

L'intensité de la radiation solaire indiquée dans le tableau suivant est la moyenne des valeurs observées pendant une période de onze années, au milieu de la journée.

INTENSITÉ DE LA RADIATION SOLAIRE A MONTPELLIER (1)

Décembre...	0,990	Juin.......	1,090
Janvier.....	1,055	Juillet......	1,086
Février.....	1,098	Août.......	1,021
Mars.......	1,101	Septembre..	1,048
Avril.......	1,185	Octobre....	1,015
Mai........	1,171	Novembre..	1,056

INTENSITÉS MOYENNES
Annuelle, 1,076

Hiver	Printemps	Eté	Automne
1,048	1,152	1,066	1,030

DURÉE EN HEURES DE L'INSOLATION A MONTPELLIER

Décembre..	101^h5	Juin.......	263^h
Janvier.....	123^h	Juillet......	292^h5
Février.....	103^h1	Août.......	294^h
Mars.......	178^h1	Septembre..	200^h6
Avril.......	169^h	Octobre....	170^h5
Mai........	244^h	Novembre..	110^h1

INSOLATION MOYENNE
Annuelle, $2,285^h7$

Hiver	Printemps	Eté	Automne
346^h	591^h1	867^h8	480^h3

---

(1) Nombre de calories (gramme-degré) reçues en une minute sur une surface de 1 centimètre carré perpendiculaire aux rayons solaires.

IV

HISTOIRE

I

ORIGINE

Origine. — Légendes. — Bourgs de Montpellier et Montpelliéret. — Destruction de Maguelone. — Etymologies du nom de Montpellier. — De la race primitive des habitants.

L'histoire civile et politique de Montpellier ne commence que vers la fin du xe siècle, en 990.

Cependant il existait primitivement deux bourgs qui prirent une plus grande importance à la suite de la destruction de Maguelone, dont les habitants vinrent s'établir tout autour de la colline sur laquelle s'élevait une antique forêt.

Les légendes sur la fondation de ces deux bourgs méritent d'être rapportées :

« Il y a sur l'origine de Montpellier une précieuse
« légende. Le comte de Maguelone, Aigulf, contem-
« porain de Pépin-le-Bref et père de saint Benoît
« d'Aniane, frappé des graves changements politiques
« auxquels il assistait, consulta, dit-on, un talmu-
« diste, son médecin et son familier. Celui-ci lui fit
« voir, au milieu d'un bois et pendant le silence de
« la nuit, deux arbustes, deux arbrisseaux mysté-
« rieux, qui, d'abord distants l'un de l'autre, se réu-
« nirent bientôt en un grand arbre à doubles racines.

« Apparut ensuite une jeune fille avec deux têtes,
« qui, à leur tour, se condensèrent en une seule.
« Cette jeune fille, ravissante de beauté et rayon-
« nante de gloire, se mit, d'une bouche fatidique, à
« prophétiser l'avenir. Or, ajoute la légende, le
« comte Aigulf, dans le bois et au lieu même où il
« avait eu cette apparition, jeta les fondements d'une
« ville, et cette ville fut Montpellier. »

Arnaud de Verdale, évêque de Maguelone, écrivait au milieu du XIVe siècle :

« Il y eut autrefois deux sœurs, dont l'une possé-
« doit Montpellier et l'autre Montpelliéret en franc
« alleu. Elles étoient d'une ancienne noblesse, car il
« est prouvé qu'elles eurent pour frère le bienheu-
« reux Fulcrand, dont la mère étoit de la maison des
« comtes de Substantion, et qui, après avoir été
« archidiacre de Maguelone, remplit avec beaucoup
« de gloire la chaire des évêques de Lodève. Ces
« deux sœurs étant pénétrées de la pensée que le
« monde passe avec les passions qui nous attachent
« à lui, résolurent de gagner le ciel par le moyen
« des biens passagers qu'elles avoient sur la terre.
« Elles prirent donc le parti de transférer, par une
« donation irrévocable, à l'Eglise de Maguelone, tout
« le droit qu'elles avoient dans la possession de
« Montpellier et Montpelliéret, avec toutes leurs
« appartenances, et, en s'acquittant de leur vœu,
« elles firent, à perpétuité, un don de ces deux pla-
« ces, avec leur district, à Dieu, aux saints Apôtres,
« saint Pierre et saint Paul, et au vénérable Ricuin,
« évêque de Maguelone. »

Les deux bourgs situés, l'un au nord-ouest de la colline, l'autre au sud-est, ont été les bases de l'origine de la ville dont il est fait mention, pour la première fois, au VIIe siècle.

Aucun document ne vient prouver que ces deux centres de population aient été construits, en 737, par les fugitifs de Maguelone, et il est à présumer qu'ils existaient déjà et qu'aux Gallo-Romains se réunirent d'anciens Grecs, Celtes, Gallo-Francs et Visigoths, colons de Maguelone. Plus tard, en 815, des Goths, descendus des Pyrénées, viennent s'implanter dans le pays, et c'est peut-être par suite de la nouvelle émigration que cette cité fut, pendant plusieurs siècles, sous la domination espagnole.

La destruction de Maguelone, en 737, par Charles Martel, fut une des causes principales de l'accroissement des deux bourgs, entre lesquels se partagea pendant longtemps le pouvoir des seigneurs et des Évêques de Maguelone, dont le siège avait été transféré à Substantion.

Il n'est que rarement permis de fixer une date précise sur l'origine d'un lieu; moins souvent encore l'étymologie du nom vient-elle apporter un document positif. La nomenclature suivante permettra, de se rendre compte du peu de créance que l'on doit ajouter aux légendes sur l'origine du nom de Montpellier.

On écrit :

En 975 Monspetellarius,
1060 Monspitilla,
1068 Monspilerius,
1076 Monspitellarius,
1068 Monspeler,
1114 Montispessulani,
1119 Monspessulus,
En 1160 Monspessulanus,
1190 Montepessolano,
XIIe siècle Monspelier,
1202 Monspeslier,
1204 Monspessulanus,
1207 Monspeylier.

Cette orthographe prévaut, depuis la grande charte de 1204, sur toutes les autres formes latines du XIIIe siècle et des suivantes :

1349 Villa Montispessulani,
1495 Montpellier,
1587 Montpeillier.

Enfin le XVIIe et le XVIIIe siècles écrivirent quelquefois *Montpelier*, mais plus souvent *Montpellier*, orthographe définitive.

Certains étymologistes s'arrêtent au nom de *Mons*

Pessulus, d'autres à celui plus gracieux et plus populaire de *Mons Puellarum*...

Pour les premiers le monticule où se trouve aujourd'hui Montpellier était un bois où les habitants de Substantion avaient seuls le droit de faire paître leurs bestiaux ; ce bois aurait été entouré d'une palissade et la porte fermée au verrou.

Mons Puellarum se rapporterait à la légende des deux sœurs de saint Fulcrand qu'Arnaud de Verdale dit avoir été maîtresses de notre territoire.

Le chanoine Gariel, en considération de la piété des habitants envers Marie, imagina *Mons Puella*.

Rulman désigne ainsi cette ville à cause de sa situation sur le Lez : *Mons in pede Ledi*.

D'autres, à cause de la nature du terrain à bases rocheuses, la nomment *Mont-Pilier*.

D'autres encore prétendent qu'à l'origine la ville était située sur les bords du Lez, non loin du port Juvénal, et que, pour se garantir des débordements de la rivière et des invasions ennemies, les habitants auraient choisi le monticule voisin de leurs habitations *(Versus montem pulsi)*. D'après l'historien qui rapporte ce fait, le nom du bourg situé près du port Juvénal aurait été *Agathopolis*.

La véritable étymologie a été établie par M. Chabaneau : *Monspitillarius* (montagne des épiciers). Elle dérive à la fois de la philologie et de l'histoire locale.

Les deux bourgs, dans les premiers siècles de l'ère chrétienne, sous les Volsques Arécomiques, de même qu'à l'époque de la domination romaine, n'eurent pas une grande importance, puisqu'il n'en est nullement question comme point d'arrêt sur la voie qui conduisait de Nîmes à Narbonne.

L'émigration des Visigoths qui vinrent se fixer dans le pays date de l'année 827. Des Espagnols fuyant la tyrannie des Maures Sarrasins, se réfugièrent dans le midi de la France. La différence des races n'aurait-elle pas fait désirer à chacun de ces peuples de se réunir dans le même bourg ?

Les habitants de Maguelone, en construisant leurs nouvelles demeures à Montpellier et Montpelliéret, contribuèrent à mélanger les races primitives, et on peut affirmer que l'origine des races des habitants de Montpellier est très multiple et qu'il est difficile, à notre époque, de déterminer celle qui a prévalu. Cependant il est à présumer que le grand commerce des habitants de cette cité avec tous les peuples qui avaient des villes sur les rivages de la Méditerranée, était dû à la race des premiers habitants de Maguelone, les Phéniciens, les Arabes et les Maures.

II

LES SEIGNEURS

LES GUILLEMS

Gui ou Guillem Ier. — Le bourg de Montpellier donné en fief.
Bertrand Guillaume ou Guillem II.
Guillem III, fils de Bernard et d'Adélaïde.
Guillem IV épouse Ermengarde.
Guillem V, fils d'Ermengarde, reçoit le pape Urbain II. — Il part pour la première croisade. — Ses exploits en Palestine. — Il combat les Maures. — Il reçoit le pape Gélase II.
Guillem VI. — Ses démêlés avec le comte de Melgueil. — Visite du pape Innocent II. — Il va au secours d'Alphonse, roi de Castille. — Révolte des habitants de Montpellier. — Il se retire à l'abbaye de Grandselve.
Guillem VII épouse Mathilde, sœur du duc de Bourgogne. — Assiste, à l'âge de 18 ans, au siège d'Almira. — Son duel avec un officier maure. — Visite du pape Alexandre III. — Il assiste ensuite au siège de Toulouse.
Guillem VIII épouse Eudoxie, fille d'Emmanuel Commène, empereur de Constantinople. — Il répudie Eudoxie et épouse Agnès.
Guillem IX, fils d'Agnès, chassé par les habitants, se retire, avec sa mère, à Pézenas. — Marie, fille d'Eudoxie et de Guillem VII. — A l'âge de douze ans, elle épouse le seigneur Barral,

vicomte de Marseille. — Devenue veuve, on lui fait accepter le comte Bernard de Comminges. — Elle se marie avec Pierre, roi d'Aragon. — Reconnaissance par Pierre de la charte communale. — Il va à Rome se faire sacrer par le pape Innocent III. — Naissance du roi Jacques (1207). — Légende sur sa naissance. — Pierre prend fait et cause pour les Albigeois et va se faire tuer à la bataille de Muret.

Germain porte le jugement suivant sur la célèbre maison des Guillems :

« Les Guillems, après avoir signalé leur vaillance
« en Palestine et en Espagne, furent les protecteurs
« du commerce et des lettres, fondèrent des hôpitaux,
« bâtirent des monastères et des églises, donnèrent
« des lois, accueillirent les troubadours, contractè-
« rent de royales alliances. »

GUILLEM Ier (990)

Les évêques de Maguelone, possesseurs des droits sur les bourgs de Montpellier et Montpelliéret, cédèrent, en 990, celui de Montpellier à un Gui ou Guillaume, qui fut la souche de la célèbre maison des Guillems.

« Or, il y avait en ce païs un gentilhomme qui s'appeloit Guy et qui, selon que la tradition le porte, étoit mouvant du comte de Melgueil et le servoit de ses armes, à raison des terres et des possessions qu'il avoit de lui. Ce gentilhomme s'en alla, un jour, trouver le vénérable Ricuin, évêque de Maguelone, et le pria instamment de lui donner Montpellier en fief, pour le tenir de son Eglise, ce qu'il obtint après plusieurs prières. »

Guy reçut donc de l'évêque Ricuin Montpellier en fief et lui prêta foi et hommage, en s'obligeant de lui être désormais fidèle ainsi qu'aux chanoines de Maguelone.

Le comte de Melgueil et Sénégonde, sa femme, pour acquérir, disent-ils, de Guy ou Guillaume son service de guerre, lui avaient donné, en 986, un domaine considérable dans le terroir de Montpellier, et c'est pour agrandir ses possessions qu'il sollicita de Ricuin, évêque de Maguelone, le fief de Montpellier.

Le bourg de Montpellier forme, dès lors, une seigneurie distincte de celle de Montpelliéret, et, tandis que sous les Guillems, descendants du fondateur de cette seigneurie, la cité va devenir une des plus importantes du midi, une partie obéira aux seigneurs laïques, l'autre sera sous la dépendance épiscopale.

En 990, le bourg de Montpellier avait son centre autour de l'église de Saint-Firmin, située à la place de l'île que circonscrivent aujourd'hui la rue Rebuffy et la rue Saint-Firmin, et la demeure des seigneurs occupa, de tout temps, le plan du Palais de Justice actuel. Ils étaient « maîtres de tout ce que l'on trouve à « main gauche en allant aujourd'hui, par le droit « chemin, de la porte du Pila Saint-Gély à la porte de « Lattes ».

Ce Guy ou Guillaume et ses descendants, sous les noms de Guillem, agrandirent leur fief, non seulement du côté de la Valfère et de la Blanquerie, mais encore vers Montpelliéret ; le vide qui existait entre eux fut bientôt rempli de constructions et il en résulta une grande ville dont les trois quarts appartinrent aux seigneurs de Montpellier et l'autre resta aux évêques de Maguelone jusqu'à la cession de leurs droits à Philippe-le-Bel, en 1293.

BERNARD GUILLAUME ou GUILLEM II
(xime siècle)

Il assiste à la fondation de l'abbaye de Saint-Geniès avec son fils.

GUILLEM III (xie siècle)

Fils de d'Azulaïs et époux de Beliarde, lui succède.

Ce fut de son temps que le Chapitre quitta Substantion pour revenir à Maguelone.

GUILLEM IV (1058)

Fils de Beliarde et époux d'Ermengarde, fille de Raymond Ier, comte de Melgueil.

GUILLEM V (1068)

Fils d'Ermengarde et époux d'Ermessens.

Le pape Urbain II, qui s'était rendu à Maguelone afin d'encourager par sa présence les prédications de Pierre l'Ermite, fut reçu par ce seigneur et toute la noblesse du pays. On le conduisit à Montpellier où il fut traité magnifiquement.

Guillem partit pour la première croisade avec plusieurs seigneurs du pays, Pons et Bernard de Montlaur, Guillaume de Fabrègues, Eléazar de Montredon, Pierre-Bernard de Montagnac, Othon de Carnon, Guillaume Bertrand, Eléazar de Castries.

Ce fut un valeureux guerrier; il prit part aux sièges de Nicée et de Marra, ville près d'Antioche, et se distingua, avec ses gens, en lançant des pierres sur les murailles des ennemis d'une haute tour en bois, ce qui permit d'emporter la ville d'assaut. Il assista ensuite à la prise de Jérusalem.

A son retour en France, il s'appliqua à retirer non seulement une partie de son domaine, mais encore les droits utiles, comme la leude, les censives, la justice et les fours de Montpellier, le pouvoir d'établir un bailli, l'autorité entière sur les veuves qui demeuraient à Montpellier, etc.

De nombreux seigneurs des châteaux voisins lui firent hommage et donnèrent un plus grand poids à sa puissance féodale. Il acheta le château de Popian, le château de Montbazin pour mille sols melgoriens.

Le Pape fait appel à sa vaillance; Guillem prend de nouveau la croix pour aller combattre les Maures dans l'île de Majorque. En 1118, revenu victorieux de cette croisade, il reçoit à Maguelone le pape Gélase II et l'accompagne à Melgueil et à Saint-Gilles.

GUILLEM VI (1121)

Fils d'Ermessens et époux de Sybilia de Mataplane.

Ses démêlés avec le comte de Melgueil au sujet d'une chaussée sur les bords du Lez, amenèrent des représailles de part et d'autre. Un arbitrage les mit d'accord, et ensemble ils partirent en 1129, pour la Terre-Sainte. A son retour de la Palestine, Guillem épousa Sybilia de Mataplane, d'une maison illustre dans l'Aragon et la Catalogne.

Le pape Innocent II vint aborder à Maguelone afin d'aller demander protection au roi Louis le Gros. Il fut reçu avec les plus grandes marques de respect par le seigneur de Montpellier.

Avec le comte de Toulouse, il marcha au secours d'Alphonse, roi de Castille, seigneur d'Aragon. Le succès de cette expédition lui valut la cité de Tortose en fief, avec toutes les terres et tous les fiefs qui en dépendaient.

« En l'an de M e C e XLI, giteron los homes de Montpellier en CI de Montpellier de la vila, et anet sen à Latas, e duret la batalla 11 ans; et cons de Barsalona rendet li la vila per assetge; et adoncs valian X favas 1 d. Et coms de Barsalona basti la torne de Montpellier. » (1)

Les descendants conservèrent la propriété de cette ville jusqu'au mariage de Marie, fille de Guillem VIII avec Pierre d'Aragon qui réunit à sa couronne la ville de Tortose.

Une révolte qui éclata à Montpellier, en 1411,

---

(1) Extrait du *Petit Thalamus*. La Chronique romane. Le mot de Montpellier est toujours en abrégé.

l'obligea à se retirer, pendant deux ans, dans son château de Lattes. Ayant obtenu des secours du prince d'Aragon et de quatre galères de Gênes, il vint assiéger la ville. Une vieille chronique dit que les fèves se vendirent un denier : *Valien las favas un denié*. On battit les murailles avec un bélier. Enfin le prince d'Aragon s'en rendit maître.

Guillem, en récompense du concours des Gênois, donna un logement pour faciliter le commerce de leurs marchandises, très achalandées par les habitants des environs.

Après de nombreuses donations et fondations aux églises, ayant perdu sa femme, il fit son testament, dit un dernier adieu à sa mère et à ses huit enfants et se retira à l'abbaye de Grandselve, où il retrouva saint Bernard dont il avait écouté dans plusieurs villes les éloquents appels contre les infidèles.

GUILLEM VII (1149)

Fils de Sybilia de Mataplane, épouse Mathilde, sœur du duc de Bourgogne.

Dès l'âge de dix-huit ans, afin d'apprendre le métier des armes, il arme une galère et se rend devant Alméria qu'assiégeaient les rois Alphonse de Castille, Sanche de Navarre et le roi d'Aragon.

Pendant ce temps, les Maures surprirent la ville de Tortose sur laquelle Guillem avait des droits seigneuriaux. Ses compagnons d'armes, avec le secours des Gênois, se présentèrent devant cette ville. Un officier maure, raconte d'Aigrefeuille, porta le défi d'un combat singulier. Le jeune seigneur de Montpellier, selon une légende du temps, n'écoutant que son courage, releva le gant et les deux guerriers en vinrent aux mains, en présence de toute l'armée et des assiégés. Guillem, d'un coup de son épée abattit la main de son adversaire et, profitant de son avantage, « lui fit voler la tête ».

Tortose tomba bientôt en leur pouvoir, et Guillem, après avoir rétabli son autorité dans cette ville, revint en France chargé de magnifiques présents, offerts par son ami, le comte de Barcelone, sous le gracieux prétexte qu'il ne saurait offrir de plus beaux présents à sa fiancée. Les Gênois eurent en partage une magnifique émeraude unique en son genre et d'une grande valeur.

Quelques mois après, il eut le plaisir de revoir son père, venu à Montpellier pour des affaires religieuses.

A cette époque, les Templiers vinrent se fixer près la porte de la Saunerie.

Guillem épousa Mathilde, sœur du duc de Bourgogne, Eudes II. Son mariage eut lieu en 1156; comme présent de noces, le seigneur de Montpellier donna à sa jeune épouse les châteaux de Montferrier et du Peyrou, avec le marché du Peyrou et les bains publics ou *étuves*.

Ce marché était sans doute celui de la Place de la Peillarié, marché aux grains, désigné autrefois sous le nom d'Orgerie.

Le pape Alexandre III, chassé de Rome par l'empereur Frédéric Barberousse, aborda à Maguelone en 1162 et se rendit ensuite à Montpellier; Guillem alla à sa rencontre avec une nombreuse suite et en grand appareil. Par déférence envers le pape et voulant montrer combien il était soumis au prince de l'Eglise, il prit lui-même les rênes de la haquenée du pape et le conduisit ainsi jusqu'à Montpellier.

Alexandre III, après un séjour de plusieurs mois, partit pour aller conférer avec le roi Louis le Jeune; il revint à Montpellier pour s'embarquer à Maguelone.

Les Gênois venaient fréquemment sur nos côtes faire des ravages considérables, brûlant les navires des ports de Maguelone et de Lattes, dépouillant les marchands et les passagers qu'ils emmenaient et qu'ils vendaient comme esclaves.

Montpellier entretenait alors un grand commerce avec plusieurs nations. La narration du célèbre juif Rabbi Benjamin, qui vivait dans le xiie siècle, rapporte ce fait et dit qu'on y entendait parler le *langage* de toutes les nations du monde.

Guillem VII fut un des plus puissants princes du Midi. En 1159, il fait, de concert avec le vicomte de Béziers, Raymond Trencavel et le roi d'Angleterre, le siège de Toulouse et s'empare ensuite, avec Raymond Béranger IV, de Cahors. Il assiste, en Espagne, aux Cortès de Huesca. On le voit ensuite se déclarer pour Alphonse II d'Aragon, dans le différend de ce monarque avec le comte de Toulouse.

Ses sympathies autant que ses intérêts personnels l'entraînaient vers l'Espagne, et, dans son testament, il met sous la haute protection du roi d'Aragon sa descendance et sa seigneurie.

GUILLEM VIII (1172)

Fils de Mathilde de Bourgogne et époux d'Eudoxie Commène.

Dès l'âge de vingt ans, il épouse la fille d'Emmanuel Commène, empereur de Constantinople, mais avec la condition que le premier enfant qui naîtrait de leur mariage, garçon ou fille, aurait la seigneurie de Montpellier (1181).

« *Con condicion que lo hijo o hija que premiero*
« *naciesse d'esto matrimonio heredasse à Montpel-*
« *lier.* »

Cette clause, comme nous le verrons bientôt, devait faire passer la seigneurie de Montpellier dans la maison des rois d'Aragon.

Quelques années après (1186), soit par regret de n'avoir eu qu'une fille avec Eudoxie, soit par incompatibilité de caractères, par l'origine impériale de son épouse, et peut-être bien déçu dans son espoir d'obtenir la couronne de Bysance, il se rend en

Espagne, à la cour d'Alphonse II et s'éprend d'une grande passion pour Agnès, parente de la reine de Castille, et l'épouse l'année suivante. Agnès lui donna six enfants mâles.

Guillem ne put obtenir, malgré plusieurs démarches auprès du pape Célestin III, la validité de son mariage avec Agnès.

Eudoxie, épouse délaissée, ne voulant pas assister à une aussi grande humiliation, alla s'enfermer dans un couvent d'Aniane.

Agnès avait espéré faire ratifier son mariage en engageant son époux dans des démonstrations de foi et en préservant Montpellier des doctrines albigeoises.

La conséquence de ce second mariage fut au moins d'épargner à notre ville les calamités et les crimes qui désolèrent, pendant près d'un siècle, nos cités méridionales.

Guillem VIII espérait réussir avec le pape Innocent III, qui, pour s'assurer le concours d'un des plus puissants barons du Midi, consentirait à lever son interdit. Contradiction étrange! tandis qu'il demandait à Innocent III de reconnaître son mariage avec Agnès, il le sollicitait de s'opposer au divorce de sa fille Marie avec Bernard de Cominges.

Mais Innocent III, très politique, et aussi dans la crainte de voir Guillem, de dépit, faire cause commune avec les Albigeois, répondit qu'il était d'avis de « surseoir à la demande de Guillem jusqu'à ce « que la faute se fut amoindrie, s'il était possible, et « jusqu'à ce que l'exercice de la juridiction pontifi- « cale ait paru plus libre. » (1202).

Dans son testament Guillem VIII fit de nombreuses donations aux églises et aux monastères. Il ne prescrivit pas moins de cinq mille messes pour le repos de son âme. Comme son père il plaça ses enfants, ses domaines, ses sujets sous le patronage du roi d'Aragon.

GUILLEM IX (1202)

Fils d'Agnès de Castille et de Guillem.

A la mort de son père, Guillem n'était pas encore majeur ; il fut placé sous la tutelle d'un conseil de régence, composé de quinze bourgeois, investis de la haute administration seigneuriale. Cette concession faite aux représentants de la commune permit à Guillem de conserver la seigneurie de Montpellier, à l'exclusion de sa sœur Marie.

Dès la mort de Guillem VIII (1202), Agnès s'était empressée de faire prêter serment par son fils mineur à l'évêque de Maguelone, et de s'attirer des partisans par de grandes largesses. Mais, soit qu'elle eût voulu supprimer le conseil de régence imposé par son époux à son fils, soit qu'on voulût se débarrasser de cette race illégitime, Guillem IX, encore enfant, ne put résister au courant populaire, et Agnès se retira, avec sa famille, à Pézenas, où elle vécut ignorée.

Les prud'hommes et le conseil de régence avaient préparé le mouvement populaire, l'affranchissement de la commune ; et la charte que signa, deux ans après, Pierre, roi d'Aragon, ne fut certainement qu'en échange de la main de Marie et de la seigneurie de Montpellier.

MARIE DE MONTPELLIER (1181-1213)

Fille de Guillem VIII et d'Eudoxie Commène.

C'est une des figures les plus intéressantes de notre histoire. Ses malheurs avaient attiré la sympathie des habitants sur la dernière descendante de la maison des Guillem, et son nom, oublié aujourd'hui, est resté populaire pendant plusieurs siècles. Marie n'était point belle, disent les historiens ; elle dut, en échange, posséder de grandes qualités de bienfaisance et de bonté. Dans son enfance, délaissée par sa marâtre, elle fut choyée par le peuple, et n'est-ce point là une des principales causes qui la firent aimer par les habitants ?

Dès l'âge de douze ans, et du vivant de son père, on la marie avec Barral, vicomte de Marseille, et on la fait renoncer à ses droits sur la seigneurie de Montpellier. Devenue veuve peu de temps après, sa marâtre, Agnès, non contente d'avoir obtenu un acte de renonciation, parvient à s'emparer des cinq cents marcs d'argent que lui avait laissés son défunt époux.

A quinze ans, on lui fait accepter un second époux, le comte Bernard de Cominges, déjà divorcé avec deux femmes qui vivaient encore, lorsque Marie devint sa troisième épouse. Ce Cominges, un des hommes les plus dépravés de son siècle, la répudia bientôt pour contracter un quatrième mariage.

Agnès avait espéré que tous ces déboires engageraient Marie à se retirer dans quelque monastère, mais l'amitié que les habitants de Montpellier avaient pour la véritable héritière des Guillem et les conseils qu'elle dut recevoir la firent persévérer dans sa résolution de revendiquer un jour les droits dont on l'avait spoliée.

Deux ans après la mort de son père, Marie fut relevée de la double renonciation qu'Agnès avait obtenue d'elle en la mariant au vicomte de Marseille et au comte de Cominges, et on s'empressa de lui chercher un époux.

PIERRE D'ARAGON (1204)

Pierre II, roi d'Aragon, venait de perdre sa femme, et, soit qu'il fût sollicité, soit qu'il vit une occasion unique d'accroître ses Etats en réunissant à ses domaines de Catalogne la ville de Tortose, il accepta la main de la jeune héritière, sans se préoccuper de faire annuler le mariage de Marie avec le comte de Cominges. Peut-être conservait-il l'espoir, le cas échéant, de rompre avec sa nouvelle épouse.

Le prix de cette union (15 juin 1204) fut la seigneurie de Montpellier avec les châteaux de Lattes, Monferrier, Castelnau, Castries, Loupian, Aumelas, Le Pouget, Popian, Montbazin, Frontignan, Montarnaud, Vendémian, Tressan, Saint-Pargoire, Paulhan, Cournonsec, Mireval, Pignan, Saint-Georges, et tout ce que Guillem possédait entre le Vidourle et l'Hérault.

Pierre jura « sur les Saints Evangiles de Dieu » qu'il ne se séparerait jamais de Marie, qu'il n'aurait pas d'autre femme tant qu'elle vivrait et lui serait toujours fidèle.

Il n'y eut jamais d'époux plus infidèle et son mariage n'avait été qu'un calcul d'intérêt. Quinze jours après (1ᵉʳ juillet 1204), selon la coutume, il prêta l'hommage féodal à l'évêque de Maguelone, suzerain immédiat de la seigneurie de Montpellier.

Les habitants exigèrent que le roi d'Aragon jurât sur les saints Evangiles et en présence du peuple, de respecter à toujours l'indépendance et les privilèges de la commune. Dans la vaste nef de Notre-Dame-des-Tables, deux mois après son mariage, il reconnut la charte communale (15 août 1204).

Les nouveaux seigneurs, tout en ayant l'air d'octroyer quelque chose, subirent en réalité les exigences populaires, et pour la charte en question l'initiative appartint à la commune.

Après avoir signé la charte, Pierre d'Aragon alla se faire couronner à Rome par le pape Innocent III. Il partit d'un port de la Provence sur cinq galères, et dès son arrivée en Italie, le pape lui envoya deux cents chevaux de selle ou bêtes de charge pour lui et sa suite, dans laquelle se trouvaient l'archevêque d'Arles, l'évêque de Maguelone et de nombreux seigneurs. Des cardinaux, par ordre du pape, allèrent à sa rencontre. Quelques jours après son arrivée à Rome, il reçut l'onction sacrée et le pape le couronna de sa propre main, en lui remettant tous les ornements royaux, savoir : le sceptre, la pomme, la couronne et la mitre.

Il se déclara spontanément le tributaire du Saint-Siège, en s'obligeant à lui payer annuellement deux cent cinquante marabotins, monnaie d'or venue des Arabes.

Les fiers Aragons ne virent pas de bon œil cette inféodation et en gardèrent rancune à leur roi. Il importait peu aux habitants de Montpellier d'être sous la suprématie de l'Eglise. N'était-ce point, à cette époque, une sauvegarde contre les hommes du Nord qui allaient envahir le Midi ?

La naissance du roi Jacques Ier fut un événement des plus heureux, des plus inespérés et des plus célèbres pour Montpellier et l'Espagne.

Le roi d'Aragon avait délaissé sa femme quelque temps après son mariage ; il songeait même à convoler en de nouvelles noces, mais le pape Innocent III s'y étant toujours opposé, les consuls de Montpellier, racontent les chroniqueurs, imaginèrent un stratagème qui réussit très heureusement.

Parmi les dames de la reine se trouvait une jeune veuve de Montpellier qui avait toutes les préférences du roi d'Aragon. Ils suggérèrent à la veuve de se laisser prêter à un stratagème dont son honneur n'aurait point à souffrir. Elle accepta effectivement un rendez-vous du roi, mais à la condition qu'elle viendrait sans lumière dans sa chambre, ne voulant être vue. Le roi n'eut garde de se montrer difficile et suivit exactement les prescriptions convenues. La reine, de connivence avec sa dame d'honneur, prit sa place dans le lit de son époux.

Les douze consuls se mirent en prières toute la nuit, et le lendemain, à la pointe du jour, des abbés, des prieurs, l'official de l'évêque, ainsi que douze dames et demoiselles, un cierge à la main, avec deux notaires, entrèrent dans la chambre. Le roi fut le premier à plaisanter de l'aventure.

A quelques jours de là, le roi ayant été à Lattes, où, dit-on, le plaisir de la chasse et de ses haras l'attiraient souvent, alla trouver sur les conseils d'un gentilhomme de sa suite, la reine Marie à Mireval et aurait passé une seconde nuit avec elle. La reine avoua depuis, raconte le chanoine d'Aigrefeuille, « qu'elle croyait que ce fut dans cette nuit que le « ciel lui avait donné le roi Jacques, comme ce « prince l'écrivit lui-même dans ses commentaires, « rapportés par Beuler ».

Le roi, à son retour de Mireval, ne voulut point y laisser la reine; il la prit en croupe sur son palefroi et la ramena de la sorte à Montpellier.

Dès qu'on apprit à Montpellier la venue du roi et de la reine, tout le monde courut en foule pour être témoin de ce spectacle et de l'union des deux époux. Dans l'espérance de voir naitre bientôt un successeur, ils prodiguèrent les plus grandes marques de réjouissance autour du cheval, et le peuple, après la naissance du fils de Marie, ayant voulu, l'année suivante, fêter cet heureux anniversaire, aurait entrepris une sorte de danse, appelée le « chevalet », qui s'est perpétuée jusqu'à nous et dont nous aurons l'occasion de parler.

C'est à cette époque que la reine, afin d'enlever tout ombrage aux consuls, et probablement aussi en reconnaissance de leur dévouement pour avoir facilité son rapprochement avec le roi, leur permit de détruire la tour du château élevée par Guillem VI, en 1143, et dont la hauteur et la forte situation dominaient toute la ville.

L'année suivante, la tour bâtie par Guillem VI, fut démolie, avec l'agrément de Marie, comme donnant « ombrage aux habitants sur sûreté de « l'engagement; concéda licence de l'abattre, de « démolir le clos et toute la forteresse du château,

« qu'il n'y reste plus qu'une place toute nue, où nul
« seigneur de Montpellier ne pourra relever ni tour
« ni fort. »

Innocent III, dans une de ses lettres, reproche aux
habitants d'avoir tout nivelé jusqu'aux fondements et
de s'être acharnés, par signe de mépris, à la dispersion des matériaux.

Le château de Lattes fut aussi incendié et presque
mis en ruines, dans l'ardeur frénétique des habitants.
« La commune s'administra alors tout à fait républi-
« cainement. »

Pendant la croisade des Albigeois, alors que le
Midi était à feu et à sang et que son seigneur avait
pris les armes contre les croisés, en défendant la
cause de l'indépendance méridionale, les bourgeois
de Montpellier, ville libre de fait, en vrais souverains et tout puissants, s'administrèrent par eux-mêmes et nommèrent les consuls, les notaires, même
contre l'agrément de leur seigneur.

Entraîné par son beau-frère, le comte de Toulouse,
Pierre d'Aragon franchit les Pyrénées avec une
armée considérable et se dirigea bientôt sur Muret,
où il comptait s'emparer même de la personne de
Simon de Montfort et mettre un terme à cette guerre
funeste.

Les chroniqueurs racontent que la nuit qui précéda
la bataille qu'il livra aux croisés devant Muret, le
13 septembre 1213, il aurait festoyé dans sa tente :

Dormira com una muguer la noche antes la batailla.

Au fort de la mêlée, il fit des prodiges de valeur,
et les ennemis, attirés par un seigneur qui avait
endossé les couleurs du roi, ayant reconnu leur méprise, Pierre d'Aragon s'écria : *Voirement n'est-ce
pas le Roy, mais vees le chi.*

« Lors fut ung chevalier qui devant lui était d'une
masse turquoise qu'il tenait sy le faire voler à terre
et puis se lança en la presse et commença à faire

merveilles d'armes, quand messire Alain de Ronchy et ses compagnons virent chose qu'il faisait, bien le congnurent, se luy coururent sus tout à ung frais, sy l'environnèrent et tant se pressèrent de lui grever qu'ils l'occirent. »

La petite armée de Simon de Montfort ne comprenait guère que 1,600 hommes, dont 900 cavaliers ; les aragonais, gascons, et milices bourgeoises et féodales, étaient au nombre de 7,000, 3,000 cavaliers et 4,000 fantassins.

Sa mort fut le signal de la fuite de ses compatriotes et des milices. Marie s'était réfugiée à Rome pour y défendre son héritage menacé par un des fils d'Agnès de Castille qui, au moyen d'un simulacre de donation, avait mis la main sur la seigneurie de Montpellier, lui contestait ses droits et l'accusait d'usurpation au tribunal du Souverain Pontife. Elle mourut à Rome le 19 avril 1213 et fut ensevelie, selon ses vœux, dans la basilique de Saint-Pierre du Vatican.

III

ETABLISSEMENT DE LA COMMUNE [1]

Avantage pour les habitants de la grande charte de 1204.
— Articles principaux de la grande charte.

La grande charte du 15 août 1204 est l'événement le plus important de l'histoire de Montpellier, celui qui a le plus contribué à sa prospérité, à son commerce, à son développement universitaire pendant les XIIIe et XIVe siècles.

Peu de communes en France peuvent revendiquer

---

(1) Ce chapitre est extrait de l'*Histoire de la commune de Montpellier*, par Germain, 3 vol. in-8º, 1851.

l'avantage d'avoir obtenu plus de libertés. C'est une république avec un seigneur héréditaire, dont les droits étaient bien peu de chose.

Déjà, en 1141, les habitants s'étaient soulevés contre Guillem VI, et ce fut à cette époque qu'ils durent s'organiser en commune, car, pour pénétrer de nouveau dans la ville, Guillem VI, ainsi que nous l'avons déjà vu, livra un siège en règle.

Innocent II, dans diverses bulles, parle de consuls dirigeant et encourageant les bourgeois et les menace d'excommunication.

Guillem VI, en supprimant le consulat, avait reconnu cependant une magistrature municipale. Les vieux actes par les qualifications de *nobiles viri, probi, légales viri, consiliari communitatis*, indiquent bien les successeurs des consuls.

En 1180, Raymond Lambert, Guillem Aldaguier, Guillem Orec et Gérard Atbraud, acceptent que les évêques de Maguelone et de Lodève, avec huit autres personnes, soient les arbitres entre lui et ses bourgeois. Ces arbitres donnent raison à Guillem VIII, et les bourgeois approuvent la sentence arbitrale. Preuve évidente d'une grande liberté, cette sentence est lue sous le portique seigneurial et en présence d'une grande multitude de peuple.

Plus tard, en 1185, la commune de Montpellier figure dans un traité de commerce conclu entre Guillem VIII et la ville d'Agde ; en 1187, dans le privilège octroyé à nos marchands, pour la principauté de Tyr. Dans une déclaration de la commune clôture, elle est aussi mentionnée. Guillem VIII, en appelant dans son conseil les prud'hommes, ne reconnaissait-il pas les prérogatives anciennes de la communauté des habitants ?

Le grand mouvement populaire du milieu du XIIe siècle fut, on peut le dire, des plus pacifiques à Montpellier. La résistance des habitants et le siège de la ville par Guilhem VI ne paraissent pas avoir fait des victimes et amené de grandes représailles. C'est donc en 1141 qu'on peut fixer l'époque de l'organisation de la communauté des habitants de Montpellier.

A partir du 15 août 1204, elle fonctionne régulièrement, sanctionnée par la signature du seigneur. Elle a ses annales, ses magistrats élus par le suffrage populaire, ses registres consulaires, son sceau, son trésor, son beffroi, sa milice prête à défendre ses droits par la force.

Guillem VIII avait placé son fils sous la tutelle d'une commission de quinze bourgeois, dont l'autorité ne devait cesser que lorsque son fils aurait atteint l'âge de vingt-cinq ans. Ces quinze bourgeois, dont l'autorité était si grande dans l'administration de la seigneurie, poussés sans doute par l'amitié du peuple envers Marie, fille légitime de Guillem VIII, surent amener, par des causes que nous ne connaissons pas, le renvoi de Guillem IX et de sa mère Agnès, marâtre de Marie.

La commune avait traité d'égal à égal avec le roi d'Aragon.

Les consuls prêtent au roi, au nom de la commune, une somme d'argent, mais Pierre et Marie sont tenus de leur garantir, par écrit, le droit d'établir ou de réformer ce qu'ils jugeront devoir être établi ou réformé.

Quelque temps après Pierre demande une nouvelle somme; la commune prête 75,000 sols melgoriens, mais, comme gage elle se fait remettre la ville de Montpellier et plusieurs châteaux, entr'autres celui de Lattes.

La commune de Montpellier était maîtresse de ses destinées. Les droits du seigneur sur la ville n'existaient plus et les habitants pouvaient se considérer comme étant une république libre, avec l'avantage d'en appeler à leur seigneur, si quelque audacieux venait leur chercher querelle.

ÉTABLISSEMENT DE LA COMMUNE (XIIIᵉ SIÈCLE)

Le roi d'Aragon s'aperçut bientôt que son autorité seigneuriale était nulle ; il voulut parler en maître ; alors les habitants se préparèrent à résister par les armes, mais la guerre fut conjurée par l'intervention des évêques et du légat Pierre de Castelnau. Le roi d'Aragon jura, sur l'Evangile, qu'il ne rentrerait dans ses domaines, livrés en gage, ni à pied ni à cheval, avant d'avoir remboursé les sommes prêtées par la commune.

La charte du 15 août 1204 indique bien le caractère des habitants de la cité. Ce précieux document, contenant les bases des franchises et des libertés municipales, délimite les prérogatives des seigneurs et celles de la commune. On y trouve la réunion des coutumes déjà anciennes reconnues et acceptées par Pierre, roi d'Aragon.

Cette charte comprend 123 articles écrits en latin. L'original, conservé aux archives municipales, occupe deux grands rouleaux de parchemin, unis entre eux par un lien de peau auquel est suspendu le sceau en plomb de Pierre II. Son texte fut traduit en langue romane, à l'usage du peuple, et figure dans le *Petit Thalamus* (1). Nous donnons les principaux articles :

« Au nom de Notre Seigneur Jésus-Christ. Amen. Telles sont les coutumes et libertés de la ville de Montpellier.

« Article premier. — Montpellier n'a qu'un seigneur, un seul. Il s'applique, avec beaucoup de soin, à choisir le bayle de Montpellier parmi les gens les plus sages et les plus capables de la ville, après

---

(1) Il a été publié par d'Aigrefeuille, dans son *Histoire de la commune de Montpellier*, par Germain, également dans son *Histoire de la commune de Montpellier*, et par A. Tardif dans une étude spéciale.

Les Mémoires de la Société archéologique de Montpellier ont donné le texte du *Petit Thalamus*.

en avoir conféré avec les prud'hommes de la dite ville...

« Art. 2. — Tout ce que fait le bayle, le seigneur le tient, à tout jamais, pour accompli...

« Art. 4. — Le seigneur, dans les conseils et les jugements, comme dans sa cour, se sert d'hommes honnêtes et estimés, qui aiment la justice et la miséricorde et ne s'en laissent détourner ni par prière, ni par argent, ni par dons, ni par présents, ni par amitié, ni par inimitié. Le seigneur administre les affaires de Montpellier avec les prud'hommes de Montpellier surtout...

« Art. 5. — Le seigneur de Montpellier et ses prédécesseurs ont aimé leurs hommes...

« Art. 7. — Le seigneur de Montpellier ne prend jamais de bayle parmi les Juifs...

« Art. 9. — La cour rejette et punit les faux de toute espèce...

« Art. 10. — Les *renoviers* ou usuriers qui prêtent deniers pour deniers ne sont pas reçus en témoignage...

« Art. 12. — Les hommes de Montpellier peuvent, quand ils le veulent, vendre tous leurs biens, en emporter le prix avec eux et s'en aller où il leur plaît, sans empêchement...

« Art. 19. — Les iniques interdits de pain et de vin et de toutes choses sont formellement exclus de Montpellier. Il est permis à toute personne d'y faire ses affaires et d'y exercer sa profession, quelle qu'elle soit, sans interdiction...

« Art. 22. — La femme mariée ou l'homme marié, pris en flagrant délit d'adultère, ou qui, nonobstant la défense à eux faite par la cour, en cas de mauvais bruits, d'habiter seuls avec le compagnon ou la compagne de leur crime, avec même maison, persistent à demeurer ensemble, sont condamnés à courir nus par la ville, avec leur complice, la femme devant, et à être fouettés ; cette double peine leur tenant lieu de tout autre...

« Art. 29. — Tous les métiers et toutes les boutiques d'artisans, cantonnés jusqu'ici dans divers lieux de Montpellier, doivent toujours demeurer dans ces mêmes lieux, sans pouvoir être transférés ailleurs, excepté pourtant la Poissonnerie qui doit être changée de place, mais pour une seule fois et sans nuire aux possesseurs actuels des maisons et des tables de ladite Poissonnerie. Le nombre des métiers et des boutiques peut s'accroître néanmoins et s'étendre dans les rues du voisinage...

« Art. 30. — Le pélerin que le seul motif de dévotion amène au sanctuaire de Notre-Dame, peut séjourner, avec sûreté, dans la ville durant deux jours et deux nuits et s'en retourner de même le troisième jour, à moins qu'il n'ait pris, blessé, tué ou corporellement outragé quelque personne de Montpellier, ou qu'il n'ait été banni de la ville. Pour de tels gens point de sauf-conduit...

« Art. 47. — Tous privilèges et concessions accordés contre la raison à des Juifs ou à des chrétiens sont et seront toujours nuls et regardés comme non avenus...

« Art. 52. — La pêche est publique...

« Art. 61. — Le seigneur de Montpellier n'a point et n'a jamais eu droit de *tolte, queste, prêt forcé*, ou exaction quelconque sur les habitants de Montpellier. Il n'a point de droit de ce genre actuellement et il n'en aura pas non plus à l'avenir. »

Comme la fierté de nos bourgeois devait jouir en insérant une pareille déclaration ! Non seulement on refuse expressément au seigneur le droit d'imposer arbitrairement les hommes présents et à venir, mais on nie de la manière la plus formelle qu'il ait jamais eu ce droit. Cet article 61 est peut-être celui, de toute la Charte du 15 août 1204, où respire, avec le **plus d'exaltation et de rudesse, l'orgueil natif de nos** pères. La contexture brève et tranchée de la négation s'y élève presque jusqu'à l'éloquence.

« Art. 63. — Ni le duel judiciaire, ni le jugement par le fer rouge ou par l'eau bouillante, ni les autres épreuves réprouvées par le droit canon et par le droit civil, ne sont agréés par la cour de Montpellier, si ce n'est du consentement des deux parties...

« Art. 68. — Si des joueurs se prêtent mutuellement de l'argent, le prêteur n'a aucune action contre le créancier, ni contre son répondant, et n'est pas reçu à porter plainte, mais, s'il a des gages en mains, il peut les retenir pour se payer...

« Art. 85. — Aucun seigneur de Montpellier, ni personne en son nom, ne doit contraindre une femme ou une veuve à se marier, ni se mêler de marier une femme en aucune manière, sans la volonté de cette femme et celle de ses amis...

« Art. 86. — Mais la fille qui n'a jamais été mariée ne peut se colloquer en mariage sans le conseil soit de ses parents ou tuteurs. Celui qui entreprendrait de l'épouser sans ce conseil serait livré à la merci du seigneur, lui et tous ses biens...

« Art. 89. — Le seigneur de Montpellier a droit, de la part des hommes de cette ville, présents et futurs, au service d'hart et de chevauchée, mais seulement pour raison des maléfices et injures dirigés contre les habitants...

« Art. 90. — Le seigneur de Montpellier ne perçoit aucun péage dans tout le territoire de Montpellier...

« Art. 104. — Dans aucun endroit du marché il ne sera vendu de viande de bouc ou de cabri, ni de viande de bête morte, malade ou ladre, donnée pour saine, non plus que de viande qui, quoique vivante, ne pourrait pas se manger. Il est également défendu de vendre pour du mouton de la chair de brebis ou de bélier, et pour du porc de la chair de truie...

« Art. 107. — L'étranger ne peut teindre, à Montpellier, aucun drap de laine avec la graine de petit houx ni en toute autre couleur; il ne doit y vendre en détail que les draps qu'il portera à son cou...

« Art. 111. — Qu'aucun drap blanc de laine ne soit teint en rouge garance, de manière à garder cette première couleur ; qu'on lui donne sa couleur définitive au moyen de la graine de petit houx...

« Art. 114. — Nul ne sera contraint de recevoir et d'héberger des hôtes malgré lui. »

IV

JURIDICTIONS DE MONTPELLIER

La Baylie. — Cour du Bayle à Montpellier. — La Rectorie à Montpelliéret. — Organisation de la Commune. — Election des douze Consuls au xiiie siècle, réduits au nombre de quatre en 1389. — Consuls de mer. — Ouvriers de la commune clôture. — Ressources communales. — Maison commune.

Nous ignorons dans quelles circonstances le roi d'Aragon avait donné en otage son fils à Simon de Montfort avant son intervention dans la croisade en faveur de son beau-frère, le comte de Toulouse. Il fut, l'année suivante, remis aux Templiers et élevé dans une forteresse en Espagne.

La commune de Montpellier profita de la jeunesse et de la minorité de son seigneur pour organiser ses institutions démocratiques. Deux juridictions, celle du seigneur et celle de la commune, représentées par la cour du bayle et le consulat, s'exerçaient simultanément. Dans l'ancien bourg de Montpelliéret l'évêque de Maguelone eut sa juridiction jusqu'à la fin du xiiie siècle.

La baylie ou cour du bayle existait déjà au xiie siècle. Les rois d'Aragon choisirent les bayles parmi les personnes les plus recommandables de

Montpellier et consultèrent pour ce choix les prud'hommes, c'est-à-dire les consuls de la Commune. Ils décrétèrent qu'aucun des consuls sortant de charge ne serait nommé bayle, et qu'aucun bayle, à l'expiration de ses fonctions, ne serait nommé consul.

Le bayle était élu annuellement et connaissait du civil et du criminel dans toute l'étendue de la seigneurie. Les bayles de Lattes et de Castelnau relevaient de sa juridiction.

Tout magistrat, tout fonctionnaire, en entrant en charge, était tenu de prêter serment suivant une formule prescrite. C'était par le serment que s'acquérait, à Montpellier, au moyen âge, le droit de cité ; que l'on acceptait le périlleux honneur d'aller porter devant le pouvoir seigneurial les doléances populaires ; que l'on obtenait l'autorisation d'exercer un art ou une profession quelconque.

La cour du bayle se composait du bayle, d'un sous-bayle, d'un vicaire ou viguier, d'un assesseur et d'un notaire ou greffier. Cette cour était divisée en trois sièges distincts :

1° La cour du bayle et du juge ;
2° La cour du sous-bayle et du sous-juge ;
3° La cour du vicaire ou viguier et de l'assesseur.

Ce tribunal, renouvelé chaque année, à la Saint-Jean, représentait les droits de justice du seigneur. Il jugeait d'après les coutumes locales et à défaut de celles-ci, d'après la loi romaine. Il n'admettait des avocats que du consentement des parties. On appelait de ses sentences à la cour du Gouverneur. Cette cour qui ne fut instituée que par les rois d'Aragon, avait pour représentant le plus élevé le lieutenant royal, un juge spécial ou juge mage (judex major), un avocat, un procureur et un notaire ou greffier. La seule juridiction dont elle relevait était le Parlement de Toulouse.

Le recteur remplissait les fonctions de chef de la justice dans Montpelliéret au même titre que le bayle dans Montpellier, d'où l'usage de désigner ces tribunaux par les noms de Rectorie et de Baylie.

Dans une charte des calendes de mars 1240, le roi d'Aragon accorde aux consuls de Montpellier présents et futurs « plein pouvoir de statuer, réformer et corriger toutes les fois et selon qu'ils jugeront utile à la commune de le faire. »

Dans les statuts du 12 juin 1225 il est dit que le bayle et le lieutenant du roi d'Aragon, ainsi que les autres officiers seigneuriaux « jureront entre les mains des consuls, en entrant en fonctions, de leur dire la vérité sans fraude toutes les fois que les consuls leur demanderont s'ils n'ont rien promis à personne de Montpellier, relativement à l'élection du bayle, à la nomination des officiers publics, à l'administration ou à la gestion des affaires dans lesquelles se trouve engagée l'utilité de la commune, de la ville et de la seigneurie. Et s'ils répondent avoir fait quelque promesse de cette nature, les consuls et la cour les obligeront impérieusement à les rétracter. Celui qui aura donné la promesse et ceux qui l'auront reçue seront ensuite privés et évincés, perpétuellement, en vertu de la présente constitution, de tout office de la cour et du consulat de Montpellier. »

Il n'est point fait mention dans la charte de 1204 de l'organisation communale, et les consuls n'y sont nullement mentionnés. A cette époque même, le conseil de régence établi pendant la minorité du fils d'Agnès et auquel était confiée l'administration civile et politique de la commune comprenait quinze bourgeois.

Il est fait mention des consuls dans des actes antérieurs, mais le fonctionnement régulier du Consulat fut établi par la charte du 1er mars 1204. L'élection avait lieu le 1er mars de chaque année ; les nouveaux consuls devaient entrer en charge le 25 mars, fête de l'Annonciation, qui était, à cette époque, le premier jour de l'année.

Les habitants étaient répartis en sept classes, suivant les professions, et, pour se servir de l'expression de l'époque en sept échelles. Il y avait sept échelles parce que chaque corps de métier avait son jour de la semaine pour monter la garde des remparts.

Les chefs des divers corps de métiers se réunissaient, au son de la cloche de Notre-Dame-des-Tables, à la maison commune, située près le Marché aux Herbes, et désignaient, au scrutin, cinq prud'hommes de leur échelle respective. Les sept échelles donnaient trente-cinq élus qui, à leur tour, désignaient sept électeurs définitifs, appelés à élire les nouveaux consuls, avec les consuls anciens.

Il y avait donc deux classes d'électeurs : les électeurs du premier degré et les électeurs du second degré. Les électeurs du premier degré étaient le produit d'une élection préalable, élection populaire puisque chaque bourgeois, dans son corps de métier, contribuait, de son suffrage, au choix du chef pour le choix des sept électeurs définitifs.

Avant l'élection des nouveaux consulss, les sept électeurs et les douze consuls sortant de charge prêtaient serment entre les mains de l'évêque de Maguelone. Ils juraient, sur les saints Évangiles, de n'accorder leurs suffrages qu'à des citoyens d'une honnêteté irréprochable. Ils promettaient de n'écouter ni la haine, ni la faveur. En cas de partage des voix, l'évêque de Maguelone tranchait la difficulté.

Les électeurs du second degré choisissaient alors, et au moyen d'un scrutin, soixante sujets d'une probité reconnue et tous de Montpellier, et ceux-ci prêtaient le même serment sur l'Évangile. Le tirage au sort désignait les douze nouveaux consuls. On préparait pour cela soixante billets entièrement semblables, parmi lesquels douze portaient, à l'intérieur, une marque particulière, et on enfermait ces soixante billets semblables, dans autant de petites boules de cire du même poids et de la même couleur. Ces boules, une fois mêlées, un enfant en faisait la distribution. Cette distribution achevée, les bourgeois ouvraient eux-mêmes les petites boules de cire, et ceux qui se trouvaient avoir rencontré les douze billets marqués étaient proclamés consuls.

Ils étaient revêtus de la robe rouge et du chaperon noir et avaient un banc à l'église de Notre-Dame-des-Tables. En 1389 le nombre des consuls fut réduit à quatre pour être ensuite porté à six, mais leur charge ne dura jamais qu'une année.

Les consuls étaient chargés des intérêts généraux de la ville; mais, au moyen âge, chaque corps de métier avait ses consuls de métier. Les diverses corporations les choisissaient elles-mêmes. Ils correspondaient avec les consuls de la cité pour toutes les affaires concernant leur profession. Au-dessous d'eux se trouvaient des inspecteurs ou gardes des métiers, chargés d'exercer une surveillance active sur les maîtres et les simples compagnons ou apprentis.

Un troisième ordre de consuls était celui des consuls de mer, le plus ancien de tous, institué par Guillem V, à son retour de la croisade de Jérusalem. Guillem V les choisit lui-même, au nombre de quatre, « parmi les plus sages et les plus riches habitants de Montpellier »; mais, plus tard, la commune les soumit à une forme d'élection en rapport avec celle des consuls majeurs. Ces derniers désignaient, chaque année, la veille du 1er janvier, vingt bourgeois, et le sort se chargeait ensuite de trouver les futurs consuls de mer.

Les vingt bourgeois se partageaient en quatre séries égales, de cinq membres chacune. On faisait pour chacune de ces séries cinq billets semblables, dont un marqué d'un signe distinctif, et on procédait de même que pour l'élection des consuls.

Celui des cinq membres de chaque série auquel était échu une boule de cire contenant le billet marqué du signe distinctif était proclamé consul de mer.

Les quatre nouveaux magistrats entraient en charge le lendemain et remplissaient leurs fonctions jusqu'au 1ᵉʳ janvier de l'année suivante. Ils rendaient leurs comptes aux consuls majeurs et ne pouvaient être réélus qu'au bout de trois ans à partir du jour où expirait leur magistrature. Ils juraient, sur les saints Evangiles et en présence des douze consuls majeurs, marque de leur subordination à l'égard de ces derniers, de percevoir fidèlement l'impôt établi sur le transport des marchandises de Lattes à Montpellier et de Montpellier à Lattes, d'en consacrer les revenus à l'entretien de la route de Lattes, ainsi que du Grau et de la Roubine qui mettaient celle-ci, à partir de Lattes, en relation directe avec la Méditerranée; de veiller, dans l'intérêt du commerce, à la sûreté de la navigation.

Les consuls de mer correspondaient avec les délégués du commerce local dans les principaux ports ou comptoirs de la Méditerranée; ils réprimaient la piraterie, élaboraient les traités que signaient ensuite les consuls majeurs avec les diverses villes maritimes.

La commune, pour entretenir les remparts et veiller soigneusement à la commune clôture extérieure, institua les « Ouvriers de la commune clôture ». Ces magistrats, au nombre de sept, étaient pris annuellement un dans chaque échelle et dans les divers corps de métiers. Sous le patronage des consuls majeurs, ils avaient pour mission de veiller à l'entretien des murs et des fossés, comme aussi d'ouvrir et de fermer les portes de la ville, soit de jour, soit de nuit.

Sur les listes de ces officiers publics qui sont parvenues jusqu'à nous, on rencontre des changeurs, des drapiers, des notaires, des bacheliers ès lois, parallèlement avec des épiciers et des laboureurs.

Les consuls majeurs recevaient dix livres (somme équivalente à 72 francs de notre monnaie) annuellement pour frais de leur costume. Dans une lettre de Charles VI, du 18 août 1390, on lit : « Icelle somme « ne souffist pas à païer seulement leur robe de « consulat ». On porta alors cette indemnité à 40 livres (288 francs de notre monnaie actuelle).

En 1413, les consuls, consciencieux jusqu'au scrupule, se trouvant apparemment trop riches, eu égard aux malheurs publics, réduisirent d'eux-mêmes cette somme à trente livres tournois.

Les ouvriers de la commune clôture recevaient quinze florins d'or pour ouvrir et fermer les portes. On leur accordait en outre annuellement deux torches ; mais en sortant de charge, ils laissaient, pour l'usage de leurs successeurs, le résidu non brûlé de ces torches. Les allocations étaient soldées par le Clavaire, c'est-à-dire par le trésorier du Consulat.

Les ressources communales étaient fournies par les revenus ordinaires de la ville, les contributions levées sur les habitants, les péages ou octrois. Des bourgeois désignés spécialement procédaient à la répartition. On les élisait, chaque année, au nombre de quatorze, deux par échelle ; on les appelait *los XIV de la Capella*, à cause du lieu où ils se réunissaient ; ils juraient de s'acquitter de leurs fonctions sans haine ni préférence pour personne.

Tout fonctionnaire de la Commune, fût-il même simple notaire, devait être natif de Montpellier ou avoir habité cette ville pendant un temps déterminé.

Les citoyens de rang inférieur ne pouvaient être frustrés de leurs droits. Chaque corps de métier, chaque profession avait sa part imprescriptible de représentation. Deux syndics élus chaque année, le premier avril, avaient pour mission spéciale de poursuivre toutes les causes de la Commune.

L'association communale de Montpellier, au moyen âge, fut une des plus parfaites, et certaines des associations politiques et des villes du nord la prirent pour modèle. Ainsi, en 1323, les consuls ayant imposé d'office une certaine contribution sur les habitants, le menu peuple refusa de la payer, sous prétexte qu'elle n'était pas nécessaire et que les consuls avaient une somme suffisante pour subvenir aux dépenses. Il fallut que le sénéchal de Beaucaire et le lieutenant du roi intervinssent à l'amiable. Ils décidèrent que l'opportunité de la contribution en litige serait examinée et discutée par vingt citoyens, librement choisis par le peuple, auxquels les consuls soumettraient leurs livres, et qui vérifieraient, avec le montant des dettes de la ville, l'emploi des deniers publics.

Parmi ces vingt bourgeois figurèrent les XIV de la Chapelle, mais on leur adjoignit six autres bourgeois, afin de rendre la représentation populaire plus complète et le travail moins pénible. Ils avaient pour mission de revoir les comptes des consuls pendant les vingt dernières années ; ils ne devaient consentir à l'établissement de la contribution imposée d'office qu'autant que la caisse du Clavaire serait vide.

En 1325, le peuple accuse les consuls d'abus et de malversation et demande à avoir une cloche spéciale pour s'assembler quand il lui plaira pour s'entendre sur ses propres intérêts. Les consuls en appellent au roi de France, les réclamations populaires l'emportent, la cloche est accordée.

L'organisation communale fut alors au complet : la maison commune, ses archives, son trésor, son sceau, ses armoiries et sa cloche placée dans un beffroi. A partir de la fin du XIIIe siècle un conseil secret et un conseil général furent adjoints aux consuls. Ils étaient convoqués en assemblée particulière au son de la cloche dite *des gens armés*. Les assemblées publiques comprenaient l'universalité des bourgeois.

V

PROSPÉRITÉ DE LA COMMUNE

Prospérité de la commune sous les rois d'Aragon. — Nombre de maisons en 1273. — Achat de Montpelliéret par le roi de France.

La prospérité de la commune de Montpellier acquit son plus grand développement sous ses deux premiers seigneurs espagnols, Pierre II et Jayme Ier. Le séjour de ces derniers en dehors de leur seigneurie permit à la commune de se gouverner un peu plus à sa guise, grâce à la Charte du 15 août 1204. Les Ecoles de Droit et de Médecine, déjà florissantes sous Guillem VIII, acquirent une célébrité européenne sous les rois d'Aragon. La conquête des îles Baléares par Jayme Ier lui permit d'établir des colonies de marchands, originaires de Montpellier. Elle obtenait même l'autorisation de continuer son commerce avec les Sarrazins. Elle arrêtait une convention commerciale avec le roi de Tunis, et sa monnaie était admise dans les Etats Barbaresques, aussi bien qu'à Alexandrie.

A Tripoli les marchands avaient une rue exempte de toute redevance, avec le privilège de pouvoir être jugés sans frais par leurs tribunaux propres dans leurs différends avec les Génois, les Pisans et les Tripolitains. La République de Gênes autorisait la commune à trafiquer librement en Lombardie et elle obtenait du doge de Venise et du roi de Sicile de précieuses sûretés pour ses marchands.

Les consuls avaient passé des accords de paix et de commerce avec plusieurs de nos cités méridionales : Arles, Montélimar et Avignon. Des capitaines, nommés par les consuls, surveillaient les intérêts de nos marchands dans les principaux marchés de Flandre et de Champagne. Ils avaient d'ailleurs pour mission de protéger les marchands de tout le Languedoc dans ces provinces lointaines, glorieuse prééminence, extrêmement honorable pour la commune.

Un document de 1273 nous apprend qu'il y avait, à cette époque, environ 10,000 maisons dans la ville et, déjà en 1232, les fours publics ne suffisaient plus pour faire cuire le pain.

Philippe-le-Hardi faisait plus de cas de la seigneurie de Montpellier que de tout le royaume d'Aragon. Il la désirait ardemment ; le premier pas qu'il fit dans cette voie fut l'achat de la seigneurie de Montpelliéret et voici dans quelles circonstances :

Déjà en 1255, Guy de Folcueis, évêque du Puy, et le sénéchal de Beaucaire avaient obtenu de l'évêque de Maguelone une reconnaissance par laquelle la ville de Montpellier, avec toutes ses dépendances, appartenait et avait toujours appartenu à la couronne de France. En 1260, ils amenèrent le roi d'Aragon à se proclamer publiquement vassal de ce même évêque pour la ville de Montpellier et le château de Lattes. En 1293 s'accomplit la substitution du roi de France à l'évêque de Maguelone dans la juridiction immédiate d'une portion de la ville.

Le roi de France, Philippe-le-Bel, malgré l'acquisition de Montpelliéret, n'est pas encore seigneur de Montpellier. C'est en 1349 que Philippe de Valois enlèvera le reste de la cité à la maison d'Aragon.

C'est à cette antériorité d'acquisition de plus d'un demi-siècle que Montpelliéret a dû sa dénomination de *Part antique*, si souvent reproduite dans les anciens actes. Montpelliéret, à l'époque où les rois de France entrèrent en possession de l'autre moitié de notre ville, était, en effet, pour eux la *part antique*, par rapport à celle que les rois de Majorque venaient de leur céder tout nouvellement.

VI

LES SEIGNEURS
(SUITE)

LA COMMUNE SOUS JAYME Ier, ROI D'ARAGON
(1213-1276)

Origine du nom de Jayme. — Il est élevé en Espagne. — Son mariage à l'âge de 13 ans avec Éléonore de Castille. — La conquête de l'île de Majorque. — Vigilance des habitants. — Adresses à Louis VIII. — Don gratuit de la commune. — Conjuration de plusieurs habitants contre les seigneurs. — Ingérence des évêques de Maguelone dans les affaires de la commune. — Amnistie. — Les victoires de Jayme Ier sur les Maures. — Ses royaumes. — Mariage de sa fille avec le fils de Philippe, fils aîné de Louis IX. — Dérèglements dans sa vie privée. — Il répudie Éléonore de Castille. — Il épouse Yolande de Hongrie. — Ses maîtresses. — Sa cruauté envers son confesseur. — Son excommunication. — Il est surnommé *le conquistador*. — Il abdique en faveur de ses deux fils. — Il meurt à l'âge de soixante-huit ans, après avoir pris l'habit de l'ordre de Saint-Bernard.

 Don Jayme Ier, fils de Pierre II, roi d'Aragon et de Marie de Montpellier, naquit le 1er février 1208. L'origine de son nom mérite d'être rapportée. Les auteurs espagnols racontent qu'on exposa dans l'église Notre-Dame douze cierges d'une même longueur et d'une même grosseur, portant chacun le nom d'un des douze apôtres. Celui de saint Jacques s'éteignit le dernier. Le fils de Pierre et de Marie s'appela Jacques ou En Jacme, ainsi que s'exprime le *Petit Thalamus*. Don Jayme, selon la formule espagnole, a prévalu dans plusieurs auteurs. Toutefois d'Aigrefeuille et Duval-Jouve le désignent sous le nom de Jacques. Germain écrit Jayme et de Tourtoulon Jaime.

 Avant d'avoir atteint l'âge de six ans, il perdit, à

six mois d'intervalle, son père et sa mère. Il se trouva, à la fois, roi d'Aragon et seigneur de Montpellier, entre les mains de Simon de Montfort à qui son père l'avait confié comme otage dès l'année 1211.

Le pape ordonna à son légat, Pierre de Bénévent, de le retirer immédiatement des mains du chef de la croisade, et le jeune prince, proclamé roi d'Aragon et seigneur de Montpellier, fut placé sous la tutelle du maître des Templiers, Guillaume de Montredon, chargé de son éducation, qui le garda, durant deux ans, dans la forteresse de Monçon, en Espagne, où il était plus en état de veiller à sa sûreté et à son éducation.

Dès l'âge de dix ans, nous le voyons contresigner les privilèges de la commune de Montpellier, de sa main novice, et prendre les douze consuls et, avec eux, tous les bourgeois sous sa protection « perpétuelle », sous la sauvegarde de son amour le plus parfait. Il est naturel, dit-il, d'aimer ceux qui vous aiment.

Jayme Ier, en 1221, épousa, en Espagne, une sœur de la reine Blanche, Éléonore de Castille. Il venait alors d'accomplir sa treizième année. La commune se fit représenter à son mariage par une députation composée de deux de ses consuls, du bayle et de quatre autres bourgeois. On lui offrit une magnifique pièce de drap d'or, récemment apportée du Levant.

Lorsque Jayme Ier entreprit, en 1229, la conquête de Majorque, la commune lui prêta assistance et le roi-seigneur fit le trajet sur une de ses galères. Après la victoire, il prescrivit qu'un chevalier montpelliérain, Il amado Jacques Sans, personne de valeur remarquable et de confiance, fût associé à un chevalier aragonais pour gouverner la capitale des Baléares.

La commune de Montpellier avait, pendant la minorité de son seigneur, veillé à la sûreté de ses remparts, en ne laissant pas pénétrer dans la ville les puissants seigneurs, de crainte de quelque entreprise sur ses libertés. Il est facile de comprendre ce que serait devenue la commune de Montpellier si elle eût ouvert ses portes à Simon de Montfort, puissant par sa volonté et par ses armes, campé devant les portes de la ville pendant le concile qui fut tenu dans l'église de Notre-Dame des Tables, en 1225.

Lorsque Louis VIII envahit le Midi après la mort de Simon de Montfort, la commune de Montpellier craignit de se voir annexée à la couronne de France. Les consuls se mirent sous la protection du Saint-Siège et envoyèrent les lettres de recommandation du pape au camp royal d'Avignon où se trouvait alors Louis VIII.

En 1239, lors d'une visite de son seigneur, la commune s'empressa de lui demander la confirmation de ses coutumes. Elle lui fit un don gratuit de 100,000 sous melgoriens (1) pour l'aider dans la guerre contre les Maures; mais elle eut soin de se faire céder en échange une centaine de maisons dans la capitale du royaume de Majorque, afin de pouvoir y accroître sa colonie. Elle se fit aussi autoriser à acquérir toutes sortes de domaines et de possessions, à trafiquer avec les Sarrazins, au milieu même des hostilités de la croisade, à négocier, sans payer aucun droit ni sur terre ni sur mer, dans toute la circonscription des états du roi d'Aragon. Elle obtint encore de Jayme Ier, en emphytéose, les étangs et la plage qui s'étendent de Cette à Aigues-Mortes, pour y naviguer et y pêcher. Les quatre chartes où sont relatées ces diverses concessions portent une date unique (27 août 1231).

Quelques années plus tard un parti se forma sous le patronage d'un habitant, Guiraud de la Barra, de la famille des anciens seigneurs, au sujet des limites de la juridiction du bayle. Les conspirateurs étaient nombreux, puisque Jayme proclama une amnistie, à

---

(1) Le sou melgorien, à cette époque, valait environ 1 franc.

l'exclusion toutefois des chefs de cette conjuration : Guiraud de la Barra, Pierre ou Bernard Boniface, Raymond Becède, Guillaume d'Anglada, Bernard et Guillaume de Regordan qui, ne se trouvant pas en lieu sûr à Montpellier, quittèrent la ville avec cinq de leurs complices et eurent leurs biens confisqués.

L'ingérence des évêques de Maguelone dans les affaires de la commune amena Jayme Ier à intervenir directement et à défendre les prérogatives des consuls contre le pouvoir épiscopal. Après une longue absence, il finit par reparaître à Montpellier dont il s'était tenu éloigné à la suite de conflits avec la communauté. Il convoqua la population devant le couvent des Frères Prêcheurs, le 10 décembre 1258, accorda l'amnistie, et confirma de nouveau les coutumes et les privilèges de la commune.

Dans une entrevue avec le roi Saint-Louis à Corbeil, en 1258, il avait arrêté le mariage de sa fille Isabelle avec Philippe fils aîné du roi.

Ce héros, si brave et si pieux, encourut, comme son père, pour sa conduite privée, les anathèmes de l'Eglise. Dès l'année 1229, il avait fait rompre son mariage avec Eléonore de Castille, sous prétexte de parenté, et il avait épousé, en 1235, Yolande de Hongrie, *molt bella dona*, disait un chroniqueur. Ayant perdu cette seconde épouse en 1251, il vécut avec une de ses anciennes maîtresses, Thérèse Gilles de Bidaure, qu'il dédaigna plus tard pour une autre. L'année même qui précéda sa mort, il vivait encore avec certaine belle dame qu'il avait enlevée à son mari.

Il ordonna de couper la langue à son confesseur, Bérenger, évêque de Girone, qui avait osé se plaindre au pape Innocent IV de ses débordements, et il fallut l'intervention d'un concile de Lérida pour lever la sentence d'excommunication et d'interdit suscitée par cet acte barbare.

A partir de cette époque. il revint souvent à Montpellier, et notamment, en l'année 1262 ; devant l'église Notre-Dame-des-Tables, au milieu d'un magnifique cortège féodal, il assista à la célébration du mariage de son fils aîné, Dom Pedro, avec Constance, fille de Manfred.

Pendant son règne de soixante-trois ans, il fut presque constamment occupé à combattre les Maures ; il leur enleva les royaumes de Majorque, de Valence et de Murcie, gagna trente-trois batailles et fonda deux mille églises. Ses succès éclatants lui firent décerner le glorieux surnom de *conquistador*. Son *esprit de foi* l'avait conduit à fonder un ordre monastique pour la rédemption des captifs.

Il abdiqua toutes ses couronnes en faveur de ses deux fils et, à l'exemple de l'ancien seigneur de Montpellier, Guillem VI, il prit la robe de bure des moines de Citeaux. Il la garda seulement six jours et mourut le 27 juillet 1276, à l'âge d'environ soixante-neuf ans.

VII

LA COMMUNE SOUS JAYME II
(1276-1311)

Confirmation des privilèges de la commune. — Jayme II prête serment de fidélité au roi Philippe-le-Hardi pour la seigneurie de Montpellier (1293). — L'évêque de Maguelone cède au roi de France Philippe-le-Bel, ses droits sur Montpelliéret, Lattes et la seigneurie de Montpellier (1292). — Etablissement par Philippe-le-Bel à Montpelliéret de la cour du petit sceau de l'Hôtel des Monnaies et d'une Bourse des marchands (1292). — Assemblée des Etats de Languedoc (1293). — Règlement du couvre-feu. — Vente par Jayme II de ses droits sur les animaux de boucherie (1294). — Droits acordés par Philippe-le-Bel aux habitants de Montpellier. — Philippe-le-Bel vient à Montpellier (1302). — Don des habitants au roi. — Confirmation de leurs privilèges (1304). — Visite du pape Clément V (1305). — Emprisonnement des Templiers (1307). — Mort de Jayme II (1311).

Dès son avènement Jayme II confirma et augmenta les privilèges de la commune, en renonçant à certaines prétentions impopulaires. On l'appelait le bon roi. Il était rempli de prévenance et de justice à l'égard de ses vassaux et de ses sujets.

Les conventions de Jayme II avec le roi de France, Philippe-le-Hardi, allaient permettre à ce dernier de mettre un pied dans la seigneurie. Le roi de Majorque lui devait serment de fidélité. Dans les proclamations et les actes publics le nom du roi de France apparaissait, et les habitants allaient se déshabituer insensiblement de la domination étrangère (1382).

Jayme II, en hostilité avec son frère, Pierre III, à qui il avait été forcé de faire hommage de son patrimoine, et dépouillé de son royaume de Majorque par son neveu, accepta cette tutelle d'autant plus que, sans le sesours de Philippe-le-Hardi, il eût perdu même la ville de Perpignan.

Les démêlés des consuls avec les évêques de Maguelone contribuèrent à l'achat de la seigneurie par Philippe-le-Bel. Nous allons les rapporter le plus succinctement possible.

Les évêques de Maguelone réclamaient des droits sur les péages des graus qui conduisaient à Lattes. D'un autre côté, les consuls avaient commis des exactions sur les clercs soumis à la juridiction de l'évêque. Tous ces faits amenèrent une rupture entre les deux pouvoirs, et, le 19 juillet 1291, l'official de Maguelone lança une sentence publique d'excommunication contre les consuls et les habitants.

L'année suivante l'évêque céda au roi de France, Philippe-le-Bel, tous ses droits temporels sur Montpelliéret, sur la seigneurie de Montpellier et le château de Lattes. Il reçut en échange une rente de cinq cents livres.

Le roi de France s'était fait aussi céder tous les droits que l'évêque pouvait avoir sur les Juifs résidant à Montpellier. Il enleva aux clercs, pour le confier à des laïques, l'ancien siège de la juridiction épiscopale, désigné sous le nom de *Rectorie*, opposé à celui de *Baylie* que portait la juridiction de Montpellier.

Dès que Philippe-le-Bel eut pris possession de Montpelliéret, il y établit la cour du Petit Sceau, un Hôtel des Monnaies et une Bourse de marchands (1292).

Une assemblée des Etats de Languedoc fut tenue par son ordre en 1293 à Montpelliéret, où se réunirent tous les sénéchaux, baillis, lieutenants des baillis ou juges, inquisiteurs de la foi, juges subalternes, syndics généraux, pour y traiter de la réformation des abus de la justice dans toutes les jurididictions.

De son côté, le roi de Majorque établit en 1293, à Montpellier le règlement du *Couvre-feu*, et, tous les soirs, les habitants étaient avertis au son d'une cloche qui fut appelée par cette raison : *Cuebre-joc*. En 1294, il vendit les droits qu'il avait sur les issues des animaux de boucherie et dont un quartier de la ville a conservé, jusqu'à nos jours, la dénomination (1).

Philippe-le-Bel donnait, de son côté, aux marchands le droit d'avoir un commissaire aux foires de Champagne, de recevoir les laines de son royaume (1294), d'y répandre toutes leurs marchandises et leurs vins. Il donnait aux notaires de Montpellier le droit de faire des actes dans tout son royaume (1300). Il prenait les professeurs et les étudiants sous sa protection toute spéciale et favorisait le commerce des habitants avec les Génois.

En 1302, Philippe-le-Bel vint à Montpellier avec la reine et ses enfants. Ils furent logés dans la rue Salle-de-l'Evêque, et les consuls obtinrent la confirmation de leurs privilèges. Deux ans après, le roi leur ayant demandé un secours pour l'aider dans sa guerre des Flandres, la commune le lui accorda plus considérable qu'il ne l'avait demandé.

---

(1) Rues Triperie-Vieille et Triperie-Neuve, récemment dénommées rue Cabanel et Roucher.

Peu de temps après, en 1305 et 1307, Montpellier eut la visite du pape Clément V. Il y fut reçu avec les plus grands honneurs.

En 1307, les Templiers de la maison de Montpellier furent emprisonnés, sur l'ordre de Philippe-le-Bel, et conduits à Aigues-Mortes.

Jayme II avait marié sa fille avec Robert, roi de Jérusalem et de Sicile, qui fut couronné par le pape à Avignon. Il mourut à Majorque, à l'âge de 68 ans.

VIII

LA COMMUNE SOUS DON SANCHE
(1311-1324)

Don Sanche héritier de la seigneurie de Montpellier par l'entrée de son frère aîné dans l'ordre de Saint-François. — Son mariage (1302). — Il reconnait les privilèges des habitants. — Il autorise le retour des Juifs (1319). — Commanderie et hôpital de Saint-Antoine. — Beffroi de la maison commune. — Cloche du couvre-feu (1323). — Grande famine de 1323. — Mort de Don Sanche (1324).

L'aîné de Jayme II, pendant sa captivité chez le roi d'Aragon, frère de son père, avait pris la résolution d'embrasser la règle de saint François. Rendu à la liberté, il fut nommé archevêque de Toulouse.

Son second frère, Don Sanche, devint héritier des Etats de sa maison, du royaume de Majorque, du comté de Roussillon et de la seigneurie de Montpellier.

La même année que son frère se fit religieux (1302), il demanda en mariage, Marie de Sicile, fille de Charles II, roi de Jérusalem et comte de Provence.

Le notaire qui rapporte en latin tout le détail des épousailles, y mêle, en langage du pays, toutes les paroles que les personnes contractantes se donnèrent l'une à l'autre : « Yeu Sanchol, fil del clar segnor Mossen Jaime, per la gratia de Diou, Rey de Mayorgas, doni mon Cors, per feal marit à vos Maria Filla de laut Segnor mossen Carle, per la gratia de Diou, Rey de Jerusalem et de Secilia ; et dicta Donna Maria respondens, dixit ad eum, Et yeu vos en recebe... »

Son premier acte fut de reconnaître aux habitants de Montpellier tous leurs privilèges.

En 1319 il permit aux Juifs de revenir et d'acquérir un cimetière et un des chefs des Pastoureaux étant venu à Montpellier avec l'intention de les persécuter, y fut pris et pendu.

En 1322, il établit une commanderie et un hôpital de saint Antoine, situé entre la porte du Pila-Saint-Gély et la porte de la Blanquerie, sur le ruisseau de Merdanson, permit aux habitants d'élever un beffroi sur la maison commune et d'y placer la cloche dite *Cuebre-foc*, pour avertir les habitants de couvrir le feu de leurs maisons avant de se coucher.

Une grande sécheresse amena la famine dans le pays. Les pauvres gens étaient réduits à fouiller la terre pour y trouver quelques racines, et cette mauvaise nourriture causa une grande mortalité dans la contrée. On eut recours aux prières publiques, à des processions et à une forte pénitence. Le *Thalamus* s'exprime ainsi : L'an 1323 : « fou tant moult grand secada, que ben estat sept mezes que nou ploou, en tal maniera, que sou tant grand sec, que lous blati commensavan a secar avant que fassen espigats. »

« Plus de mille personnes tant hommes que femmes s'assemblèrent à Montpellier ; et courant toute la nuit, ils se flagellaient jusqu'au sang et venaient à Notre-Dame des Tables, la prier d'intercéder auprès de son cher Fils, pour qu'il leur accordat la pluye. Ils portoient des torches et des chandelles qui brûloient jour et nuit à Notre-Dame, et après avoir continué cet exercice pendant quatre nuits, Notre-Dame leur obtint une pluye qui restaura tous les bleds qui étaient perdus. »

Don Sanche mourut l'année suivante sur les frontières de la Catalogne, où il s'était retiré pour rétablir sa santé. Il laissait ses Etats à son neveu, Jayme, fils aîné de son frère Ferdinand.

IX

LA COMMUNE SOUS JAYME III
(1324-1349)

Confirmation des privilèges des habitants. — Bonté de Jayme III envers les habitants de Montpellier. — Meurtre de Bernard de Roquefeuil. — Visite du roi Philippe de Valois (1335). — Infortunes de don Jayme III. — Ses démêlés avec Pierre IV, roi d'Aragon. — Il vend la seigneurie de Montpellier au roi de France, Philippe de Valois (1349). — Il est vaincu dans une bataille livrée au roi Pierre IV d'Aragon et y trouve la mort (1349). — Cruauté du roi Pierre IV envers le fils de Jayme III.

Les dix premières années du règne de Jayme III furent les plus belles années de sa vie ; mais à la mort du roi d'Aragon, Alphonse, ses infortunes ne firent que s'accroitre jusqu'à la fin de ses jours.

En 1330, il fit chevaliers deux habitants et confirma les privilèges des habitants de la cité.

Pendant les visites qu'il faisait fréquemment à Montpellier, il réunissait le peuple dans son palais, l'exemptait des droits onéreux, l'autorisait à résister à l'établissement de la gabelle du roi de France et signait en sa faveur, un traité de commerce avec le roi du Maroc.

Le roi Jacques, de séjour à Montpellier en 1343, donna un bal dans le palais qu'il occupait alors (1). Le

---

(1) Cette demeure, située dans la rue de l'Argenterie, n° 10, a conservé sa porte ogivale. Elle est désignée encore aujourd'hui sous le nom de maison du roi de Majorque.

roi étant à table, le jeune Bernard de Roquefeuil, son page, lui servant à boire, répandit du vin sur un habit de satin blanc que le roi portait ce jour-là ; il en fut si irrité, qu'en le repoussant brusquement il le blessa d'un coup de couteau qu'il avait à la main et dont Bernard mourut quelques temps après. Selon d'autres auteurs, il l'aurait frappé dans sa colère de son couteau. Arnaud de Roquefeuil, son père, vint faire la guerre au roi de Majorque dans les environs de Montpellier, mais le pape Clément VI et le roi Philippe de Valois intervinrent et une transaction fut passée à Avignon en 1348.

Le roi Jacques céda à Arnaud de Roquefeuil, son très cher cousin, les baronnies du Pouget, Vendemian, Saint-Bauzille, etc., avec dix hommages dont les principaux étaient Clermont, Popian, Montarnaud et Tressan.

Montpellier reçut, en 1335, la visite du roi Philippe-de-Valois, de la reine et de leur fils Jean ; quelques années plus tard cette seigneurie allait appartenir à la couronne de France.

Jayme III, dernier seigneur de Montpellier, fut malheureux toute sa vie et dans toutes ses entreprises. La maison d'Aragon jalousait la branche cadette et cherchait toutes les occasions de s'emparer de ses royaumes et de la seigneurie de Montpellier. De son côté, le roi de France épiait le moment de la rattacher à sa couronne.

Pierre IV, roi d'Aragon, en fin politique, chercha à brouiller Jayme III avec le roi Philippe de Valois, en persuadant à ce dernier que le seigneur de Montpellier s'occupait de marier son fils avec une des filles du roi d'Angleterre, Edouard III, alors en guerre avec la France.

Pierre IV, de son côté, avait jeté ses prétentions sur l'île de Majorque, et, après avoir, par ses insinuations malveillantes et perfides, mis Jayme III dans l'embarras, il lui déclara la guerre et s'empara à main armée de son royaume de Majorque et de ses possessions des Pyrénées, qu'il déclara réunies à la couronne de France.

Jayme III, sur les conseils de son beau-frère, Pierre IV, avait refusé de prêter hommage au roi de France, seigneur de Montpellier, et déclaré s'en remettre à la décision du pape et des cardinaux. Le sénéchal de Beaucaire reçut l'ordre de saisir la seigneurie de Montpellier.

La situation des finances de Jayme III n'était point des meilleures, et, après avoir emprunté diverses sommes en aliénant une partie de ses droits, il obtint du roi de France 9.000 livres tournois. Les consuls furent obligés de mettre un terme à ces emprunts sur la commune, sur les conseils des légistes, parmi lesquels figure Guillaume Grimoard, si célèbre dans la suite sous le nom d'Urbain V.

Enfin, résolu à reprendre son royaume de Majorque et, dans le but de se procurer l'argent nécessaire, il vendit la seigneurie de Montpellier au roi Philippe de Valois.

Il parvint à équiper, sur les côtes de Provence, une petite flotte et alla débarquer à Majorque. Une lutte s'engagea, à armes inégales, avec Pierre IV. Dans une bataille qu'il livra en 1349 aux troupes du roi d'Aragon, il fut vaincu et, n'ayant point voulu se rendre, il fut renversé de cheval et eut la tête abattue par l'épée de ses ennemis.

Le dernier seigneur de Montpellier laissait un fils qui portait son nom. Par les ordres de Pierre IV, il vécut enfermé, pendant douze ans, dans une cage en fer, dont il ne sortait que le jour et sous la surveillance d'un geôlier.

X

VENTE
DE LA SEIGNEURIE DE MONTPELLIER
AU ROI PHILIPPE DE VALOIS
(1349)

Vente de la seigneurie au roi de France. — Vente du poids et leude-mage au pape. — Sympathie des habitants pour leurs anciens seigneurs. — Vente de la baronnie de Montpellier en 1395. — Confirmation des privilèges de la ville. — Serment de fidélité des Consuls.

C'est environ six mois avant sa mort, le 18 avril 1349, que fut signé le contrat de vente de la seigneurie de Montpellier. Dans cet acte, qui est transcrit dans le *Grand Thalamus*, le roi de Majorque déclare expressément que « se trouvant sous le coup de nécessités graves et innombrables, auxquelles il ne peut faire face qu'en aliénant son patrimoine, il a cru devoir adopter cette détermination en faveur du roi de France, son très cher ami, de qui il tient les domaines dont il s'agit à foi et hommage. En conséquence, après mûre délibération, il vend et transporte à Philippe et à ses successeurs sa ville seigneuriale et sa chatellenie de Lattes, avec leurs droits, territoires, districts et appartenances, pour le prix de 120.000 écus d'or, monnaie de France (1.200.000 fr.) payables, le premier tiers le 15 juin suivant, le second tiers le jour de l'Assomption de la même année, et le dernier tiers à la Saint-Jean 1350. »

En même temps Jayme III aliénait au pape Clément IV, la rente des poids et leude-mage de la ville au prix de 4.000 florins d'or (48.000 fr.)

Montpellier conserva toujours un sympathique

souvenir de ses anciens et derniers seigneurs. Cette famille n'avait pas abdiqué complètement tous ses droits par l'acte du 18 avril 1349. La baronnie de Montpellier n'avait pas été comprise dans la vente. Ce n'est qu'en 1395 qu'Isabelle de Majorque céda et transporta ses droits sur cette baronnie moyennant la châtellenie de Galargues et 1.200 livres de rente.

Les consuls, après avoir obtenu la confirmation de leurs privilèges, prêtèrent serment au roi entre les mains de l'évêque de Noyons. La protestation des consuls est remarquable, en ce qu'ils déclarent, que la posture qu'ils ont tenue à genoux, n'est point un hommage, mais simplement un serment de fidélité qui ne peut donner aucune atteinte à leurs privilèges.

C'est donc à la fin du xive siècle que cessent les rapports directs de la maison royale d'Aragon avec la commune de Montpellier.

XI

CARACTÈRE DE LA COMMUNE DE MONTPELLIER

De la Charte du 15 août 1204 à sa réunion à la Couronne de France en 1349, sous Philippe de Valois.

Dans son Histoire de la Commune de Montpellier, Germain a indiqué, avec une grande éloquence et un jugement qui nous paraît définitif, le caractère de la commune de Montpellier. Nous lui en empruntons les principaux passages :

« La commune de Montpellier, si remarquablement française durant la seconde période de son existence, fut, pendant toute la première, intimement unie aux destinées de l'Aragon, dont elle subit d'abord l'influence suprême et dont elle finit par reconnaître les rois pour seigneurs, fait très grave par ses conséquences surtout ; car, bien que la forme du gouvernement de l'Aragon fût monarchique, les principes de sa constitution étaient essentiellement républicains. Personne n'ignore en quels termes les Aragonais prêtaient serment à leurs princes. La souveraineté du peuple ne s'est jamais exprimée avec plus de franchise et de fierté : *Nous qui, séparément, sommes autant que vous, et qui, réunis, pouvons davantage, nous vous faisons notre roi, à condition que vous garderez nos privilèges ; sinon, non.*

« Un pays où les sujets parlaient ce langage à leurs monarques, devait être nécesssairement un pays de grande liberté. C'était, au dire des Aragonais, le pays le plus libre du monde.

« A l'instar des communes de l'Aragon dont elle partageait la fortune, la commune de Montpellier poursuivit, sous la seigneurie du roi Pierre, le cours de ses destinées, vivant de sa vie propre et s'administrant par elle-même aussi franchement que l'eût fait la république la mieux caractérisée. Un roi que séparait d'elle le rideau des Pyrénées et qui ne se montra plus en deçà des monts que pour s'y constituer le protecteur des Albigeois, ne pouvait avoir chez elle ni ascendant ni autorité.....

« Le seul ascendant que reconnût la commune de Montpellier était celui du Saint-Siège, mais celui-là n'avait rien d'alarmant pour ses libertés, tout au contraire.....

« Elle dut à cette position privilégiée le maintien de ses frontières au milieu de la conquête capétienne et de la réaction féodale qui furent, pour le Midi, le résultat le plus net de la croisade antialbigeoise..... Mais Jayme Ier grandit et devint Jayme-le-Conquérant. Il fut beaucoup moins facile à la commune de Montpellier désormais d'étendre ses libertés. Les institutions républicaines ne vont guère aux monarques dominateurs. Quelque intérêt qu'eût le roi d'Aragon à respecter les nôtres, de peur de fournir aux rois de France l'occasion de s'approprier les sympathies de nos bourgeois, il ne sut pas toujours résister au désir d'accroître son autorité seigneuriale, au risque d'engager des conflits avec la commune et d'entrer en lutte avec l'évêque de Maguelone...

« Montpellier vit successivement Philippe-le-Bel et Philippe de Valois s'établir en maîtres dans l'enceinte de ses murailles.

« Ceux qui auront lu l'Histoire de la commune de Montpellier sauront comment s'y prenaient les rois de France pour étendre le réseau de leur action et reculer les bornes de l'unité nationale : Œuvre puissante et gigantesque qui devait produire tant de gloire et enfanter tant de merveilles ! Ils sauront quelle série d'épreuves traversait une commune avant de se réunir au grand tout, avant de pouvoir substituer à l'idée étroite et incomplète de la cité la vaste et généreuse conception de la patrie.

« La Patrie ! Quelle noble et sublime chose ! Mais, comme il était difficile, au Moyen-Age, de s'orienter sur le sens du mot ! Félicitons la commune de Montpellier d'avoir compris qu'elle était française et qu'elle se devait à la France, quoique relevant encore d'un monarque espagnol. Félicitons-la d'avoir fait battre un cœur français dans ses entrailles, alors que ses intérêts personnels semblaient l'avoir rivée à l'Espagne.

« Sachons-lui gré surtout d'avoir choisi, pour se déclarer, le temps même où la fortune trahissait la France. Il était si aisé de se méprendre au xive siècle sur la vraie place de la Patrie !

« La commune de Montpellier n'existe plus que de nom à partir du jour où elle a subi le joug de l'unité française. Durant toute la période de son existence individuelle, ce fut une des communes les plus considérables et les plus commerçantes du Midi, une commune essentiellement catholique, comme les communes de l'Aragon, ses amies. La commune de Montpellier posséda le secret de concilier les institutions républicaines avec le gouvernement monarchique. Elle fit, qui plus est, servir la royauté des monarques de la Péninsule à consolider dans son sein la démocratie, donnant ainsi à l'Europe une grande leçon, et prouvant aux dictateurs du Moyen-Age que le progrès ne date pas d'hier et que nos ancêtres n'étaient ni si arriérés, ni si esclaves qu'ils veulent bien le dire. »

XII

MONTPELLIER SOUS LE ROI JEAN
(1350-1364)

Visite du roi Jean. — La seigneurie de Montpellier donnée en dot à son fils. — Les dames offrent leurs bijoux pour aider à la délivrance du roi Jean, prisonnier des Anglais. — Peste générale en 1361. — Compagnies chassées par Duguesclin, alors à Montpellier. — Passage des Compagnies.

Le roi Jean, à peine sur le trône, vint visiter Montpellier (1350). Les Consuls lui demandèrent de rester à perpétuité sous la domination du roy de France, sans pouvoir, pour autre cause ou traité que ce soit, en être jamais séparés.

L'année suivante, le roi Jean régla avec le roi d'Aragon les conditions d'un mariage de son second fils, Louis duc d'Anjou, avec la fille de Pierre ou sa seconde sœur. Dans ce traité il fut convenu que le roi de France donnerait à son fils la ville de Montpellier, le château de Lattes et tout ce qui, dans cette seigneurie, avait appartenu au feu roi de Majorque.

Les habitants de Montpellier ayant appris que le roi Jean avait été fait prisonnier à la bataille de Poitiers, manifestèrent leur douleur en faisant cesser toutes sortes de jeux et de divertissements. Ils participèrent pour une forte somme (70.000 moutons d'or) (1) à la contribution générale pour la libération du roi et les dames offrirent leurs bagues et leurs bijoux pour augmenter la somme. Mais, lorsque le duc d'Anjou, se basant sur son projet de mariage, entreprit d'entrer en possession de la seigneurie, les habitants résistèrent et trois deputés partirent pour aller trouver le roi prisonnier. Ils furent reçus de la façon la plus cordiale, et le roi écrivit à son fils de surseoir à ses prétentions.

La peste générale qui ravagea, en 1361, toute l'Europe, se fit cruellement sentir à Montpellier. Les annales de la cité rapportent qu'il succombait jusqu'à cinq cents personnes par jour.

C'est en 1360 que les Grandes Compagnies, qui désolaient les campagnes et rançonnaient les villes, firent leur apparition sous les murs de Montpellier. Bertrand Duguesclin, qui se trouvait alors dans la ville, *étant sorti pour leur courre sus*, ils se retirèrent avec précipitation. L'année suivante ces aventuriers, sous la conduite de Seguin de Badassol, vinrent jusques sous les murs de Montpellier et prirent dans l'église Saint-Côme, située dans les faubourgs, quelques hommes et quelques femmes qui s'y étaient réfugiés.

En 1363, les Compagnies vinrent de nouveau. Le *Thalamus* s'exprime ainsi : « Audit an, et au mois d'Août, Bernard d'Albret, avec grand force, vint à Montpellier et prit les Barris-Uberts des Frères-Mineurs, où il fut bien quatre jours, durant lesquels les gens de Montpellier, où il y avoit grands gens-de-guerre et artillerie, firent plusieurs saillies et escarmouches sur lui, meurtrissant plusieurs des ennemis. Et lors, tant ceux de la ville, d'une part, que

---

(1) Monnaie de l'époque, valant alors 10 fr. 39.

les ennemis, d'aussi, brûlèrent et démolirent beaucoup de maisons à la Porte-de-Lattes, ès susdits Barris-Uberts. »

On fit alors (1363) le chemin des rondes ou des *Douze Pans*. Les consuls et les ouvriers se rendaient tous les jours sur les murailles pour faire démolir les maisons qui s'en approchaient de plus de douze pans et pour faire la chose avec plus de solennité, ils étaient précédés dans leur marche par les bannières déployées des Consuls et des Ouvriers : « Avec eux ils menoient trente ou quarante Bregans, tant de Montpellier que de Marseille : les aucuns desquels portoient balestes, les autres portoient glaives, avec fenons aux armes des Consuls et etoient soldoyes par la garde de la palissade. »

XII

MONTPELLIER
PENDANT LE RÈGNE DE CHARLES V
(1364-1380)

Urbain V commence les travaux du monastère Saint-Germain (actuellement Faculté de médecine) (1364). — La seigneurie est donnée au roi de Navarre, Charles-le-Mauvais. — Epidémie en 1373. — On fait brûler une bougie dans l'église de Notre-Dame. — Sa longueur. — Passage de la reine de Navarre. — Le roi saisit la seigneurie au roi de Navarre en 1378. — Sa réunion définitive à la couronne de France en 1383. — Grande sédition à Montpellier en 1379. — Le duc d'Anjou, gouverneur de Languedoc, arrive à Montpellier. — Sa colère. — Il impose la ville d'une contribution de 130,000 francs d'or et d'une indemnité de 30,000 francs d'or aux héritiers des victimes.

C'est en l'année que le pape Urbain V commença les travaux du monastère de Saint-Germain, qui devint plus tard l'évêché et qui est actuellement la Faculté de médecine.

Charles V, après avoir battu le roi de Navarre, Charles-le-Mauvais, et pris plusieurs villes, lui donna, en 1365, comme compensation de plusieurs châtellenies, la seigneurie de Montpellier, oubliant ainsi les engagements de Philippe de Valois et du roi Jean.

L'année d'après, sous prétexte que Charles-le-Mauvais avait livré passage sur ses terres au prince de Galles, pour aller rétablir en Castille Pierre le Cruel, le roi de France donna l'ordre au duc d'Anjou, son lieutenant général en Languedoc, de saisir la ville de Montpellier.

En 1371, Charles-le-Mauvais fit la paix avec le roi de France qui « lui rendit, à perpétuel héritage, Montpellier, baylie, rectorie, châteaux, forteresses, etc. ». L'année suivante, Charles-le-Mauvais vint à Montpellier, y séjourna quatre mois et reconnut les franchises et libertés de la Commune.

En 1373, une épidémie désola la ville, et les habitants, afin d'obtenir la cessation de ce fléau « firent mesurer la ville avec les faubourgs, qui étaient déjà clos et firent faire une bougie de pareille longueur pour brûler nuit et jour devant Notre-Dame-des-Tables ». Cette bougie, enroulée autour d'un cylindre « avoit dix-neuf cents cannes de long (1) par où l'on peut juger de l'enceinte qu'avoit alors la ville et ses faubourgs ».

Cette même année (1373) la reine de Navarre vint à Montpellier. Les consuls allèrent la saluer à Béziers, où ils entrèrent avec plus de soixante chevaux, menant avec eux les ménestriers du Consulat, vêtus de livrées rouges. Etant revenus à Montpellier avant la reine, ils allèrent à sa rencontre à Pignan avec un grand nombre d'habitants, faisant porter devant eux la bannière de la ville, qui était suivie des

---

(1) La canne de Montpellier vaut 1m 987. — Longueur de l'enceinte : 3,775 mètres.

« menestriers des Consuls, du Bailli. Les curieux du palais de la Rectorie et du Petit-Scel venaient après eux, faisant porter aux gens de leur suite les livrées de la Cour, avec les armes du roi de Navarre. Les processions des paroisses et des ordres religieux s'avancèrent jusqu'à Saint-Jean-de-Védas, et les Métiers, rangés par échelles et vêtus de différentes couleurs, attendirent à la croix du Parraut. Lorsqu'ils furent arrivés devant l'hôpital Saint-Barthélemy, la reine descendit de son carrosse et entra dedans, où s'étant un peu accommodée, elle monta à cheval, jusqu'à Notre-Dame-des-Tables où, ayant fait son oraison, elle entra dans l'Hôtel de Ville. Après s'y être un peu reposée, elle remonta à cheval, se fit voir par toute la ville et alla descendre à la salle de l'Evêque, qui étoit préparée pour son logement ».

En 1378, les nouveaux agissements du roi de Navarre lui firent encore saisir la seigneurie de Montpellier.

Le duc d'Anjou avait sans cesse besoin d'argent pour donner carrière à ses projets ambitieux. Gouverneur général de Languedoc et en sa qualité de frère de Charles V, il commit toutes sortes d'abus de pouvoir et d'exactions dans le but de subvenir à ses fastueuses dépenses. En mars 1379, il exigea un nouveau subside de cinq francs et dix gros par feu. Six mois après, sous prétexte de repousser une invasion des Anglais et les incursions des Grandes Compagnies, il voulut établir une taxe perpétuelle, dite de fouage (1) de douze francs d'or par an. Le peuple était ruiné, et les habitants refusèrent de payer. Le duc d'Anjou envoya sept commissaires spéciaux. Les consuls demandèrent quatre jours de réflexion, mais le quatrième jour, dans l'après-midi, une foule armée et furieuse envahit l'hôtel où se trouvaient réunis les commissaires et les massacrèrent tous, à

---

(1) Redevance féodale sur chaque feu des biens roturiers.

l'exception d'un seul, ainsi que leurs officiers, secrétaires, domestiques, etc., au nombre de 90 selon les uns, et de 114 selon les autres. Ils jetèrent leurs corps dans des puits et traînèrent ceux de plusieurs d'entre eux avec des cordes par les rues. Chose horrible, ajoutent les chroniqueurs, ils auraient ouvert leurs corps et imprimé la trace de leurs dents sur les chairs palpitantes.

Le duc d'Anjou, en apprenant ces faits, ne parlait rien moins que de faire raser Montpellier, après en avoir fait passer tous les habitants au fil de l'épée.

Les consuls s'empressèrent de s'humilier devant l'envoyé du pape, espérant ainsi obtenir le pardon du duc d'Anjou.

« Le vendredi 20 janvier, le duc d'Anjou vint à Montpellier, et mena quand à lui mille lances et beaucoup d'arbalétriers à cheval. Tous les ordres mendiants de Montpellier sortirent de la dite ville et allèrent à pied jusqu'à la Croix des Areniers, comme firent aussi les autres et les religieuses rescluses et autres; et grande quantité d'enfants mâles juvenets, et toute l'université, et puis les consuls avec le Peuple, criant à haute voix et avec larmes : *Miséricorde*. Puis les Veuves et Femmes mariées furent devant la Porte Saint-Giles. »

Le duc d'Anjou, étant entré dans la ville avec ses troupes, donna ordre que tous les habitants eussent à remettre leurs armes; il fit dresser un échafaud sur le pont-levis de l'avant-portail de la Saunerie, et y fit lire une sentence épouvantable par le châtiment qu'elle ordonnait :

Six cents hommes des plus coupables devaient périr, deux cents être brûlés tout vifs, deux cents pendus, deux cents décapités; leurs biens confisqués. La commune devait payer six cent mille francs d'or et être privée du Consulat, des consuls, conseillers, coffre, sceau, maison, cloche, et tout ce qui pouvait lui appartenir. Les deux portes de la Saunerie et du

Pila-Saint-Gély, ainsi que les murailles qui les réunissaient devaient être détruites et les fossés comblés. Les habitants devaient faire construire une basilique, avec assignation de quarante livres tournois par an pour l'entretien de ses chapelles et le traitement de six prêtres qui devaient y faire l'office à perpétuité pour le repos de ceux qui avaient péri dans cette sédition. La ville était, en outre, condamnée à rembourser les frais occasionnés par cette expédition.

Le lendemain le duc d'Anjou révoqua cette sentence et en rendit une autre moins sévère. Il révoquait la démolition des portes et des murailles, « restituait les habitants dans leur bonne renommée, » dans les Consulat, consuls, conseillers, archives, sceau, maison et autres biens ; il maintenait la suppression de la cloche, ordonnait, en moins de dix jours, la démolition du beffroi, voulant que jamais les consuls ne pussent se réunir au son de la cloche. Les six chapelains étaient réduits à trois. La commune devait donner une indemnité aux familles des victimes et payer les frais de guerre depuis le 6 novembre jusqu'au 20 janvier ; cette indemnité fut fixée à la somme de cent dix-neuf mille francs d'or. Quelques jours après il en abandonna onze mille. Les indemnités payées aux héritiers des victimes s'élevaient à plus de 30,000 francs d'or.

Le résultat de cette sédition fut la suppression de la commune de Montpellier ; elle succomba, pour ainsi dire sur l'échafaud de la porte de la Saunerie, au 24 janvier 1379, victime de ses propres excès et de l'arbitraire royal.

Le duc d'Anjou, en accordant le pardon, n'avait pas renoncé à la confiscation de la baylie ni à la résolution d'exiger une forte indemnité de la commune, indemnité qu'elle mit plus de vingt ans à rembourser.

XIV

MONTPELLIER
PENDANT LE RÈGNE DE CHARLES VI
(1380-1422)

Restitution de la seigneurie au roi de Navarre. — Grande mortalité en 1384. — Suspension des cours de l'Université. — Séjour de Charles VI à Montpellier (1389). — Réduction du nombre des consuls. — Fêtes en l'honneur de la naissance du Dauphin. — Nouvelle mortalité en 1398. — Supplice de Catherine de Sauve (1417). — Assemblée des États de la Province à Montpellier, en 1419.

Dès l'avènement du nouveau roi, Charles de Navarre, fils de Charles-le-Mauvais, trouva moyen de se faire rendre la seigneurie de Montpellier (30 mai 1381).

Ce n'est qu'en 1383 que Montpellier rentra définitivement sous la domination du roi de France.

En 1384, une épidémie qui commença à la fête de la Saint-Jean et dura quatorze mois, fit périr un grand nombre de personnes et principalement des enfants et des jeunes gens au-dessous de vingt ans. L'Université suspendit ses cours, et on fit de nouveau brûler dans l'église de Notre-Dame-des-Tables une bougie de la longueur des murailles de la ville, de la Palissade, de l'enceinte de l'église, de ses statues et de l'autel.

Cette même année on apprit la mort du duc d'Anjou. Dans son testament il laissait aux villes des sénéchaussées de Beaucaire et de Carcassonne une somme de cinquante mille livres pour les indemniser des pertes que leurs habitants avaient éprouvées par les actes des gens de guerre.

Lorsque, en 1369, Montpellier avait appris la naissance de Charles VI, cette ville avait donné vingt-cinq francs d'or au courrier chargé de lui apporter la nouvelle et avait fait ensuite une magnifique procession.

Aussi, lorsque, vingt ans après, le roi Charles VI vint dans le Midi et visita Montpellier, sa présence excita-t-elle l'enthousiasme des habitants. Le chroniqueur Froissart a donné de son séjour une relation des plus intéressantes :

« Or le roi, étant parti de Lunel, s'en vint dîner à Montpellier, car il n'y a que trois ou quatre petites lieues. Si fut reçu des Bourgeois, des Dames et Damoiselles de la ville moult joyeusement et grandement, car ils désiroient à voir, et lui furent faits et donnez plusieurs beaux présents et riches, car Montpellier est une puissante ville et riche, et garnie de grande marchandise ; et moult la prisa le Roi, que, sans comparaison elle avoit été plus riche que pour le présent on la trouvoit ; car le duc d'Aujou, le duc de Berry, chacun à son tour, l'avoient malement pillée et robée, dont le Roi plaignoit bien les Bonnes Gens qui avoient eu si grand dommage, et disoit et leur promettoit qu'il y pourvoyeroit et reformeroit tout le païs en bon état.

« Encore fut dit au Roi, lui étant et séjournant à Montpellier : Sire, ce n'est rien rien de la povreté de cette ville, envers ce que vous trouverés, plus irés avant ; car, cette ville-ci est de soi-même de grande recouvrance pour le fait de la marchandise, dont ceux de la ville s'enloignent par mer et par terre : mais en la sénéchaussée de Carcassonne et de Toulouse et marches d'environ, où ces deux Ducs ont eu puissance de mettre la main, il n'y ont rien laissé, mais tout levé et emporté ; et trouverés les Gens si povres que ceux qui souloient être riches et puissans, à peine ont-ils de quoi faire ouvrer ou labourer leurs vignes ou leurs terres. C'est grande pitié de voir eux, leurs femmes et leurs enfants, car ils avoient tous les ans cinq ou six tailles sur leur bras, et étoient rançonnés au tiers, au quart et au douzième du leur et parfois du tout; et ne pouvoit être une taille payée qu'une autre leur foudroit sur les bras. Et ont si comme on le peut bien sçavoir, ces deux seigneurs, vos oncles, depuis qu'ils ont le Gouvernement de Languedoc, levé du païs mouvant de Villeneuve-les-Avignon jusqu'au Toulousain, allant environ jusqu'à la rivière de Garonne, et retournant jusqu'à la Rivière de Dordogne, la somme de trente cent mile francs; et par spécial, depuis que le duc d'Anjou s'en fut parti du Gouvernement, et qu'on le rendit au duc de Berry, il a trop fort endommagé et appovri, car encore le trouva-t-il gras, dru et plein : car le duc d'Anjou prenoit sur les riches-hommes qui bien avoient puissance de payer; mais le duc de Berry n'a nulle épargné ne povre ni riche, et a tout moissonné et cueilli devant lui, par le fait d'un sien conseiller et trésorier, qu'on appelle Betirach, qui est de la nation de Béziers, si comme vous verrés et orrés les complaintes des bonnes-gens qui vous en crieront à avoir vengeance.

« A ces paroles répondit le Roi et dit : Si Dieu m'est à l'âme j'y entendrai volontiers et y pourvoyerai avant mon retour et punirai les mauvais : car je ferai faire inquisition sur les serviteurs et officiers de mes oncles, qui ont au temps passé gouverné les parties du Languedoc, et seront corrigez ceux qui l'auront desservi. »

Le jour de l'arrivée du roi, le 8 novembre aussi, les consuls à cheval, avec la bannière et ménestriers du consulat, les métiers en deux corps, l'un de trois cents hommes à cheval, et l'autre de trois cents hommes à pied, allèrent à sa rencontre jusqu'à la Croix de Salaison. Le clergé et les ordres religieux s'arrêtèrent à la Croix des Areniers.

Les consuls mirent pied à terre et lui présentèrent un riche dais à huit bâtons semés de fleurs de lis d'or, sous lequel il entra dans la ville. Froissart rapporte ainsi son séjour à Montpellier :

« Le roi de France, se tint en la ville de Montpellier plus de douze jours ; car l'Ordonnance de la Ville, des Dames et des Damoiselles, et leurs Etats et les Ebatemens qu'il trouvoit, et ses Gens aussi lui plaisoient grandement. Bien le Roi, au vrai dire, étoit là à sa nourrisson, car pour ce temps là, il étoit jeune et de léger esprit, si dansoit et cacoloit avec ses frisques Dames de Montpellier toute la nuit, et leur donnoit et faisoit Banquets et Soupez grands et beaux, et bien étofez ; et leur donnoit Anneaux d'Or et fermaillets à chacune, selon qu'il voyoit et considéroit qu'elle valoit ; Tant fit le Roi qu'il acquit des Dames de Montpellier et des Damoiselles grande grâce ; et voulussent bien les aucunes que fût là demeuré plus longuement qu'il ne fit, car c'étoit tous Ranceaux, Danses, et soula tous les jours et toûjours à recommencer. »

Le résultat de la visite de Charles VI à Montpellier fut surtout la régularisation de l'impôt. Il réduisit d'abord le nombre des consuls de douze à quatre et les porta ensuite à six. Les listes consulaires, depuis 1393, renferment annuellement six noms. Le dernier chiffre fut choisi très probablement à cause des sixains ou quartiers de la ville.

Le 22 janvier suivant, à son retour de Toulouse, il resta trois jours à Montpellier, où il fut reçu avec joie. « Et là se tint trois jours pour soi rafreschir ; car la ville de Montpellier, les dames et les damoiselles lui plaisoient grandement bien. »

De grandes fêtes eurent lieu à Montpellier au commencement de l'année 1391, lorsqu'on apprit la naissance du fils du roi. Les nobles bourgeois et les magistrats firent des joûtes à cheval dans la rue des Trépassens, aujourd'hui la Grand'Rue. Ces fêtes durèrent une semaine. Les artisans, divisés par bandes, allaient dansant par les rues et se rendaient ensuite devant l'Hôtel de Ville où les consuls leur faisaient faire place selon leur plaisir. Les écoliers, de leur côté, allaient aussi dansant avec des ménétriers et chantant dans les rues.

En 1398, une nouvelle mortalité, très probablement une épidémie de choléra, fit de nombreuses victimes et l'on n'oublia point d'allumer encore une bougie dont la longueur fut de dix-huit cents cannes (3.800 mètres environ).

Le premier acte de l'Inquisition à Montpellier se produisit en 1417. La sentence fut prononcée par Raymond Cabasse, maire de l'Inquisiteur de la foi contre Catherine de Sauve, recluse de la Porte de Lattes, « qui, s'était échauffée le cerveau, débitoit à ceux qui venoient la voir et la consulter.

Que le baptême reçu d'un mauvais prêtre, ne sert de rien pour le salut.

Que les mauvais prêtres ne sçauroient consacrer le corps de Jésus-Christ. quoiqu'ils professent des paroles sacramentelles.

Qu'elle ne pouvoit adorer une hostie consacrée, puisqu'elle ne voyoit pas que le corps de Jésus-Christ y fût.

Qu'il ne fallait pas se confesser à un prêtre, mais seulement à Dieu, et qu'elle aimeroit mieux se confesser à un prud'homme laïque qu'à un prêtre.

Qu'après la mort il n'y aura point de purgatoire, parce qu'il faut le faire dans cette vie. » etc.

Elle fut condamnée au supplice du feu, qu'elle subit à la *Portalière*, près du couvent des Frères-Prêcheurs. L'usage s'étant introduit de punir en ce même lieu les personnes accusées de sortilège, le peuple s'accoutuma à l'appeler le Portail *dé las Masquas*, mot qui, en langage du pays, veut dire sorcière.

Les Etats de la province s'assemblèrent pour la première fois à Montpellier, en 1419.

XV

MONTPELLIER
PENDANT LE RÈGNE DE CHARLES VII
(1422-1461)

Réjouissances à l'occasion du sacre du roi. — Arrivée du courrier. — Boulevard Bonnes-Nouvelles — Visites de Charles VII à Montpellier en 1419 et en 1437. — Cloche de Notre-Dame. — Jacques Cœur. — Ses Fondations à Montpellier. — Loge des Marchands. — Font Putanelle. — Son procès. — Réunion des Trois Etats de la Province (1431). — Violation de la personne et des privilèges des consuls (1459).

La nouvelle du sacre du roi à Reims, le 7 juillet 1429, causa une allégresse générale dans le royaume.

« Cette nouvelle fut apportée à Montpellier par un Homme, qui (ne pouvant entrer de nuit dans la ville, à cause des grandes précautions que l'on y prenoit dans ces tems de trouble) s'arrêta dans le Fauxbourg de Saint-Denis, aujourd'hui l'Esplanade, en attendant qu'on ouvrit les portes de la ville. Le lendemain nos Habitants ayant vu ses lettres, en eurent une si grande joye qu'ils prirent la résolution de bâtir une chapelle, sous le nom de Notre-Dame de Bonnes-Nouvelles, dans le lieu où le Courrier s'étoit arrêté ; c'est à dire à peu près dans le même endroit où est à présent la Croix de l'Esplanade. »

Alors que presque tout le nord de la France était aux mains des Anglais et qu'une partie du midi était au pouvoir des Bourguignons, Charles VII, du vivant de son père, vint à Montpellier en 1419, afin de conquérir les villes méridionales.

Lorsque Charles VII se fut rendu maître de Paris, il alla, dit un historien, visiter ses provinces, pour y faire de l'argent, et en 1437, vint à Montpellier, où il confirma les privilèges de la ville.

En 1439, on fondit, à Montpellier, une cloche de quatre-vingt-dix quintaux, destinée à la grande horloge de la ville.

Jacques Cœur avait une maison importante à Montpellier. Il avait fourni les 1869 livres 13 sols et 4 deniers, nécessaires pour terminer la Loge des marchands. Il construisit une demeure des plus grandes et des plus riches de la ville. Le rez-de-chaussée était occupé par une vaste salle où les marchands pouvaient se promener. Au-dessus se trouvait une plate-forme d'où l'on découvrait la mer, ce qui pouvait procurer à Jacques Cœur le plaisir de voir de loin les vaisseaux, lorsqu'ils revenaient du Levant au port de Lattes.

Son affection pour la ville de Montpellier l'amena à faire rechercher les sources des collines voisines, et il les ramassa dans un réservoir d'où les eaux partaient pour se rendre à la *Font Putanella*. Cette eau était, dit-on, si bonne qu'on y allait, le matin, pendant les grandes chaleurs, la prendre comme remède.

L'odieux procès contre Jacques Cœur, qui eut lieu en 1453, ne fut qu'un prétexte et d'avoir fourni de l'argent au dauphin, dont les menées contre son père avaient irrité la cour. On l'accusa d'avoir fait battre des pièces d'argent, dites les Gros de Jacques Cœur, sur lesquelles il aurait fait de grands bénéfices. On l'accusa aussi d'avoir transporté de l'argent et de l'or hors du royaume et fourni des armes aux Turcs. Une de ses galères ayant reçu un enfant sarrazin qui voulait être chrétien, et le patron d'une ces galères l'ayant mené à Montpellier, Jacques Cœur (comme dit la sentence), de peur que ses galères n'en souffrissent, le fit ramener en Turquie et rendre à son maître, où il renia la foi de nouveau.

Arrêté à Taillebourg, il fut condamné à cent mille écus d'amende et à trois cent mille envers le roi. La peine de mort fut commuée en celle d'une amende honorable, et à la prison jusqu'à l'entier payement des dites sommes ; après quoi il devait être banni du royaume et ses biens confisqués. Ayant tout payé, il se rendit dans le Levant.

Dans la réunion des Trois Etats de la province à Montpellier, en 1431 on ne s'y occupa que des subsides à fournir pour aider à soutenir les dépenses de l'Etat. Ces subsides prirent, en conséquence, dans la suite le nom d'Aides.

En 1459, les consuls ayant mis, de leur propre autorité, deux malfaiteurs au carcan, se virent détenus, durant quinze jours dans les geôles du palais, par ordre du gouverneur. Ils en appelèrent au roi, mais la violation de leur personne et de leurs privilèges n'en était pas moins consommée.

XVI

MONTPELLIER
SOUS LES RÈGNES DE LOUIS XI, CHARLES VIII ET LOUIS XII
(1461-1515)

Les avocats et les notaires sont exclus du Consulat (1462). — Le Parlement transféré à Montpellier (1437). — Son retour définitif à Toulouse (1439). — Le mot Commune remplacé par celui de Ville (1483). — Conseil politique de 24 habitants (1484). — Foires (26 avril et 1ᵉʳ octobre). — Privilèges sur la draperie, les consuls de mer. — Marchés annuels en janvier et juillet (1505). — Typhus apporté par les troupes. — Processions (1505).

Des lettres royales de 1462 exclurent du Consulat les avocats et les notaires ; elles établirent que les quatre premiers consuls de Montpellier seraient dorénavant bourgeois et marchands, et les deux autres gens de métier.

La Cour du Parlement, qui auparavant était à Toulouse, fut transférée à Montpellier en 1437, grâce à un présent de cinq cents écus d'or que les consuls offrirent au gouverneur du Languedoc pour avoir fait pencher la balance en leur faveur.

Le Parlement ne resta que deux ans à Montpellier et fut de nouveau transféré à Toulouse, où il resta jusqu'en 1790. La Cour des Aides y fut cependant maintenue.

En 1483, le mot *Commune*, consacré par l'ancien usage, fait place au mot *Ville*. L'autorité d'un maître unique avait fait disparaître les vieilles libertés locales.

Malgré ses utiles règlements sur la vente des grains, sur la fabrication des draps, le commerce de Montpellier diminuait, la réunion de la Provence à la France occasionna le déplacement du mouvement commercial vers Marseille.

Sous le règne de Charles VIII, l'assemblée de tous les bourgeois fut remplacée par un conseil politique de vingt-quatre habitants, composé de deux députés de chaque compagnie, et le reste du corps des Marchands (avril 1484).

Malgré la résistance des villes de Pézenas et de Montagnac qui, depuis longtemps, avaient des foires établies avec la promesse qu'aucune nouvelle foire ne serait créée dans un rayon de trente lieues, le roi accorda, en mars 1484, deux foires de huit jours chacune, s'ouvrant le 26 avril et le 1er octobre.

Le roi Louis XII, dès son avènement au trône, confirma la Cour des Généraux, les privilèges concernant la draperie et les consuls de mer ainsi que l'impôt sur la vente de la viande. Des lettres royales de 1505 créèrent deux marchés annuels, de huit jours chacun, en janvier et en juillet.

Le séjour des troupes qui revenaient de Leucate apporta dans la ville « la maladie du camp », le typhus. On fit, par avis du conseil, trois « belles et solennelles processions ». La narration que donne de la première le *Petit Thalamus* mérite d'être rapportée, pour les mœurs et usages du temps :

« Au dit an 1505 et au mois de mars, à cause que en la dite ville de Montpellier avoit doute de pestilence, et y avoit en paravant cours, et afin que Dieu, nostre benoît Créateur, nous voulût préserver et garder de la dite pestilence, et de toute autre maladie et inconvénient ; par avis de Conseil, tenu par lesdits seigneurs consuls et les vingt-quatre conseillers, tenans lieu de Conseil, et autres gens de bien de ladite ville, furent ordonnées trois belles et solennelles processions ; et pour icelles faire fut promoteur et intercesseur, Frère Christophe de Félia, gardien des Frères de l'Observance de la dite ville, qui avoit prêché le long du Carême à Saint-Firmin, qui avoit induit le peuple grandement en dévotion ; et furent faites et ordonnées ainsi que s'ensuit : La première procession fut commencée le mardi 14 juillet du dit mois de mars, vigile de Nostre-Dame, qui partit de l'église de Montpelier Saint-Firmin, en laquelle fut tenu l'Ordre et Police cy-après déclarez ; et premièrement, au devant de la dite procession aloient les petits-enfans de la dite ville, deux à deux, criants et disants les Letaignes et le magister de l'école, avoit la charge de les arrancher et mettre en ordre, où avoit de trois à quatre cents petits-enfans.

« Après lesquels petits-enfans venoient les prestres des chapelles, comme sont Saint-Paul, Saint-Guilhem, Saint-Mathieu, Sainte-Croix, Sainte-Anne et Saint-Denis ; aussi les prestres de N.-D.-des-Tables ; et y avoit trois pavilhons, l'un de Nostre-Dame-des-Tables des seigneurs-ouvriers et des seigneurs-consuls.

« Les dits seigneurs-ouvriers, avecque leurs pavilhons et leurs torches portoient l'image de Nostre-Dame-des-Tables ; les dits seigneurs-consuls, en leur pavilhon, portoient le chef de Mgr saint Cléophas ; et fit l'office de la messe et procession, messire Jehan Urs, vicaire et official de Mgr de Maguelone ; et après le dit pavilhon venoit M. le lieutenant du gouverneur, Messeigneurs les généraux de la Justice, M. le Bayle et ses officiers ; et après les principaux bourgeois de la dite ville, chacun selon sen degré.

« Et après iceux, venoient tous les hommes de toutes qualitez et conditions et de tous mestiers et offices que fûssent, lesquels aloient de deux en deux, bien et dévotement arranchez ; pour faire lequel arranchement et mettre en ordre, tant les hommes que les femmes, furent commis et députez quatre hommes de bien de la dite ville.

« Après les dits Hommes, venoient les Filles de la dite ville, de quelque qualité et condition que fussent, dont la plupart d'icelles aloient à nu-pieds et déchaussées; et toutes avoient les cheveux avalez et décoiffées et par dessus la teste portoit chacune un couvre-chef, à la manière des nonains ; et aloient de deux en deux, bien dévotement et honnêtement, où il y en avoit de trois à quatre cents : Et pour arrancher lesd. Filles, gouverner et mettre en ordre, estoient commises les Nobles et Honorables Dames Charlotte, Femme de Sire Falcon des Faulcons, Premier Consul de la dite ville, nouvellement eslu; Agnette, Femme de Messire Pierre de Malagic, l'un des Généraux de la Justice des Aydes ; Athénor, Relaissée (ou veuve) de Sire Pierre Gaudette ; Fraidette, Relaissée de Sire Jehan Margue; Marquise ; Femme de Sire Albert Barrière ; Françoise, Relaissée de maître André Baronis; devant lesquelles Filhes, pour les tenir en bon ordre, avoit deux des dites Dames-Bourgeoises, et au milieu autres deux, qui aloient et venoient, pour tenir en ordre les dites Fillhes; et à la fin des dites Filhes, estoient les autres

Dames Bourgeoises; au devant desquelles Dames-Bourgeoises aloient les Filhes des plus apparents Bourgeois et marchands de la dite ville, de deux en deux; comme les autres premières, avec que leurs couvre-chefs dessus leurs testes ; et après les dites Filhes venoient les Femmes Vefves; et après les Femmes Vefves, toutes les autres Femmes, de deux en deux, bien dévotement. »

XVII

MONTPELLIER
PENDANT LES GUERRES DE RELIGION

(RÈGNES DE FRANÇOIS Ier, HENRI II ET FRANÇOIS II)
(1515-1560)

Création de la Cour des Comptes. — François Ier visite Maguelone (1533). — Son séjour à Montpellier (1538). — Peste en 1543. — Suppression du bayle et du recteur de la Part Antique. — Vente à la ville de droits royaux. — Bureau des Trésoriers de France (1553). — Persécutions religieuses. — Exécution de Guillaume Dalençon (1555). — Prédications dans l'école Mage (1568).

En 1523, la Cour des Comptes fut établie à Montpellier.

François Ier séjourna à Montpellier en 1533 pendant neuf jours. Il alla visiter l'île de Maguelone dont la situation lui plut beaucoup, de même que la structure des anciens bâtiments. Cependant, par suite de l'abandon des habitants et du nombre restreint des chanoines, on lui demanda de s'intéresser au transfert du siège de l'évêché à Montpellier. Le roi envoya à Rome le savant évêque de Maguelone, Guillaume Pélissier, qui, après trois ans de séjour et de sollicitations, obtint, en 1536, du pape Paul III, la bulle autorisant le transfert de l'évêché. A son retour d'Italie, en 1538, le roi arriva à Montpellier le 21 décembre et y resta jusqu'à la fin de janvier.

Lors de la reprise des hostilités en Espagne, le roi revint de nouveau à Montpellier, afin d'être plus à portée de Charles-Quint, avec lequel il s'attendait à avoir une bataille prochaine.

Le passage continuel des troupes amena, en 1543, une nouvelle peste qui dura deux ans. Ceux qui avaient la possibilité de le faire abandonnèrent la ville. Des gens furent surpris jetant dans les rues les emplâtres qui avaient servi aux pestiférés ; ils furent condamnés à mort.

Les fonctions électives et annuelles du bayle, ainsi que celles du recteur de la Part Antique, furent supprimées en 1551 et remplacées par un viguier chargé de l'administration de la Justice.

Cette même année, le roi Henri III vendit à la ville les droits qu'il percevait sur le domaine royal, consistant en ventes, amendes, frais de justice, juridiction du roi, décimes, maisons, cour, carcers, prisons, censure.

« Et incontinent, les consuls payèrent les trois mille trente livres, en treize cent dix-sept Ecus d'or, en or au soleil, à quarante-six sols, en pièces de dix sols Tournois, en Douzains qui furent délivrez entre les mains de M. François de Chefdebien, Conseiller du Roi et Receveur Général au dit Montpellier, qui, dans la quitance qu'il en fournit, dit avoir reçu 1317 Ecus sol, du poids de deux deniers quinze ou seize grains, et quarante-six sols en monnoye de Douzains, pour la vente faite aux Consuls, par MM. les commissaires de Cezelli et Panissa, de la Juridiction de Montpellier, avec les droits que le dit Seigneur Roy y faisoit prendre. Fait le 13e jour de Mars 1552, l'année commençant à Pâques. »

Les recettes générales des finances furent établies à Montpellier, en 1553, sous le nom de Bureau des Trésoriers de France, dans la rue qui porte ce nom et dans la maison ayant appartenu à Jacques Cœur.

Les premiers documents sur le mouvement religieux qui s'opéra à Montpellier depuis la réforme de Luther ne remontent pas au-delà de 1554. Des arrestations eurent lieu pour cause de religion et par la propagande de brochures relatives à la religion réformée.

Un témoin oculaire rapporte ainsi ce fait :

« Le 15 octobre 1554, Guillaume Dalençon de Montauban fut dégradé. C'était un prêtre converti qui avait apporté de Genève des livres, séjournoit depuis longtemps en prison. Revêtu de son costume ecclésiastique, il monta sur une estrade où l'évêque étoit assis. Après mille cérémonies et la lecture de nombreux passages en latin, ses ornements sacerdotaux lui furent enlevés et remplacés par des habits séculiers. On lui rasa la tonsure ; on lui coupa deux doigts, puis il fut livré à la justice civile qui l'appréhenda sur le champ et le ramena dans son cachot. Le 6 de janvier 1555, il fut condamné à mort et l'après-midi même il fut supplicié.

« Un homme porta Dalençon sur ses épaules, hors de la ville, non loin d'un couvent, à la place des exécutions, où étoit dressé un monceau de bois. A la suite de Dalençon marchoient deux prisonniers : un tondeur de drap en chemise, avec une boîte de paille liée derrière le dos, et un homme de condition fort bien accoutré. Dans leur égarement tous deux reniaient la vraie foi. Pour Dalençon, il ne cessoit de chanter des psaumes. Arrivé devant le bûcher, il se déshabilla lui-même jusqu'à la chemise, rangea ses vêtements dans un coin, avec autant d'ordre que s'il eût dû les remettre, et, se tournant vers les deux hommes qui vouloient abjurer, il leur adressa des paroles si sérieuses que sur le visage du tondeur de draps la sueur couloit en gouttes de la grosseur d'un poix. Ce que voyant les chanoines qui faisoient cercle, montés sur des chevaux ou des mules, lui commandèrent de finir. Alors il s'élança d'un air allègre sur le bûcher et s'assit au milieu. Par un trou pratiqué dans l'escabeau passoit une corde ; le bourreau la lui mit au cou, lui lia les bras au corps et alluma le bûcher, après avoir jeté dessus ses livres apportés de Genève. Le martyr restoit paisible, les yeux tournés au ciel. Au moment où le feu atteignit les livres, le bourreau tira la corde et serra le cou du patient ; la tête s'inclina sur la poitrine. Dès lors Dalençon ne fit plus un mouvement et son corps fut réduit en cendres. Placés au premier rang, les deux prisonniers ne perdirent rien du spectacle et durent avoir chaud. On avoit dressé, à côté de l'église Notre-Dame, une estrade sur laquelle étoit placée la Vierge. C'étoit devant cette image que les captifs devoient se rétracter. Après une longue attente, la foule n'en vit paraître qu'un seul ; le tondeur de drap refusoit d'abjurer, réclamant de toutes ses forces qu'on le mît à mort sans rémission, parce qu'il avoit faibli. L'autre, qui paraissoit être un personnage de qualité, monta sur l'estrade et s'agenouilla devant la Madone, un cierge allumé à la main. Un notaire lui lut quelque chose et il y répondit. Il eut la vie sauve, mais fut envoyé aux galères.

« Le mardi suivant, on procéda contre le tondeur de draps, qui fut étranglé et brûlé de la même sorte que Dalençon. Il montra une grande fermeté d'âme et un singulier repentir d'avoir pensé un moment à se rétracter. Ce jour-là il pleuvoit, le bois ne vouloit pas flamber ; et comme le patient, étranglé à moitié seulement, enduroit d'atroces souffrances, du couvent voisin les moines apportèrent de la paille. Le bourreau la prit et fit chercher à la pharmacie de mon hôte de la térébenthine pour activer le feu. Je voulus reprocher aux domestiques d'avoir livré cette térébenthine ; ils me conseillèrent de me taire, vu qu'il pouvoit m'en arriver autant puisque j'étois luthérien. »

Quelques mois avant la mort de François II, les religionnaires, devenus plus nombreux, commencèrent à se réunir secrètement à Montpellier et dans les villes voisines. Les prédications faites en plein jour, dans l'*Ecole Mage*, furent peu troublées.

XVIII

MONTPELLIER
PENDANT LES GUERRES DE RELIGION
(SUITE)

RÈGNE DE CHARLES IX
(1560-1574)

Démonstrations des catholiques. — Obsèques de J. Bocaud. — Les Calvinistes s'emparent de l'église Notre-Dame. — Leurs violences. — L'Espoussette. — Ils assiègent Saint-Pierre (1561). — Massacre de quarante chanoines et de religieux. — Pillage et destruction de 60 églises. — Les réformés de Montpellier sont battus près de Pézenas. — Prise du château de Lattes. — Ses défenseurs passés au fil de l'épée. — Catholiques expulsés de la ville. — Fêtes en l'honneur de la pacification de l'édit d'Amboise (1563). — Arrivée du duc de Montmorency (1563). — Présent de la ville. — Les consuls sont tous catholiques. — Charles IX visite Montpellier (1564). — Il accepte une régale chez Jacques Farges, parfumeur. — Nouveaux troubles. — Siège du fort Saint-Pierre. — Joyeuse vient mettre le siège devant Montpellier. — Courage des femmes et demoiselles de la ville. — Reddition du fort. — Pillage. — Démolition de l'église Saint-Firmin. — Le capitaine Pages décapité à Montpellier. — Démolition des églises — Paix de Lonjumeau (1568). — Cinq consuls, deux ministres et douze cents personnes quittent la ville. — Arrivée de Joyeuse. — Les catholiques mettent le feu au prêche (1568). — Fin déplorable de Jacques de Farges (1569). — Les catholiques démolissent les faubourgs. — Ils battent la cavalerie de l'amiral Coligny. — Complot de Barry (1569). — Les religionnaires de Montpellier vont entendre le prêche à Saint-Jean-de-Vedas (1570). — Montpellier est préservé des massacres de la Saint-Barthélemy (1572). — Damville supprime les consuls.

Pendant le carême de l'année 1560, les démonstrations des partis occasionnèrent des troubles à Montpellier. Le dimanche 4 mai et les dimanches suivants, les catholiques, au nombre de douze à quinze cents, promenèrent, « avec beaucoup de pompe et de cérémonie, le pain bénit dans toutes les rues, au son des instruments et en dansant, et les femmes catholiques s'étant rassemblées, en firent de même, ce qui irrita extrêmement les calvinistes. »

Jean Bocaud, professeur à la Faculté de médecine, ayant demandé, dans son testament, d'être enterré « à la façon de l'Eglise réformée, le Gouverneur et les gens du Juge-mage y voulurent donner empêchement et furent bien battus. »

En représailles de ce que l'évêque Pélissier était allé les insulter dans une de leurs assemblées, les calvinistes firent irruption, le 24 septembre, dans l'église de Notre-Dame-des-Tables, y établirent, dès le jour même leur prêche et lui donnèrent le nom de *Temple de la Loge*.

Les ecclésiastiques et les communautés se retirèrent dans l'enceinte fortifiée de la cathédrale de Saint-Pierre, et le comte de Joyeuse ayant envoyé une garnison avec des canons et des munitions, ils furent à l'abri de toute attaque.

Les réformés organisèrent des rondes de nuit et allèrent même jusqu'à frapper les prêtres et les religieux qu'ils rencontraient, avec des bâtons devenus tristement célèbres sous le nom d'*Espoussettes*, d'où vint le proverbe : l'*Espoussette de Montpellier*. L'Evêque, le Gouverneur et le Juge-mage crurent prudent de quitter la ville.

Le 19 octobre 1561, pendant l'office des Vêpres, les réformés commencèrent à tirer de grands coups de fauconneau sur les créneaux de Saint-Pierre, de la cour du Palais, de l'église Sainte-Croix (aujourd'hui place de la Canourgue) et des murailles de la ville, du côté des Carmes. Pendant ce temps on mit le feu à la grande porte du Plan du Prévôt, à la maison du grand archidiacre et aux greniers joignant le fort de Saint-Pierre, afin d'y faire une brèche. Les assiégés sonnèrent alors le tocsin. C'était, dit un manuscrit, *chose piteuse à ouïr.*

Enfin on convint d'un accommodement, et il fut arrêté que les soldats de la garnison sortiraient avec leurs armes et quitteraient la ville ; que les pièces de fauconneau du fort de Saint-Pierre seraient portées à l'Hôtel-de-Ville, moyennant quoi les chanoines, sans armes ni munitions, pourraient descendre et faire leur service.

Mais, au moment où la garnison se retirait, un coup de pistolet blessa un des assiégeants. Ceux-ci criant à la trahison pénétrèrent alors dans l'enceinte et mirent à mort une quarantaine de chanoines et autres personnes. Les autres prirent la fuite et se sauvèrent par les souterrains. « Il n'y eut chambre, armoire, secret ou coffre qui ne fût brisé ou rompu, et tout ce qui était dedans fut volé, comme dans un sac de ville. Par même moyen, tout le dedans de l'église fut dissipé et mis en pièces, comme chapelles, autels, retables, tableaux riches et beaux qu'il y avoit, images et statues anciennes, qui étoient dans l'église ou au devant du portail ; bref, en six ou sept heures fut cette église toute dépouillée, quoique le jour précédent on y eût fait l'office divin et dit le sermon solennellement. »

Des auteurs catholiques disent que la populace armée se répandit dans la ville, où elle ne fit aucun quartier aux prêtres et aux religieux. Le nombre de ceux qui périrent fut, selon les uns, de deux cent cinquante. La foule « se partagea en troupes pour aller dépouiller les églises, tant du dedans que du dehors; ce qui fut fait avec tant de vitesse que ce qui avoit été fait ou entretenu depuis quatre ou cinq cents ans fut en un demi-jour si offensé, que de soixante eglises ou chapelles qu'il y avoit au dit Montpellier, tant dedans que dehors, le lendemain on n'en trouva aucune ouverte, et ne fut vu ni prêtre, ni moine, qu'en habit dissimulé ; et de telle façon, pour lors eut fin la Messe, prêtrise et Religion des Papistes au dit Montpellier. »

Et toutes ces ruines, et tous ces massacres pour un coup de pistolet! tant il est vrai que, dans les époques de haines religieuses ou politiques, le moindre incident suffit à donner un libre cours aux vengeances et aux rancunes.

L'arrêt de janvier 1562 permettait aux protestants de prêcher dans tout le royaume, excepté dans les villes closes. Les calvinistes s'installèrent alors dans le fossé des Arbalétriers, situé entre la porte de Lattes et celle de la Saunerie. Incommodés par la pluie, ils se réunirent dans le temple de la Loge, murèrent les portes de la ville, levèrent des troupes et s'emparèrent de Maguelone, où ils établirent une garnison pour le passage de l'étang. Le trésor de l'église Saint-Pierre (six cents marcs d'argent), leur servit à payer leurs gens de guerre, et ceux qui n'assistaient pas au prêche furent emprisonnés au fort Saint-Pierre. Jacques Baudiné, envoyé par le prince de Conti, vint prendre le commandement de ces troupes.

De Joyeuse, de son côté, fit avancer son armée sous la conduite du baron de Fourquevaux, gouverneur de Narbonne, dans le but d'arrêter les progrès des troupes de Baudiné et de son lieutenant, le seigneur de Crussol. Il les battit entre Pézenas et Lésignan-la-Cèbe, si bien que les *garrigues leur furent courtes jusqu'à Montpellier.*

Après cette victoire, Joyeuse dirigea ses troupes vers Montpellier. L'alarme fut extrêmement vive parmi les habitants, et on prit la résolution d'abattre tous les faubourgs et toutes les églises extérieures.

Le baron de Fourquevaux, au lieu d'investir Montpellier, attaqua le château de Lattes. La résistance de la garnison fut, paraît-il, acharnée, mais les assiégés furent vaincus et passés au fil de l'épée. Après avoir détruit le château, le baron de Fourquevaux fit construire des remparts et des plates-formes et placer des pièces d'artillerie. Quelques jours après il se rendit maître de Maguelone.

Les habitants de Montpellier voyaient d'un mauvais œil les ennemis si près de leur ville ; aussi résolurent-ils de les chasser. Ils sortirent, au nombre de quatre ou cinq mille et se postèrent sur une élévation, au lieu dit le *Mas d'Envallat* et à celui dit *Mas de Bouïsson*, d'où ils canonnèrent, pendant plusieurs jours, le camp de Lattes, qui répondit à leur feu.

Le baron des Adrets amena sa cavalerie au secours du baron de Crussol, mais malgré plusieurs attaques, ils ne parvinrent point à attirer les catholiques hors de leur camp. Ceux-ci apprenant le départ du baron des Adrets, vinrent, à leur tour, inquiéter la garnison adverse, et celle-ci étant sortie pour les chasser de l'aire de Saint-Denis (aujourd'hui la citadelle), ils furent repoussés, et une trentaine de gens qui n'eurent pas le temps de rentrer dans la ville furent tués, parmi lesquels le brave Germain, jeune gentilhomme du pays.

Une entrevue eut lieu entre les chefs du parti catholique et ceux du parti protestant. Il fut sans doute résolu que Joyeuse retirerait ses troupes du camp de Lattes et que Crussol quitterait la ville.

L'année suivante, un grand nombre de catholiques, soupçonnés d'entretenir des relations avec ceux de leur parti, furent expulsés de leur ville avec une telle rigueur qu'il ne leur fut permis d'emporter que dix livres tournois.

L'édit de pacification d'Amboise fut apporté à Montpellier, le 9 mai, par le seigneur de Caylus. Une assemblée de toute la noblesse et des députés des villes fut ouverte le 11 mai. La publication de cet édit eu lieu l'après-midi, d'abord à l'audience du Présidial, ensuite dans tous les carrefours de la ville, au bruit du canon des remparts, en présence des Consuls en robe de cérémonie, et du lieutenant-criminel.

Les gentilshommes voulant solenniser cette fête, coururent la lance et la bague, ayant à leur tête le baron de Crussol qui s'était rendu à Montpellier.

Les huguenots, par la peur et l'intimidation, parvinrent à rester les maîtres des églises ; cependant, afin d'enlever toute crainte aux catholiques, ils donnèrent l'ordre d'apporter à la maison de ville toutes les armes des particuliers. On ouvrit les portes qui avaient été murées, et la paix revint dans les esprits.

Henry de Montmorency, pourvu du gouvernement du Languedoc, arriva à Montpellier le 9 novembre 1563. A son approche, il fut salué par toute l'artillerie qu'on avait rangée hors de la porte de la Saunerie. Les Consuls lui présentèrent un dais de velours cramoisi, doublé de satin blanc, avec ses armoiries et celles de la ville en broderie, sous lequel il refusa de se mettre. Alors parurent certains chanoines de l'église cathédrale et autres prêtres vêtus de surplis, et cinq ou six religieux cordeliers qui se mirent en marche devant lui, chantant processionnellement. Ils étaient suivis d'un grand nombre de gens d'armes à cheval et de cinquante arquebusiers de la garde du gouverneur. Il fut conduit par les gens d'église à Notre-Dame-des-Tables, où il alla faire sa prière avec les catholiques, et où le clergé chanta le *Te Deum*.

La ville lui fit présent d'une grande coupe en vermeil doré, relevée en bosse, avec son couvercle, dans laquelle il y avait six pièces d'or, pesant chacune cinquante écus au soleil, avec d'un côté les armes de Montmorency, de l'autre celles de la ville, fabriquées exprès à l'hôtel de la Monnaie. Ce présent fut accompagné de deux caisses doublées de satin, l'une remplie de différentes eaux de senteur, l'autre de sachets pleins de poudres odoriférantes.

Le lendemain de l'entrée de Montmorency, on chanta solennellement une grand'messe à Notre-Dames-des-Tables. Les prêtres et les religieux eurent la liberté de se montrer dans la ville ; on distribua les églises aux religieux dont les couvents avaient été détruits dans les faubourgs.

Durant son séjour, les principaux habitants appartenant aux deux religions convinrent d'élire douze personnes, six catholiques, six de la religion réformée, pour gérer les affaires publiques. Quelques mois après, le Gouverneur de Montpellier ne fit élire les consuls que parmi les catholiques, ce qui occasionna des murmures de la part des religionnaires.

Le roi Charles IX, au cours de son voyage à travers son royaume, fit son entrée à Montpellier le dimanche 17 décembre 1564. « On fit construire une grande salle de charpente, meublée fort richement, dans le jardin appelé depuis le *Clos d'Aguillon*, vis-à-vis l'ancien couvent de Saint-Maur, où le Roi, après avoir entendu les harangues qui lui furent faites et reçu le serment de toutes les Compagnies de la ville, vit passer devant lui une grande troupe de jeunes bourgeois, habillez de velours ou satin incarnat et bleu, qui était les couleurs du Roi. Alors la marche commença vers la ville en cet ordre : L'Université, composée de deux Facultés de médecine et des Loix, marchoit la première ; suivoit le Présidial et la Cour du Gouverneur ; puis la Chambre des Comptes, et ensuite la Cour des Aides, en robe d'écarlate, précédée de ses Huissiers en robe violette. La maison du Roi venoit immédiatement après, scavoir, les Archers et les Suisses de la Garde, tambour batant; et Sa Majesté, précédée de ses trompettes et du grand écuyer, qui portoit l'écharpe et l'épée royale devant lui, étoit dessous un dais de velours cramoisi, brodé d'argent, qui étoit porté par les six Consuls de la ville. Les princes, cardinaux et autres grands seigneurs déjà nomméz, venoient à la suite du Roi.

« Lorsqu'il fut entre les deux portes du Pila Saint-Gilles, il y trouva quatre colonnes, soutenant une grande couronne Impériale, et contre la base des deux premières colonnes de front deux jeunes filles, vêtues l'une de satin jaune et l'autre de satin blanc, pour représenter la Piété et la Justice, que le Roi avoit pris pour devise : *Pietate et Justitia*. Dans le reste de la marche, comme à la pointe de la rue du Pile-Saint-Gilles, à l'arc Saint-Nicolas, à la Loge et devant la Maison-de-Ville, on avoit dressé des arcs-de-Triomphe de différens ordres d'architecture, avec des représentations les plus convenables à l'entrée du Roi, les epigrammes en grec, en latin et en françois, selon le goût du tems ; mais les plus belles décorations furent employées au-devant du Logis du Roi, qui étoit à la Pierre, à la maison dite *Bossonet*.

« Le Présent de la ville fut une Image du Roi, d'or massif, et de la valeur de mille écus, placée sur le rivage de la Méditerranée, tenant un pied sur la terre, et l'autre sur la mer, comme pour représenter le rétablissent du Commerce, que la dernière Paix procuroit à Montpellier. Le Présent qu'on fit à la Reine marquoit plus particulièrement la situation de la Ville ; car c'étoit une Montagne d'Or, complantée d'Oliviers et d'Orangers, le tout du prix de cinq cents écus.

« Le Roi parut prendre plaisir aux divertissemens qu'on lui donna pendant son séjour à Montpellier. On marque qu'il fit l'honneur au nommé Jacques de Farges, parfumeur renommé, d'aller voir sa boutique à la place des Cévenols, et qu'il voulut bien accepter une régale que ce particulier prit la liberté de lui offrir. »

La seconde guerre de religion eut encore des conséquences funestes pour Montpellier. De Joyeuse, aux premières nouvelles des troubles, s'était rendu à Montpellier. Croyant préserver la ville, il ordonna d'en faire sortir les étrangers qui étaient venus s'employer comme apprentis. Les habitants, surexcités par cette mesure, l'obligèrent à se renfermer dans le fort de Saint-Pierre avec sa femme et ses enfants. Le juge-mage, les consuls et plusieurs ecclésiastiques, craignant pour leur vie, s'y retirèrent avec leurs effets les plus précieux. De Joyeuse parvint cependant à sortir, durant la nuit, du fort et de la ville et se rendit en hâte à Pézenas, où étaient ses troupes.

Le lendemain le peuple ouvrit les portes de la Saunerie, de Lattes et de Montpelliéret, qui avaient été fermées. Maître de la ville, il voulut se rendre maître également du fort de Saint-Pierre, où se trouvaient deux compagnies de vieux soldats. Mais auparavant on offrit à Mme de Joyeuse de lui donner un sauf-conduit, elle accepta cette proposition et sortit du fort avec ses enfants et ses domestiques.

Dès l'arrivée du baron de Crussol, connu depuis sous le nom de Seigneur d'Acier, on creusa de grandes tranchées depuis la porte du Peyrou jusqu'à celle des Carmes, qui était au pouvoir des catholiques. Une batterie fut établie sur le haut du Peyrou et des troupes campèrent depuis le faubourg Saint-Guilhem jusqu'au Merdanson, afin d'empêcher tout secours aux assiégés.

De Joyeuse parut alors avec dix-huit enseignes, gens de pied, et trois ou quatre cents chevaux. Il alla camper au faubourg Boutonnet. Le Seigneur d'Acier, de son côté, avec ses troupes, prit position entre le couvent des Jacobins et l'église Saint-Côme. La garnison du fort Saint-Pierre ayant fait une sortie pour combler la tranchée du Peyrou, fut repoussée, et les troupes de Joyeuse s'étant portées à son secours, il s'en suivit un combat de plusieurs heures ; mais la nuit étant survenue empécha une action générale.

Le feu ayant pris aux poudres du camp de Boutonnet, M. de Villeneuve, qui commandait les troupes, les fit retirer le lendemain.

Le peuple, les enfants, les femmes et les demoiselles de Montpellier s'employaient volontairement à porter les pierres sur les murailles pour faire des canonnières aux arquebusiers ; elles ne craignaient point de se mêler, dans le camp, aux combattants et de leur apporter du pain, des fruits, ainsi que des bouteilles de vin pour les rafraichir. Les assiégés se défendirent vigoureusement pendant un mois, mais, pressés par la faim, ils proposèrent une capitulation honorable qui fut acceptée.

Il fut convenu (18 novembre) que les soldats de la garnison, au nombre de cent quatre-vingts, sortiraient avec leur épée et leur dague, et les capitaines avec leurs armes, mais que les gens de ville, comme consuls, chanoines et autres, seraient à la discrétion du Seigneur d'Acier, de même que tous les meubles, coffres, armes et artillerie, enfin tout ce qui se trouvait dans le fort. Les trois consuls furent donnés aux principaux officiers des troupes, pour en tirer rançon, de même que les chanoines et autres habitants de marque. Ceux qui avaient porté les armes furent arrêtés comme prisonniers et les autres renvoyés dans leurs maisons.

Les habitants furent laissés maitres du fort pendant trois jours ; aussi dépouillèrent-ils tous les appartements et l'église. Ils enlevèrent les tuiles et les charpentes et entreprirent de renverser tout l'édifice. Après avoir enfoncé les voûtes qui régnaient le long du cloître et dans les trois grands corps de logis, ils sapèrent la tour de droite dont ils avaient été incommodés pendant le siège, et, après avoir eu soin de l'étayer avec de grosses poutres, ils mirent ensuite le feu aux étançons, afin que la chûte du clocher enfonçât les voûtes du portique et de l'église.

Le 11 décembre, à l'occasion de la bataille de Saint-Denis, où le connétable de Montmorency avait été blessé à mort, on fit un beau feu de joie.

Les murs de l'église de Saint-Firmin furent rasés à fleur de terre, ainsi que le monastère de Sainte-Catherine, près la porte de la Blanquerie.

Le capitaine Pages, de Lunel, qui avait laissé prendre aux catholiques la tour de la Carbonnière, à Aigues-Mortes, fut décapité à Montpellier, dans les derniers jours de l'année.

L'assurance de la paix prochaine causa une grande joie parmi les habitants. Dans la crainte de voir les catholiques rentrer dans leurs églises, ils achevèrent de démolir jusqu'à fleur de terre, Saint-Ruf, Sainte-Foy, Saint-Jean, Saint-Paul, Sainte-Anne, Saint-Sébastien du Palais, Sainte-Croix, Saint-Nicolas, Saint-Mathieu et la maison épiscopale dite Salle l'Evèque. Ils se contentèrent d'enfoncer les voûtes de l'église de Notre-Dame-des-Tables.

L'édit de Loujumeau (1568) fut publié dans les derniers jours d'avril, mais les habitants refusèrent de recevoir une garnison, et ce n'est que plus tard qu'ils acceptèrent deux compagnies à pied. Le sieur de la Crouzette, qui commandait ces troupes, ne se croyant pas en sûreté dans la ville, en appela d'autres, mais aussitôt le peuple tendit les chaînes aux avenues et fit des retranchements autour du Palais. La Crouzette, afin d'éviter une collision, fit retirer les soldats.

Les cinq premiers consuls, deux ministres et douze cents personnes quittèrent la ville et se retirèrent dans les Cévennes, prévoyant l'arrivée certaine des troupes catholiques. Quelques jours après, en effet, de Joyeuse se rendit à Montpellier, avec une importante cavalerie. Il rétablit les ecclésiastiques, remit en charge les consuls catholiques de l'année précédente, et fit créer douze conseillers politiques pris parmi le Clergé, la Noblesse et le Tiers-Etat.

Les catholiques, dans la nuit du 4 août, allèrent mettre le feu à la porte du prêche qu'on faisait à la Cour du Bayle, renversèrent la chaire, brisèrent les bancs et auraient abattu les murailles si de Joyeuse n'eût envoyé des gens pour arrêter ces désordres. Les deux ministres qui étaient restés allèrent rejoindre leurs confrères dans les Cévennes.

Un ordre venu de la Cour ordonnait aux huguenots de prêter serment. Il portait en substance : « qu'ils reconnoissoient Charles IX pour leur souverain ; qu'ils ne prendroient jamais les armes contre son service, ni contre ses Ordres ; qu'ils n'aideroient jamais, directement ou indirectement, ses ennemis ; et s'il lui plaisoit les conserver sans trouble dans Montpellier, ils promettoient de ne pas abandonner la ville et de vivre en bonne intelligence avec les Catholiques ».

L'Edit du 19 octobre 1568, déclarant que le roi ne voulait qu'une seule religion dans ses Etats, et ordonnant, sous peine de mort, à tous les ministres de sortir du royaume, fit revenir à la religion catholique plusieurs officiers et autres habitants.

Le 4 mars 1569, Jacques de Farges, apothicaire, qui avait eu l'honneur de recevoir chez lui le roi Charles IX, fut arrêté avec sa femme et ses enfants, pour avoir chez lui de la poudre et des armes. C'était un homme âgé de 60 ans, studieux et paisible, jouissant d'une grande fortune, mais son fils s'était montré protestant exalté. Les catholiques envahirent sa maison, la pillèrent et y mirent le feu. Ils forcèrent le juge-mage et les consuls à condamner de Farges à la peine de mort, et le jour même s'emparèrent de sa personne et le pendirent à une des fenêtres de sa maison, où son cadavre resta toute la journée, et le lendemain qui était un dimanche.

Les catholiques démolirent les faubourgs qui avaient été rétablis, et, dans une sortie vers Le Crès, surprirent la cavalerie de l'amiral Coligny, auquel ils enlevèrent cent soixante chevaux. Coligny irrité fit raser les châteaux de Montferrier et du Crès, brûler les maisons de campagne, couper les arbres, enlever les bestiaux, ce qui contribua à augmenter la misère.

Un complot faillit faire retomber la ville entre les mains des protestants. Les habitants de Mauguio venaient de soutenir un siège de trois jours que leur avaient livré les troupes de Castelnau, gouverneur de Montpellier et du seigneur de Saint-André, gouverneur d'Aigues-Mortes. Cherchant à prendre leur revanche, ils engagèrent dans leur parti un capitaine catholique, nommé Barry. Celui-ci devait se présenter, de grand matin, à la porte de Lattes, avec des huguenots enchaînés, et, pendant un arrêt entre les deux portes, les gens de Mauguio, cachés en embuscade, devaient se jeter dans la ville et, de concert avec des conjurés qu'ils avaient dans Montpellier, mettre le feu à quelques maisons, afin de permettre l'entrée de la ville aux soldats du dehors.

Une enseigne de Barry, voulant prévenir un massacre, dénonça son capitaine qui fut arrêté au moment où il allait sortir de la ville. Barry avoua et fut condamné à être décapité (11 novembre 1569) sur la place du Consulat. Deux de ses soldats furent pendus et quelques autres envoyés aux galères.

L'édit du 15 août 1570 rétablissait les religionnaires dans leurs biens et dans leurs charges. A Montpellier, ils ne purent pratiquer leur culte, cette ville étant, à cette époque, au pouvoir des catholiques. Le seigneur de Saint-Jean-de-Védas leur ayant offert son territoire, tous les religionnaires de la ville y allaient régulièrement entendre le prêche. Les commissaires envoyés par le roi dans les provinces pour l'exécution du dernier édit, permirent aux ministres retirés à Saint-Jean-de-Védas de revenir à Montpellier ; ils supprimèrent une procession que les catholiques faisaient, le 27 juillet, en mémoire de leur retour dans la ville, en l'année 1568, et ne voulurent point laisser établir une confrérie de pénitents, afin d'éviter tout conflit entre les catholiques et les protestants.

Montpellier fut préservé des massacres de la Saint-Barthélemy. Le baron de Sauve, secrétaire d'Etat, chargé d'expédier les courriers aux gouverneurs et chefs du parti des catholiques des provinces, natif de Sauve, donna un ordre secret au courrier qui devait passer par Montpellier, destiné au seigneur des Ursières, son beau-frère, gouverneur de Montpellier, lequel fit prévenir et partir de la ville les ministres protestants et le consistoire.

De Joyeuse fit connaître ouvertement qu'il n'exécuterait jamais les ordres sanguinaires qu'il venait de recevoir. « Je suis bien, dit-il, serviteur du roi, mais non pas son bourreau. » Il eut le soin cependant de faire enfermer les principaux religionnaires restés à Montpellier afin de les soustraire à quelque guet-apens.

Le maréchal Damville, revenu de Chantilly, après les massacres de la Saint-Barthélemy, avait repris le gouvernement de Languedoc (1573). Il supprima l'élection des consuls afin de donner les charges publiques à des personnes d'honneur et d'autorité, sur lesquelles il pût se reposer des choses concernant le service de Sa Majesté. De son autorité il nomma donc les consuls. C'était, du coup, supprimer les vieilles traditions et la seule qui restait des anciennes *coutumes et libertés* de 1204. Devenu suspect à la Cour et sachant que la reine voulait se défaire de lui, il se fortifia dans le palais de Montpellier, où il mit des troupes de renfort. Ayant conclu une trêve de six mois avec les huguenots, il fit décider, dans une assemblée de notables de la ville, que tous les forts des environs seraient rasés ou démantelés.

Le 30 mai 1574, le roi Charles IX mourait à Vincennes, à l'âge de 24 ans, laissant la France divisée en deux partis prêts à se déchirer encore et à entrer dans de nouvelles luttes.

XVIIII

MONTPELLIER
PENDANT LES GUERRES DE RELIGION

RÈGNE DE HENRI III
(1560-1589)

Le maréchal Damville privé de son gouvernement (1574). — Les religionnaires désarment les catholiques. — Un grand nombre de ces derniers quittent la ville. — Cherté des vivres. — Edit de pacification (1576). — Le maréchal Damville est maintenu dans son gouvernement. — Arrivée à Montpellier du vicomte de Joyeuse. — Fêtes en signe de réjouissance pour la paix. — Les habitants de Montpellier délibèrent de se soustraire à l'obéissance de Damville. — Ils obligent la maréchale de quitter Montpellier (1577). — Le maréchal se prépare à la guerre. — François de Coligny fait sortir les troupes pour aller à la rencontre de celles de Damville. — Celui-ci les oblige de se rendre et fait passer au fil de l'épée les soldats et pendre les chefs aux arbres. — Il assiège Montpellier. — La paix de Bergerac met fin au siège (1577). — Peste (1580). — Catherine de Médicis s'arrête au château de Lavérune. — La guerre se rallume en 1580. — Damville se réconcilie avec les habitants de Montpellier. — Construction du grand temple (1585). — Damville signe avec le roi de Navarre une alliance offensive et défensive. — Peste de 1587 et 1588. — Mort de Catherine de Médicis et d'Henri III (1589).

Dès son avènement, Henri III réunit à Villeneuve-les-Avignon les Etats de Languedoc. Cette assemblée destitua le maréchal Damville de son gouvernement (1574) et le roi donna au duc d'Uzès la généralité de Montpellier et le nomma lieutenant général pour le reste de la province.

Mais Damville, qui prétendait conserver son gouvernement, se prépara à la guerre. La reine, sous prétexte de négociations et afin de le compromettre auprès des huguenots, lui envoya un homme de sa confiance. On arrêta cet individu qui avoua, au milieu des tortures, avoir été suborné pour empoisonner le maréchal. Il fut exécuté aux flambeaux.

Les religionnaires profitant de cette occasion, désarmèrent les catholiques de la ville. Le plus grand nombre quitta Montpellier et n'y revint que six années après. Cependant, le 25 mars, époque de l'élection des consuls, le maréchal les désigna moitié parmi les réformés, moitié parmi les catholiques, ainsi que le Conseil des Vingt-Quatre.

La grande agitation qui régnait dans le pays, à cause des prétentions qui divisaient Damville et le duc d'Uzès, fit déserter les villages qui se trouvaient sur le passage des troupes. Leurs habitants vinrent, pour la plupart, se réfugier à Montpellier, et le prix du blé augmenta jusqu'à huit livres par sétier.

L'Edit de pacification (15 mai 1576) accordait l'exercice public et général de la religion, qui devait être désignée : Religion prétendue réformée. Le maréchal Damville était maintenu dans son gouvernement. Il devait y avoir, à Montpellier, une chambre de vingt conseillers, avec chancellerie, pour rendre la justice souveraine aux habitants de ce ressort, tant aux catholiques qu'à ceux de la religion.

On fit, pour cette paix, une procession générale, à laquelle le maréchal assista, et, peu de jours après, on vit arriver à Montpellier le vicomte de Joyeuse, lieutenant général pour le roi en Languedoc, le gouverneur de Narbonne, plusieurs prélats et autres seigneurs, qui vinrent alors reconnaître le maréchal comme gouverneur de la province. On fit des joûtes et des tournois en signe de réjouissance pour la paix,

La reine-mère essaya d'attirer Damville à son parti ; la maréchale, son épouse, l'y sollicitait aussi. Il refusa, mais néanmoins sa conduite dans plusieurs affaires détacha de lui la population protestante qui était irritée de ce que le roi avait signé la Ligue contre les protestants.

Le capitaine Singla, natif de Montpellier, et Saint-Romain, gouverneur de Béziers, lui ayant fait des remontrances parce qu'il avait confié la garde de la citadelle de la ville de Béziers aux catholiques, Damville leur répondit que, s'ils n'étaient pas contents de ce qu'il avait fait à Béziers, ils n'avaient qu'à quitter la ville. Tous les deux étant partis aussitôt, Saint-Romain alla s'emparer d'Aigues-Mortes, et Singla se retira à Montpellier (1577).

Dès le lendemain de son arrivée, les huguenots « délibérèrent et décidèrent de se soustraire à l'obéissance de Damville ; ils donnèrent des armes aux habitants de leur parti, qui courut emprisonner les catholiques et exercer sur les gens d'église les mêmes excès que dans les premiers troubles. Non contents de cela, ils vont de nuit, prendre les consuls et les faisant marcher, aux flambeaux, à leur tête, ils s'avancent vers le Palais où logeait Madame la Maréchale, et ayant donné plusieurs coups à la première porte, ils menacent d'y mettre le feu si on ne la leur ouvre. La Maréchale donna ordre d'ouvrir, et s'étant avancée vers les premiers, elle leur demanda qu'est-ce qui pouvait les faire venir de la sorte, à une heure si indue ? A quoi ils répondirent, sans autre ménagement, qu'elle eût à leur rendre les clefs de la ville et en sortir le lendemain de grand matin. »

Les huguenots se hâtèrent de publier un manifeste dans lequel ils adressaient à Damville les reproches les plus sanglants. Ils détruisirent alors le Palais de Montpellier, où il avait pris son logement, ainsi que la chapelle royale qui avait été respectée jusqu'alors,

Le maréchal répondit au manifeste des huguenots en déclarant qu'il n'en voulait qu'à ceux de Montpellier, à cause de l'insulte faite à sa femme. Il se prépara à la guerre en s'assurant les places fortes situées sur le chemin de Béziers à Montpellier, particulièrement Frontignan et Villeneuve-les-Maguelone. Ses troupes arrivèrent devant Montpellier le 9 juin. François de Coligny, fils du célèbre amiral, s'y était rendu et avait pris le gouvernement de la place. Il s'attendait à soutenir un siège, mais le maréchal se contenta d'en faire le blocus et d'enlever les blés des environs.

La crainte d'une famine obligea le gouverneur à faire sortir des soldats pour soutenir les moissonneurs qui prirent poste dans la métairie du Cocon. Le maréchal vint en personne avec du canon et les obligea à se rendre à vie sauve, mais dans sa colère, il fit passer les soldats au fil de l'épée et pendre les chefs à des arbres. Parmi eux se trouvait le capitaine Singla, auquel il avait confié le gouvernement de Sommière est que, pendant une grave maladie qu'il fit à Montpellier, il n'avait quitté ni le jour, ni la nuit, et La Madeleine qui avait toujours conduit son artillerie.

Il continua de serrer la ville de si près qu'il la réduisit, au bout de deux mois, à une grande disette. La ville reçut enfin un convoi de vivres avec un secours de 3.000 hommes de pied et 300 chevaux. Mais au moment où l'on se préparait à attaquer Damville à Lattes (2 octobre 1577), on reçut la nouvelle de la paix de Bergerac.

La peste de 1580, suite inévitable de la famine et de la guerre, enleva en deux ans, 8.000 personnes. L'évêque et le chapitre se retirèrent à Villeneuve, les officiers de la Cour des Aides à Aniane, puis à Pézenas.

Catherine de Médicis, qui s'était rendue dans le Midi pour conférer avec le roi de Navarre, s'arrêta au château de Lavérune. Elle fit appeler les principaux habitants des deux religions, auxquels elle fit promettre l'observation de la paix sous mutuelle sauvegarde.

La guerre se ralluma partout en 1580, chaque village étant tour à tour pris et repris. Le pays était ensanglanté.

Damville vint à Montpellier à la fin de l'année 1582 pour rendre visite au prince de Condé qui y avait fixé sa résidence. On en prit occasion de se réconcilier avec lui, car, depuis l'insulte faite à sa femme, il n'avait mis les pieds dans la ville, c'est-à-dire depuis près de six ans.

Les protestants construisirent alors leur grand temple à la Cour du Bayle, sur l'emplacement occupé par l'aile ouest de la Préfecture actuelle ; il passait pour être le plus beau de l'Europe (1585).

La tranquillité ne fut troublée à Montpellier qu'en 1585, à la suite de l'édit du 18 juillet, que la Ligue fit rendre à Henri III, et par lequel l'exercice de la religion prétendue réformée était, sous peine de mort, interdit dans le royaume. On organisa la résistance dans tout le Languedoc. Damville signa avec le roi de Navarre une alliance offensive et défensive. Révoqué, pour ce motif, une seconde fois par Henri III, il se posa en adversaire du roi et de la Ligue et repoussa le duc de Joyeuse jusqu'à Carcassonne. La mort de ce dernier dans les plaines de Coutras, où son armée fut défaite par le roi de Navarre, le 15 octobre 1587, mit un terme aux rançons, aux pillages, aux prises des villes par les deux partis.

La peste avait recommencé de sévir à Montpellier en 1587 et 1588. Les cours de justice et tous les particuliers qui en avaient les moyens avaient quitté la ville.

En janvier 1589, on apprit la mort de Catherine de Médicis et celle de Henri III, assassiné par Jacques Clément.

XIX

MONTPELLIER
PENDANT LES GUERRES DE RELIGION

RÈGNE D'HENRI IV
(1589-1610)

Dévouement de Francèze dite Constance de Céselly (1590). — Etendue de l'admission au Consulat (1596). — Nouvelle prospérité de Montpellier. — Les catholiques cherchent à prendre possession de l'église Notre-Dame des Tables. — Le roi les autorise (1601). — Construction du petit Temple (1603). — Pierre de Fenouillet est nommé évêque de Montpellier (1607). — Il fait construire l'église des Carmes (1607). — Des Juifs chassés d'Espagne viennent se réfugier à Montpellier. — L'évêque Fenouillet prononce l'oraison funèbre du roi (1610).

Dans les premiers mois du règne d'Henri IV et pendant qu'il était occupé au siège de Paris, une dame de Montpellier, désignée par les auteurs sous le nom de Constance de Cézelly, mais dont le véritable nom était Francèze de Cézelli, accomplit un acte des plus héroïques.

Tandis qu'on était au plus fort du siège de Paris, les affaires n'en étaient pas plus tranquiles dans le Languedoc, où le Duc de Montmorency, ayant découvert quelques menées dans la ville-basse de Carcasonne, fut obligé de s'y rendre au commencement de juin, et d'y faire bâtir une citadelle pour l'opposer à la garnison de la ville-haute, qui tenait pour le maréchal de Joyeuse ; il en donna le commandement au Vicomte de Mirepoix, et ayant eu avis de la maladie de son épouse, Antoinette de la Marche, il partit en diligence pour Pézenas, où il la perdit le quatrième jour de son arrivée, ayant eu d'elle : Hercule, comte d'Offernot ; Charlotte, mariée à Charles de Valois, duc d'Angoulême, et Marguerite, épouse d'Anne de Levé, duc de Ventadour.

En même tems, les Seignieurs du Languedoc eurent recours au roi d'Espagne, comme avait fait le Duc de Mayène, pour en avoir des secours ; ils en obtinrent six mille Tudesques, conduits par le Comte de Ladron, qui vint aborder au port de la Nouvelle le premier août (1590), et fit camper ses troupes sous des tentes le long de la Robine. Le Duc de Montmorency, en ayant été informé, fit attaquer un de leurs quartiers, qu'il défit entièrement, ce donna tant de chagrin aux Ligueurs de Narbonne, qu'ils jetèrent leur colère sur les Prisonniers qu'ils tenaient dans la tour de l'Archevêché, ausquels ils ne firent aucun quartier, parce qu'ils avaient témoigné de la joye dans le tems du combat, qu'ils regardaient du haut de leur tour.

Cet acte de cruauté fut comme le préparatif d'un plus grand qui arriva dans ce même tems et qui intéresse plus particulièrement Montpellier, puisque les principaux acteurs étaient natifs ou habitants de cette ville, N. Boursier, s^r de Barri et de s^r Aunés, au voisinage de Montpellier, avait le Gouvernement de Leucate, sur le chemin de Salces à Narbonne, le long de la côte. Ce poste était d'autant plus important, qu'il fermait le passage aux Espagnols, pour venir par terre du Roussillon en Languedoc. Comme ou eut avis en ce temps-là du secours que les Ligueurs avaient demandé au Roi d'Espagne, le Seigneur de Barri, fort zélé pour Henri IV, se mit en chemin pour aller conférer avec le Duc de Montmorency ; mais il eut le malheur de tomber dans une embuscade, qui le retint prisonnier ; dans ce contretemps, son premier soin fut de pourvoir à la conservation : il trouva le moyen d'informer sa femme de son état et lui manda de se jeter dans Leucate, et de n'entendre à aucune des propopositions que les

Espagnols ou les Ligueurs pourraient lui faire. Le nom de sa femme était Constance de Cézelli, fille de Jean de Cézelli, président en seul de la Chambre de Montpellier ; elle s'embarqua aussitôt à Maguelone, et aborda heureusement à Leucate, où elle anima tout par son courage. Les Espagnols et les Ligueurs tentèrent de lui enlever la place de vive-force ; mais leurs attaques furent inutiles contre la forte situation du lieu et le bon ordre qu'elle avait mis à sa défense. Alors, les ennemis ayant recours à un autre moyen, firent conduire à Narbonne le Gouverneur de Leucate, et lui proposèrent de grandes récompenses s'il leur faisait rendre la place, ou bien une mort certaine s'il refusait de le faire ; ils le trouvèrent dans une si ferme résolution, qu'ils crurent devoir se tourner du côté de la femme : pour cet effet, ils lui firent demander un pourparler dans lequel ils lui représentèrent qu'ils étaient les maîtres de la personne de son mari, mais qu'il y avait d'autre expédient pour le sauver que de rendre Leucate. Elle offrit toutes ses pierreries et la somme qu'ils voudraient pour sa rançon ; mais elle ajouta qu'elle se résoudrait à tout, plutôt que de manquer à la Foi que son mari avait jurée au Roi. Sur ce refus, ils vont à Narbonne, où de sang-froid ils font étrangler le Seigneur de Barri, dont ils envoyèrent le corps à Leucate. Cette vue causa une si grande fureur à la Garnison, qu'ils coururent demander à leur Gouverneur, le Seigneur de Loupian, prisonnier de guerre, que le Duc de Montmorency lui avait envoyé pour repondre de la vie de son mari. On marque qu'elle eut la générosité de le leur refuser, et qu'elle se contenta de faire un si grand feu sur les ennemis, qu'ils n'osèrent plus tenter le siège de Leucate. Le gouvernement lui en fut laissé jusqu'à ce qu'elle pût le transmettre à son fils Hercule ; et quelques courtisans ayant voulu représenter à Henri IV qu'un Gouvernement de cette importance n'était pas assuré entre les mains d'une femme, il répondit qu'il n'était point d'homme qui voulût faire pour son service les avances que cette femme avait faites.

La nouvelle de l'abjuration du roi Henri IV affligea les protestants, et les catholiques firent une belle procession. L'épée de connétable fut donnée au duc de Montmorency.

A la même époque par lettres royales de 1596 furent admis au Consulat « les officiers des cours judiciaires, les membres de la noblesse et tous autres habitants idoynes et capables d'administrer les charges consulaires. »

L'édit de Nantes, en assurant aux protestants le libre exercice de leur Culte et l'admissibilité à toutes charges et emplois, vint apporter une nouvelle prospérité à Montpellier.

De nouvelles mesures relatives à l'industrie du tissage du coton et de la confection des velours, satins, taffetas et autres marchandises de soie, donnèrent une impulsion au commerce des habitants avec les pays extérieurs.

Les catholiques avaient demandé au roi de rentrer en possession de l'église de Notre-Dame-des-Tables sans attendre l'envoi des commissaires.

L'évêque Guitard de Ratte, ancien aumônier d'Henri IV, se présenta, le 28 décembre (1600), avec le duc de Ventadour, plusieurs seigneurs et des maçons, pour faire démolir le ravelin (fortification en demi-lune) que les protestants avaient près de la grande porte et qu'ils prétendaient conserver pour la défense de la ville et comme lieu de sûreté. Mais, à peine les maçons avaient-ils dressé une échelle qu'une grêle de pierres s'abattit sur eux, le tocsin sonna, et aussitôt plus de quinze cents protestants en armes accoururent.

L'évêque resta courageusement et dit au baron de Castries : « S'il faut mourir, nous n'en trouverons jamais de plus belle occasion, puisqu'il s'agit de la gloire de Dieu et du rétablissement de son culte ; ne nous rendons point méprisables à ceux qui ne cherchent qu'à profiter de notre lâcheté. »

Un des séditieux s'avança et allait asséner un coup de bâton sur la tête de l'évêque, lorsqu'il fut heureusement arrêté.

Les consuls prévoyant les suites de ce grand tumulte, parvinrent à faire retirer l'évêque. On en référa au roi qui ordonna la démolition du ravelin et la prise de possession par les catholiques de l'église de Notre-Dame-des-Tables (1601).

C'est vers cette époque (1603) que fut construit le petit temple protestant, à peu près à l'endroit occupé par la place Saint-Côme actuelle. Au-dessus de la porte figurait l'inscription suivante : *Veræ religioni sacrum* (consacré à la vraie religion), qui parut outrageante pour les autres cultes, et, sur la requête de l'abbé Granier, elle fut remplacée par cette autre en l'honneur de la Trinité : *Au trois fois saint*.

Les pasteurs étaient entretenus au moyen de l'impôt appelé le denier de la chair, parce qu'il consistait en un sou par livre sur la viande de boucherie.

Pierre de Fenouillet, prédicateur ordinaire du roi Henri IV, fut nommé, en 1607, évêque de Montpellier. Dès le commencement de son épiscopat, il voulut faire construire une église près la porte des Carmes, pour y loger les capucins qu'il avait appelés à Montpellier. Les consuls craignant une sédition de la part des calvinistes, s'y opposèrent. L'évêque déclara vouloir se borner à planter une croix. Les catholiques, au nombre de cinq ou six mille, partent processionnellement pour aller planter la croix, s'avançant au milieu d'une double haie de soldats huguenots. L'évêque fait briser la porte de l'enclos qui avait été fermée. Aussitôt les soldats huguenots font une décharge de poudre. L'évêque, loin de s'effrayer, s'écrie : « Courage, mes amis, on salue la croix, vive Jésus ». Et la croix fut plantée.

Le grand froid qui fit appeler l'année 1608 année du *Grand Hiver*, dura tout le mois de janvier et tout celui de février sans presqu aucun relâche ; les oliviers et les vignes moururent ; on trouvait le gibier mort de froid à la campagne et un grand nombre de voyageurs périrent par les chemins. « On eut toutes les peines de sauver le bétail tant par la rigueur du temps que par le manque de fourrages. »

Une colonie assez nombreuse de Juifs et de Maures chassés d'Espagne par Philippe III vint se fixer à Montpellier, en 1609. L'or et l'argent, qu'ils avaient soigneusement caché, malgré les défenses du roi d'Epagne, leur ouvrirent un passage dans nos provinces. La pitié naturelle qu'on eut pour ces étrangers, jointe à leur bonne mine et à la qualité de plusieurs, en fit recevoir un bon nombre dans nos villes. Ils exercèrent les uns le négoce, les autres la médecine ; plusieurs s'adonnèrent à la culture de la terre, dans laquelle ils étaient très habiles. On les appela d'abord Morisques ou Grenadins, plus tard du nom de Marrans.

La mort d'Henri IV, lâchement assassiné par Ravaillac, le 14 mai 1610, causa une douleur immense à Montpellier. Les religionnaires ordonnèrent un jeûne général, en signe de tristesse, et les catholiques firent un service des plus solennels. L'évêque, Pierre de Fenouillet, l'un des plus grands prédicateurs de son temps, prononça l'oraison funèbre du roi. Après avoir parlé de ses plus beaux exploits de guerre et des grâces que ce prince avait accordées dans sa vie, il laissa à ses auditeurs le soin de décider laquelle des deux vertus avait été plus éminente en lui, de la valeur ou de la clémence.

XX

MONTPELLIER
PENDANT LES GUERRES DE RELIGION

SOUS LE RÈGNE DE LOUIS XIII
JUSQU'APRÈS LE SIÈGE DE MONTPELLIER
(1610-1622)

Confirmation des privilèges. — Entrée des Jésuites à Montpellier (1617). — Les protestants renversent la croix près la porte des Carmes. — Exécution de deux émeutiers. — Les Catérinots. — Les députés du cercle réunis à Montpellier, suppriment l'exercice de la religion catholique dans la ville (1621). — Les protestants démolissent toutes les églises. — Noble conduite de M. de Serres. — Meurtre du président Ducros. — Arrivée du duc de Rohan. — Le duc de Montmorency s'empare des lieux voisins de Montpellier. — Combat près de Perols. — Ruse de Zamet, maréchal de camp de Montmorency. — Mesures énergiques du consul Aiméric. — Siège de Montpellier par Louis XIII (2 août 1622) — Les femmes et les dames de Montpellier aident à la construction des terrassements. — Attaque et prise du fort Saint-Denis (2 septembre). — Il est repris par les habitants et conservé par eux après un combat sanglant. — Mort de Zamet. — Bassompierre se rend maître de l'ouvrage de Saint-Denis. — Le roi fait venir de nouvelles troupes. — Débordement du Merdanson. — Sortie des assiégés. — Le prince de Condé quitte l'armée du roi. — Retour du duc de Rohan (10 octobre). — Il en repart le 13 pour aller informer les chefs protestants des Cévennes de la résolution des habitants de rendre la ville. — Le duc de Rohan se rend au quartier du roi (19 octobre). — Le lendemain le gouverneur de la ville, les consuls viennent présenter les clefs de la ville au roi. — Entrée du roi Louis XIII à Montpellier (20 octobre 1622). — Procession générale. — Départ du roi. — Durée du siège de Montpellier.

Les consuls de Montpellier n'oublièrent pas de demander au nouveau roi, dès son avènement au trône, la confirmation de leurs statuts et privilèges, libertés et immunités, qui leur avaient été accordés par ses prédécesseurs.

L'évêque Fenouillet chercha à rétablir les Jacobins réformés dans le couvent de la Portalière. Les consuls refusèrent d'admettre ce nouvel ordre religieux. On plaida, et le roi, par arrêt du 10 novembre 1617, permit l'entrée des Jésuites ou tous autres que l'évêque voudrait pour l'instruction de ses diocésains. Les protestants, irrités, allèrent renverser la grande croix rouge que l'évêque Fenouillet avait fait planter près la porte des Carmes. Le premier consul, voulant s'interposer, fut maltraité et blessé, et les émeutiers lui arrachèrent les prisonniers. Plus tard on en reprit deux, dont l'un était concierge de la prison du Présidial. Ils furent conduits à Castres et condamnés à mort ; leurs têtes furent envoyées à Montpellier et placées sur la porte de Lattes.

Cette exécution n'arrêta point l'esprit d'indépendance qui s'était emparé du peuple. Des assemblées furent tenues dans les masures du vieux monastère de Sainte-Catherine (aujourd'hui Sainte-Ursule). Ceux qui y prirent part furent appelés *Catérinots*. Leur ingérence fut si grande qu'ils empêchèrent un jésuite choisi par l'évêque de pénétrer dans la ville pour prêcher l'Avent et le Carême.

Les protestants avaient divisé la France en huit cercles ou grandes divisions provinciales établies pour les affaires religieuses. Le cercle du Bas-Languedoc, après s'être réuni à Anduze, à Nîmes, avait fixé ses réunions à Montpellier.

Le premier consul, Aimeric, calviniste, homme énergique, engagea l'assemblée du Cercle à frapper des impôts, à s'emparer des cloches pour faire des canons, etc. Par une ordonnance du 20 novembre 1621, les députés de cette assemblée interdirent l'exercice de la religion catholique; firent retenir prisonniers les *papistes* et s'emparèrent de leurs biens sous le prétexte qu'on agissait de même dans les villes catholiques. Le gouverneur général, Chatillon, qu'on ne trouvait pas assez actif, fut destitué; on offrit au duc de Rohan le généralat.

Une nouvelle ordonnance parut bientôt, dont les conséquences furent désastreuses pour les monuments de notre cité. On se prépara à l'exécution de cette sentence par un jeûne solennel qui eut lieu le 16 décembre, et après avoir chanté le psaume 79, on commença, dans la nuit du 16 au 17, à s'emparer des églises et à procéder à leur démolition. La populace se jeta d'abord sur l'église de Notre-Dame des Tables et sur celle de la Canourgue, au cri sinistre de *Harlam, Harlam* (1). De soixante-quatre ou soixante-cinq églises que Montpellier possédait, pas une ne resta intacte ou en état de servir au culte, et les pierres furent employées à élever de nouvelles fortifications (1621).

Les capucins avaient résisté à l'ordonnance du Cercle sur la messe. Deux huguenots vinrent les prendre et les cacher chez eux. Lorsqu'après l'attaque de leur couvent, on se présenta pour les réclamer, l'un d'eux, M. Serres, correcteur en la Chambre des Comptes, répondit qu'il ne violerait jamais la foi donnée à des gens réfugiés chez lui et les garda jusqu'à ce qu'on pût faire l'échange avec deux autres prisonniers que le duc de Ventadour avait fait sur les gens de Montpellier.

L'arrivée du duc de Rohan fut signalée par le meurtre du président Ducros, chargé de missions secrètes par le maréchal de Lesdiguières auprès du duc. Les coupables furent pendus, écartelés, condamnés aux galères, et le ministre protestant, Suffren, accusé d'en avoir été l'instigateur, fut banni.

Le duc de Montmorency commença à inquiéter l'armée du duc de Rohan en s'emparant des lieux fortifiés, voisins de Montpellier, et entreprit, sur les

---

(1) Mot suisse ou allemand qui signifie : Pille, pille.

ordres du roi, de détruire les récoltes aux environs de la ville. Six cents hommes se mirent, dès le 16 juin, à faucher tous les blés, depuis les métairies d'Encivade et Cocon jusqu'à Pérols, Mauguio et Castelnau. La garnison de Montpellier sortit aussitôt pour s'opposer à ces ravages et un combat s'engagea sans avantage d'un côté ni de l'autre.

Quelques jours après, la veille de la Saint-Jean, le 23 juin, M. de la Bertichere, lieutenant-général de M. le duc de Rohan, ayant appris qu'il était arrivé à Pérols quelques bateaux chargés de munitions pour M. de Montmorency, fit partir six cents hommes pour s'en emparer, ignorant que le duc était parti de Villeneuve avec deux mille hommes de pied et trois cents de cavalerie. Ceux de Montpellier, surpris, laissèrent quatre cents hommes sur le terrain. Les habitants n'osèrent sortir de plusieurs jours pour couper les blés.

Zamet, maréchal de camp de Montmorency, trouva moyen de les attirer hors des remparts en faisant habiller trois cents soldats en villageois; on leur fit prendre des charriots, comme s'ils voulaient enlever la récolte qu'ils avaient faite. Les charriots étaient remplis de gros mousquets, emboîtés six par six dans des pièces de bois qui devaient prendre feu en même temps. Les habitants sortirent au nombre de cinq cents et chargèrent les prétendus moissonneurs qui se retirèrent au petit pas, en abandonnant leurs charriots qui avaient été couverts de quelques gerbes. La décharge des mousquets, qui survint alors, tua et blessa une partie des agresseurs, et la cavalerie, qui était en embuscade, vint couper aux fuyards la retraite vers la ville et l'infanterie les ayant pris par côté, en jeta par terre cent cinquante. Le reste fut blessé ou fait prisonnier. Le peuple ne trouva d'autre vengeance que de donner le surnom de Grand Mahomet au maréchal de camp, Zamet, qui avait dirigé cette affaire.

Ce fut à Béziers, où le roi était arrivé le 17 juillet que l'on prit des dispositions pour le siège de Montpellier. Des négociations et des pourparlers n'amenèrent aucune entente. Les habitants, alarmés par les menaces du prince de Condé, imposèrent comme condition, trop rigoureuse pour être acceptée, que le roi et ses troupes s'éloigneraient à dix lieues de la ville.

Le consul Aimeric avait fait dresser deux potences, l'une devant l'hôtel de ville, l'autre devant le palais, avec cet écriteau : « Ils seront pendus les porteurs de « mauvaises nouvelles et les escambarlat. » On désignait de ce nom ceux qui voulaient la paix et avaient des relations dans les deux partis. Il fit imposer tous ceux qui étaient disposés à une entente, et quelques-uns ayant voulu se plaindre : « Philistins », leur dit-il, « vous voulez votre roi, il faut, auparavant, payer la bienvenue et la poudre des canons pour lui faire son entrée ».

Dans un conseil tenu à Lavérune, les propositions des habitants de Montpellier furent repoussées de la manière la plus énergique par Bassompierre.

Dès le lendemain 2 août, l'armée alla camper en deçà de Castelnau. On plaça d'abord un corps de garde au pont de Castelnau et un autre au pont Juvénal. La cavalerie s'était avancée vers la ville, et les Suisses, avec les lansquenets, occupèrent la petite plaine qui est au bas de la citadelle, le long du Merdanson. Le prince de Condé prit son logement au-dessus des Récollets, et Bassompierre, comme maréchal de camp, était auprès. Le duc de Montmorency, avec ses troupes, eut son quartier aux Tuileries, vers Boutonnet, le régiment de Vendôme et quelques autres sur le chemin de Celleneuve, et les troupes du connétable de Lesdiguières sur le tertre qui est au-dessus de la porte de la Saunerie.

Les assiégés opposaient à l'armée du roi de bons bastions autour de la ville, chacun avec son fossé et son glacis. Les pierres provenant de la démolition des églises et des faubourgs y avaient été employées, et, quant aux terrassements, les femmes et les dames de la ville y portèrent la hotte.

On fit sur le Peyrou un grand ouvrage et vers la porte Saint-Guilhem, du côté du jardin du roi, un bastion qui prit le nom de Saint-Jaumes. Devant la tour des Carmes on éleva un grand boulevard, désigné par l'armée du roi le bastion Blanc, pour le distinguer de celui qui se trouvait au-dessous de la porte de la Blanquerie, auquel on donna le nom de bastion Noir.

Pour communiquer plus aisément avec le fort Saint-Denis (aujourd'hui la Citadelle), on ajouta une corne qui servait à nettoyer les approches de cette hauteur. Depuis cet espace jusqu'à la porte de Lattes, les murailles de la ville, qui étaient en fort bon état, avaient une autre porte, appelée Montpelliéret. On y éleva un cavalier. A la porte de Lattes se trouvait aussi un autre bastion, ainsi que devant la tour Babotte.

Dans un conseil de guerre, tenu le 1ᵉʳ septembre, on résolut de se rendre maître du fort Saint-Denis. L'attaque eut lieu à deux heures du matin, et la facilité avec laquelle on s'empara de ce poste en fit négliger la garde. Dans la journée un trompette de la ville, étant venu réclamer les morts, remarqua qu'il n'y avait point de cavalerie et que les soldats étaient épars çà et là pour se rafraîchir. Ceux de la ville firent une sortie et s'emparèrent de nouveau du poste, après avoir tué Saint-Brés et Fabrègues, commandant les régiments de ce nom.

Le roi qui, du haut de son logis, regardait avec une lunette d'approche, vit bientôt que les assiégés avaient l'avantage sur ses troupes. Aussitôt tous les seigneurs qui l'entouraient prirent des chevaux et coururent à toute bride vers Saint-Denis. Le duc de Fronsac et le duc de Montmorency y arrivèrent, n'ayant d'autres armes que leurs épées. La mêlée fut bientôt si grande que Montmorency ayant fait prisonnier Carlencas, cavalier des ennemis, le donna en garde à leur infanterie, sans la reconnaître. D'Argencour, qui était du nombre, n'ayant pas voulu tuer le duc de Montmorency, comme il le pouvait aisément, se contenta de lui dire : « Monsieur, il ne fait pas bon pour vous ici, retirez-vous par là ». Mais, comme il se retirait, le duc reçut deux coups de pique dont il fut plus de quinze jours à se guérir. Le duc de Fronsac fut tué presque en arrivant, ainsi que d'autres seigneurs. Le sieur de Combalat, neveu de feu le connétable de Luynes, ayant été pris et conduit dans la ville, y fut tué de sang-froid.

Bassompierre, voyant ce désordre, courut au quartier des Suisses, dont il était colonel, et les fit marcher sur les ennemis qui poursuivaient les soldats jusqu'au Merdanson. Ils montèrent résolument jusqu'au haut du fort Saint-Denis et les gens de la ville se retirèrent alors, après plusieurs décharges de mousqueterie. On résolut de fortifier ce fort, mais l'exécution en ayant été différée, les assiégés trouvèrent plus de facilité à s'y retrancher, et l'occasion fut perdue d'attaquer la ville de ce côté.

Dans ce même temps, les assiégés firent une sortie au bas du Peyrou, vers le quartier de Montmorency. Zamet, maréchal de camp, voyant ses soldats reculer, accourut, mais un coup de canon parti du Peyrou tua son laquais, emporta la fesse de Coudroy et le ventre de son cheval, tua celui du sieur Zamet et lui brisa la cuisse, ce dont il mourut six jours après.

Les assiégés qui, depuis la journée des Moissonneurs, l'appelaient le Grand Mahomet, faisant allusion à son nom de Zamet, reconnurent, du haut de leurs bastions, avec leurs lunettes, qu'il avait été renversé par leur canonnade. La joie qu'ils en éprouvèrent leur fit pousser un grand cri et ils dirent souvent : Voyez, voyez le Grand Mahomet par terre,

La faute commise par les assiégés de négliger la porte de Saint-Denis les obligea à faire de nouveaux efforts pour se rendre maîtres de l'ouvrage à cornes qu'ils y avaient construit. Dans la nuit du 4 au 5, Bassompierre fit dresser une barricade pour traverser le chemin qui était en vue de ces cornes, puis, se glissant le long du Merdanson vers le pont du Pila Saint-Gilles, il s'y fortifia. Un combat eut lieu le 10, à deux heures du matin. Les soldats reçurent l'ordre de mettre des chemises sur leurs armes. Les assiégés les ayant aperçus envoyèrent un sergent et plusieurs mousquetaires faire une salve sur eux pour les reconnaitre. Sur un signal donné par quelques coups de canon, les soldats partirent d'un tel élan qu'ils s'emparèrent des palissades et des cornes. L'épouvante fut si grande parmi les défenseurs que ceux-ci abandonnèrent, pour quelque temps, les bastions.

Cette victoire ne donna toutefois aucun avantage aux assiégeants ; l'armée dépérissait à vue d'œil ; les vivres renchérissaient dans les camps ; le fourrage manquait pour les chevaux ; les maladies sévirent considérablement, et les fruits de l'automne, les raisins et le vin nouveau firent mourir plus de soldats que les coups d'épée ou les arquebusades des ennemis.

Le roi fut obligé de faire venir de nouvelles troupes, ainsi que les vivres et munitions nécessaires, afin de pouvoir continuer le siège. D'Argencour avait profité de ce répit pour fortifier les bastions qui tenaient tête aux assiégeants, et les travaux qu'il exécuta parurent si surprenants que M. de Pontis fut traité de visionnaire lorsqu'il eut fait son rapport au roi. Une succession d'attaques montra aux assiégeants la valeur et le courage des défenseurs de la cité. Un historien affirme que les femmes de Montpellier, déguisées en hommes, combattirent très vaillamment.

Le duc de Rohan s'était rendu à Nîmes pour

rassembler les troupes qu'il avait dans les Cévennes et dans le Vivarais, afin de marcher ensuite au secours de Montpellier.

Un grand orage vint combler les tranchées, et le Merdanson emporta plus de cent lansquenets qui, pour éviter les grandes chaleurs, avaient construit des aménagements dans l'intérieur des rives.

Le 4 octobre, les assiégés firent une dernière sortie. Après avoir mis le feu aux gabions et tué les avant-gardes ennemies, ils furent repoussés jusqu'au pied des murailles.

Le connétable de Lesdiguières arriva au camp pour rendre compte au roi des conférences qu'il avait eues avec le duc de Rohan.

Le 10 octobre, on vit passer le duc de Rohan, avec un passeport de Sa Majesté pour entrer dans la ville. On publia une trêve, les assiégeants et les assiégés se visitèrent, et les dames de Montpellier vinrent se promener jusqu'aux avant-postes et se faire voir aux seigneurs de la Cour.

Le duc de Rohan partit le 13 pour faire savoir aux députés des Cévennes, de Nîmes et d'Uzès, qui se tenaient à Ganges, la résolution où l'on était à Montpellier d'accepter le traité qu'il avait arrêté avec M. de Lesdiguières. La paix étant donc résolue, et la ratification des habitants de Montpellier en ayant été portée au roi, le duc de Rohan se rendit, le soir même, au quartier du roi. Introduit dans la chambre de Sa Majesté, il se mit à deux genoux, demandant pardon d'avoir porté les armes contre son *service*. Le roi lui répondit qu'il fût plus sage à l'avenir et lui promit d'oublier les choses passées.

Le lendemain, 19 octobre, le duc de Rohan rentra dans Montpellier et amena au roi le gouverneur de la ville, les députés des Cévennes, qui devaient venir demander pardon à Sa Majesté et la supplier d'accorder la paix. Les consuls vinrent ensuite présenter les clefs de la ville dans un sac de velours bleu.

Le même jour, le connétable de Lesdiguières rentra dans Montpellier avec les maréchaux de Bassompierre et de Créqui, pour y établir les gardes françaises et les Suisses.

Le lendemain, 20 octobre, les troupes étrangères, qui avaient servi pendant le siège, sortirent de la ville, au nombre de douze cents hommes, en fort bons équipages, et prirent le chemin des Cévennes. L'après-midi, le roi, après avoir visité le fort Saint-Denis, rentra dans Montpellier par la porte de Lattes, au bruit d'une double salve de quarante-trois pièces de canon. Les consuls le reçurent à la porte avec le plus d'appareil possible.

Louis XIII demanda à quelle église il pourrait rendre grâces à Dieu de la victoire qu'il lui avait accordée. Comme les églises avaient été toutes démolies, les catholiques zélés proposèrent de s'emparer du Grand-Temple des huguenots et de le convertir en église ; mais le roi ne voulant pas effaroucher la ville qui venait de se soumettre, fut d'avis que l'on se servît de la loge des marchands. Elle fut préparée pour le dimanche suivant. Ensuite l'on fit une procession générale ; toutes les maisons furent indistinctement pavoisées. Le roi suivit cette procession un cierge à la main et partit le soir même pour aller coucher à Aimargues.

Les articles concernant la paix portaient en substance : Que l'Edit de Nantes serait observé dans toute sa teneur ; « Que, par cy après, il n'y aura ny gouvernement, ny garnison dans la dite ville, ny aucune citadelle bastie, ainsi Sa Majesté veut et entend que la garde de la dite ville demeure ès mains des Consuls et n'y sera rien innové. »

Le siège de Montpellier avait duré du 2 août au 19 octobre, soit 77 jours. Les assiégés avaient, dans plusieurs sorties, montré le plus grand courage, et la paix honorable qu'ils obtinrent, ils la durent à leur énergie et surtout à l'exaltation de leurs croyances.

XXI

MONTPELLIER
PENDANT LES GUERRES DE RELIGION

SOUS LE RÈGNE DE LOUIS XIII
DEPUIS LE SIÈGE DE MONTPELLIER JUSQU'A LA MORT DE CE ROI
(1622-1643)

Retour du duc de Rohan. — Il reçoit l'ordre de quitter la ville. — Démolition des fortifications. — Mesures du gouverneur contre les religionnaires. — Armoiries de Montpellier. — Tentative du duc de Rohan pour s'emparer de la Citadelle (1628). — Terribles représailles : 63 soldats protestants sont pendus à la porte de la Saunerie. — De Rohan fait pendre 63 prisonniers faits à Montpellier. — Refus des religionnaires d'accepter de faire partie du Consulat. — Séjour du cardinal de Richelieu à Montpellier (1629). — Sa visite au Jardin des Plantes — Il rétablit les Jésuites. — Il préside à l'union de la Cour des Aides et de la Chambre des Comptes. — Il fait suspendre les travaux de la citadelle et ceux de l'église de la Canourgue. — Sa visite à l'église Saint-Pierre. — Il ordonne de rebâtir l'église N.-D.-des-Tables. — Grande peste de 1629. — Dévouement de François de Ranchin et de l'évêque Fenouillet. — Passage de Louis XIII à Montpellier (1632). — Destruction de la forteresse de Maguelone (1632). — Hercule de Barry, fils de Françèse de Cezelly, remporte à Leucate une victoire sur les Espagnols (1637). — Petite peste de 1640. — Mort de François de Ranchin. — Troisième visite de Louis XIII à Montpellier (1642). — Passage du cardinal Richelieu et Mazarin. — Cinq-Mars prisonnier à la citadelle. — Réponse de Don Pedro, général en chef des Espagnols. — Mort de Richelieu (1642) et de Louis XIII (1643).

Le duc de Rohan revint, quelques mois après, à Montpellier, afin d'éluder la nomination des consuls qui devaient être mi-partie catholiques et mi-partie protestants, mais il reçut un ordre du roi de quitter

Montpellier et de n'y point revenir sans une permission expresse. Après son départ il fut réglé que le premier, le troisième et le cinquième consuls seraient catholiques et les trois autres huguenots. Le baron de Castries fut désigné comme premier consul. Sous son consulat on rouvrit la chapelle de l'Hôtel de-Ville, qui avait été fermée pendant soixante ans.

Après le départ du roi, on détruisit les fortifications et les ouvrages avancés qui avaient le plus résisté au siège. Les habitants y travaillèrent par corvées, de sorte qu'en moins de deux mois, la ville fut à peu près réduite aux temples, murailles, tours et fossés qu'elle avait avant le siège. Le jardin du roi, qui avait été détruit lorsqu'on avait voulu se préparer au siège, fut mis dans l'état où il est aujourd'hui, et François Ranchin, chancelier de l'Université, y apporta tous ses soins. Malgré la déclaration générale, M. de Talence, gouverneur de la ville, s'employa pour obtenir du conseil l'autorisation d'y bâtir une citadelle.

Louis XIII fut si satisfait de voir qu'il n'avait plus rien à craindre des habitants qu'il leur accorda dix sols à prendre sur chaque minot de sel, applicable moitié au paiement des dettes de la ville et moitié à la construction de la cathédrale et des autres églises du diocèse.

Les protestants du Languedoc crurent devoir profiter de la guerre que le roi avait alors en Italie pour reprendre les armes. M. de Talence, gouverneur de Montpellier, craignant qu'une partie des religionnaires de la ville ne profitât de l'absence des troupes qui devaient partir pour aller faire le siège de Sommières, s'assura du plus grand nombre, fit changer tous ceux qui avaient la garde des portes, ordonna de mettre dehors les gens sans aveu, et fit braquer les canons de la citadelle contre la ville.

Le marquis de Fossez, nommé gouverneur, en

remplacement de M. de Talence, appelé à la cour, y fit son entrée le 9 de ce mois. Il obtint du conseil général qu'on rétablît les anciennes armoiries.

Les armes de Montpellier étaient la Vierge, assise sur une chaise antique d'or, tenant le Petit-Jésus entre ses bras, ayant sous ses pieds un écusson, chargé d'un tourteau de gueules, que nos anciens Guillaumes avaient pris pour armes dans leurs expéditions à la Terre-Sainte.

En 1628, le duc de Rohan fit une tentative pour s'emparer de la citadelle. Le seigneur de Bretigny avait confié ce projet à un de ses proches parents, le baron de Mélay, qui commandait un bataillon de Normandie dans la citadelle, et lui avait proposé deux cent mille écus et la lieutenance générale. Le baron de Mélay prévint M. de Fossez, gouverneur de Montpellier, et ils projetèrent ensemble de faire tomber M. de Rohan dans le piège.

Le 9 janvier, à minuit, heure convenue, Bretigny partit avec cinquante des plus braves officiers de l'armée du duc pour aller se saisir de la porte du cheval de frise qu'on devait lui ouvrir, et le duc de Rohan le suivit de près avec deux ou trois mille hommes. M. de Fossez avait fait prendre les armes à tous les soldats des deux régiments de Picardie et de Normandie, dont le nombre s'élevait à deux mille huit cents hommes ; il en disposa huit cents dans la ville, aux principales avenues des rues, avec ordre de tuer tous les bourgeois qui sortiraient de leurs maisons ou qui voudraient se jeter par dessus les murailles. Il mit douze cents hommes aux trois ouvrages de l'Esplanade, où il fit faire de grands retranchements ; il prit avec lui les autres huit cents qu'il disposa, partie vers la porte du cheval de frise, partie vers l'Esplanade, et pointa tous ses canons vers ces deux cotés.

Bretigny se présenta, sur les cinq heures du matin, à la porte de secours qu'il trouva la première ouverte, et ayant passé le pont-levis, il heurta doucement à la seconde qui était fermée, croyant que le baron de Mélay était derrière pour lui ouvrir. Il lui fut répondu par un sergent que le baron de Mélay était allé faire un tour au corps de garde, mais qu'il allait revenir pour le recevoir. Cependant, ajouta-t-il, serrez-vous et mettez-vous en bataille. L'ingénieur de la place, sans attendre l'ordre, coupa, avec sa hache, la corde du cheval de frise. Ceux qui se trouvaient dessus tombèrent dans la chausse-trappe, et les autres restèrent entre le pont-levis et la herse.

Le duc de Rohan voyant que la partie était manquée et qu'on lui tuait tous ses gens à coups de canon, les fit retirer par le Pont-Juvénal. Le seigneur de Bretigny et Courteilles, son frère, étaient enfermés entre les deux portes du cheval de frise. On rapporte que M. de Fossez, l'ayant aperçu, lui dit : « Vous croyez donc, monsieur, nous prendre pour dupes ? A quoi il répondit que c'était bien lui qui les avait dupés. Mais patience, ajouta M. de Fossez, c'est le sort de la guerre. Bretigny reçut un coup de pistolet dans la tête ; on en fit autant à son frère et aux autres et l'on ne fit grâce qu'à une douzaine, qui furent fait prisonniers, au nombre desquels était Verchand, enfant de la ville, homme de grand cœur et de bonne famille.

« Quand à ceux qui étoient tombés dans la chassetrape, on leur jeta des pierres pour les assommer, ce qui fit que *Cadet*, bâtard du Mélay, qui étoit du nombre, cria de toutes ses forces pour se faire connoitre, et demanda qu'on lui jetât une corde pour le retirer ; mais ses compagnons crièrent de leur côté qu'ils le poignarderoient si on ne leur promettoit la vie et voyant qu'on ne leur donnoit aucune parole, ils lui donnèrent plusieurs coups-de-dague, dans le tems qu'un le tiroit avec une corde, dont il ne mourût pas pourtant, ensuite on assomma tous les autres ; et ainsi finit cette funeste tragédie. »

La guerre incessante que le duc de Rohan entretenait dans le Midi contre les troupes du duc de Montmorency amena des représailles terribles dans les deux partis. Cinq ou six cents hommes qui s'étaient rendus à discrétion à Galargues furent condamnés aux galères et les soixante-trois officiers condamnés à être pendus.

« Ceux des prisonniers qui étoient les mieux vêtus se débitèrent pour officiers, quoiqu'ils ne le fussent pas, espérant d'en être mieux traitez, mais leur vanité leur couta cher, car ils furent soixante-trois condamnez à être pendus. On prit jour au 3e de novembre après-midi pour cette exécution et l'on choisit l'ile dite de Barrière, hors la porte de la Saunerie, dans le même lieu où l'on a bâti depuis la nouvelle église de Saint-Denis. Là, sur trois rangs, de gros soliveaux soutenus par des pieds droits qui tenoient toute la largeur de l'aire, on expédia ces misérables qui donnoient un spectacle bien touchant ; mais particulièrement le fils de M. de Laroque, gentilhomme des Cévennes, âgé de quatorze ou quinze ans, qui fut obligé d'assister au supplice de son père, l'un des deux chefs de la bande ; Valescure, son collègue, ayant pris la fuite après que M. de Rohan eut refusé de signer la capitulation.

« M. de Rohan ayant appris cette exécution, en fit faire autant à soixante-quatre des principaux prisonniers qu'il avoit faits à Montpellier, qui furent tous pendus à Anduze, le huit, le neuf et le dix de novembre. »

L'élection des consuls produisait, chaque année, un mouvement dans les deux partis. M. de Fossez, gouverneur de la ville, offrit aux religionnaires, en 1629, de les comprendre dans le rôle, mais ils refusèrent, sur le prétexte qu'on avait mis aux armoiries de la ville l'image de la Vierge.

Le séjour du cardinal de Richelieu à Montpellier, du 18 au 26 juin en 1629 fut d'abord marqué par une visite au jardin du roi, où il conduisit toute sa cour. Le lendemain, 20 juin, il fit rétablir les Jésuites dans l'ancien collège (actuellement le lycée).

Le samedi 21 on procéda à l'union de la Cour des Aides et de la Chambre des Comptes (1), ordonnée par lettres patentes du roi Louis XIII.

Le dimanche 22, le cardinal fit arrêter par les maréchaux de France les travaux de la citadelle, du côté de la ville, et ordonna la démolition des remparts qui se trouvaient de ce côté. Il fit suspendre les travaux de l'église de la Canourgue, commencés par Mgr de Fenouillet, et confia les réparations de l'église Saint-Pierre à l'architecte de la ville, Froment, pour la somme de vingt-sept mille livres, sous la direction du Président Beaudon, chez qui il était descendu.

Il ordonna aussi de rebâtir l'église de Notre-Dame des Tables, mais ce projet ne fut exécuté que quelques années après. Il alla coucher le soir à Frontignan pour se rendre de là à Montauban.

Après son départ, la peste se déclara à Montpellier. Elle éclata en juillet et, durant huit mois, elle emporta plus de deux mille personnes. Elle valut à l'année 1629 le nom d'année de grande peste. Le premier consul, François de Ranchin, et ses collègues, MM. Delort, Cortaud, Rivière, Durranc et Chassignon dont les noms méritent d'être conservés à la postérité pour le service important qu'ils rendirent à leur patrie, se dévouèrent au soin des pestiférés et, ayant pris pour chirurgiens de l'épidémie les sieurs Fourny, Estanove, Pomaret et quelques autres, ils travaillèrent tous de concert avec François de Ranchin, dont il est juste de rappeler le grand dévouement. L'évêque de Fenouillet se distingua aussi par son courage. Quant aux chanoines, ils avaient abandonné la ville, ainsi qu'un grand

---

(1) La fresque de la grande salle du Palais de Justice de Montpellier, peinte par M. Ernest Michel, rappelle cet événement.

nombre de personnes qui ne rentrèrent à Montpellier qu'en 1631.

Louis XIII se rendant à Toulouse, après la bataille de Castelnaudary, dans laquelle le duc de Montmorency avait été fait prisonnier, arriva à Montpellier avec la reine, le 22 septembre 1632, et y séjourna douze jours.

La forteresse de Maguelone fut abattue par ordre du roi, de crainte que les religionnaires ne vinssent à s'en emparer. Cette démolition fut la suite d'une mesure générale prise par Richelieu contre d'autres forteresses du pays.

La ville de Montpellier prit part, en 1637, à l'attaque du camp retranché des Espagnols, près Leucate, où commandait Hercule de Barry, fils de Françèse de Cézelly. L'évêque de Montpellier y avait envoyé 400 hommes. Laclotte eut la conduite des milices de Montpellier, auxquelles on donna le nom de régiment. Cette victoire valut au duc d'Alcuin, gouverneur de Montpellier, le bâton de maréchal de France, et le roi voulant perpétuer le nom du maréchal Schomberg, mort depuis peu, lui fit prendre ce nom.

La nouvelle guerre avec l'Espagne amena à Montpellier, en 1640, au retour des troupes du Roussillon, la maladie du camp, qui dégénéra en une peste. La cour des Aides se changea à Frontignan, les Trésoriers de France allèrent à Gignac, les chanoines à Aniane, et tous les habitants qui en eurent le loisir quittèrent la ville. On donna à cette épidémie le nom de petite peste, pour la distinguer de celle de 1629. Elle emporta François de Ranchin.

Louis XIII, se rendant à Perpignan, fit une troisième visite à Montpellier le 6 mars 1642. Les consuls allèrent l'attendre, en robes rouges, au Clos d'Aguillon. Le roi logea chez le président Beaudon. Le lendemain, le cardinal de Richelieu et Mazarin, qui venait de recevoir le chapeau de cardinal, passaient à Montpellier.

On fut surpris, quelques jours après, de voir arriver comme prisonnier d'Etat, M. de Cinq-Mars qu'on avait vu tout récemment avec le roi dans le même carosse. On mit tout en œuvre pour le faire évader de la citadelle, où il avait été enfermé, par le moyen d'un enseigne de la garnison qui avait attaché une échelle de corde au parapet d'un bastion, par où le prisonnier pouvait descendre. Le courage manqua à Cinq-Mars, car, après être sorti de sa prison par une fenêtre en pierre sèche qui donnait sur un couvert, il fut effrayé du bruit que faisait l'officier qui l'avait en garde et au lieu de continuer sa marche pour gagner le bastion, il se contenta de se cacher derrière un tuyau de cheminée, où il fut découvert.

Le général en chef de l'armée des Espagnols, Don Pedro d'Aragon, marquis d'El Povar, fait prisonnier par nos troupes en Catalogne, arriva à Montpellier et y resta pendant deux ans. Un roi de même nom, Pierre II d'Aragon, avait été seigneur de Montpellier, quatre cents ans auparavant. D'Aigrefeuille raconte que le maréchal de Brézé, chez qui il était logé, lui ayant présenté M. de la Mothe Houdancour, auquel il venait de donner, de la part du roi, le bâton de maréchal de France, le marquis auquel cette vue rappelait le souvenir de sa défaite, lui dit fièrement : *No es rey que loa hecho marescal de Francia, es yo.* (Ce n'est pas le roi qui l'a fait maréchal de France, c'est moi). Les soldats de son armée, qui avaient été faits prisonniers, furent conduits à Montpellier, où on les logea, au nombre de deux mille, sous des tentes, dans les fossés, en attendant qu'on les répartit en d'autres villes.

Cette même année, la reine-mère mourut à Cologne, le 3 juillet; le cardinal de Richelieu mourut à Paris le 4 décembre, et le roi Louis XIII ne lui survécut que cinq mois, étant mort à Saint-Germain-en-Laye le 14 de mai 1643.

XXII

MONTPELLIER
SOUS LE RÈGNE DE LOUIS XIV

JUSQU'A LA RÉVOCATION DE L'ÉDIT DE NANTES
(1643-1685)

Troubles à l'occasion de l'élection des consuls (1645). — Sédition des Partisans. — La Cour des Aides est transférée à Carcassonne. — Procès et exécution de deux femmes arrêtées lors de l'affaire des Partisans (1647). — Lettres d'abolition et de pardon du roi. — Passage du prince de Condé. — Rétablissement de la Cour des Aides à Montpellier. — Incidents au sujet de la cérémonie de la prestation de serment des consuls. — Duel entre le baron de Brissac et M. de Toiras. — Les consuls sont tous catholiques en (1653). — Duel entre le baron de Brissac et le vicomte d'Aubijoux. — Les consuls sont mis en prison (1653). — Le comte de Roure, gouverneur de la ville, crée la promenade du cours (boulevard Gambetta). — Passage du roi Louis XIV de la reine-mère et du cardinal Mazarin 1660. — Le marquis de Castries est nommé gouverneur de la ville. — Retour du roi à Montpellier. — Emprunt de la ville. — Exécution de Jacques Roure, chef des religionnaires (1670). — Premier opéra représenté à Montpel'ier (1678). — Fondation de l'œuvre du Prêt Gratuit à Montpellier (1684. — Démolition du Grand Temple (1682) — Arrivée à Montpellier de Basville, intendant de Languedoc. — Révocation de l'édit de Nantes (1685).

L'année 1645 fut pleine de troubles qui commencèrent le 1er mars, à l'occasion de l'élection des consuls. Un ordre du roi et du duc d'Orléans prescrivait de nommer comme premier consul Richer de Belleval, chancelier de l'Université, préalablement à tout autre. Le conseil protesta ; il restait, en effet, si peu des usages et privilèges de la ville ; mais voyant qu'il ne pouvait résister à l'autorité du roi, il nomma celui qui lui était désigné. On envoya à Toulouse le second et le quatrième consul pour empêcher les lettres d'appel de cette élection, et un courrier à la cour ; mais M. d'Aubijoux, gouverneur de la ville, avait pris les devants et, à leur arrivée à Toulouse, il y eut arrêt du conseil.

Les consuls obtinrent plus tard de faire prendre aux Etats de la province une délibération, par laquelle le roi et son altesse furent suppliés de laisser à la ville de Montpellier et autres du Languedoc leurs libertés et leurs privilèges, ce qui fut accordé.

On voit par cet exemple combien les communes du Midi tenaient à conserver le privilège de l'élection de leurs consuls, souvenir le plus ancien et aussi le seul de leurs libertés si chèrement conquises pendant le moyen âge.

Des troubles éclatèrent quatre mois après, à l'occasion des droits de joyeux avènement à la couronne du roi Louis XIV, que quelques particuliers avaient affermés. Les huissiers de la ville ayant refusé de leur prêter leur concours, ils firent venir des étrangers que les femmes de la ville chassèrent à coups de pierres jusqu'à Castelnau. Le peuple murmura et attacha un grand mépris à ces individus qu'on désigna du nom de Partisans.

Cette affaire n'eut pas de suites immédiates, mais la veille de Saint-Pierre, le sieur François Matheron, étant allé voir le feu de joie que l'on faisait, tous les ans, devant la cathédrale, fut appelé Partisan par une troupe d'enfants. Cette injure le fâcha si fort qu'il châtia l'un d'entre eux ; mais tous les autres étant accourus, lui firent lâcher prise à coups de pierres.

La querelle de cet homme avec ces enfants fut bientôt suivie de celle des mères de ces derniers. Une femme, nommée Monteille, touchée des pleurs de son fils, qui avait été battu, alla prendre une caisse pour assembler ses compagnes. Une d'elles, nommée Branlaire, d'une grande taille, d'une mine résolue, se mit à leur tête. Après avoir pillé plusieurs maisons, elles se dirigèrent au Logis du Cygne, où les commis des Partisans étaient logés et brûlèrent leurs papiers. La dame Falguerole ayant fait tirer sur la troupe de ces femmes qui voulaient forcer sa maison, fut tuée d'un coup de fusil et ses meubles furent brûlés. D'autres maisons appartenant aux Partisans eurent le même sort. Un enfant fut tué misérablement.

Le maréchal de Schomberg, à la tête de ses gardes, vint à la place des Cévenols, où il trouva des gens armés qui refusèrent de se retirer. Il ordonna de tirer sur eux, mais ceux-ci firent une décharge qui blessa plusieurs soldats et obligea ces derniers à s'enfuir vers la citadelle. Le maréchal aurait été infailliblement tué si un nommé Carrié, capitaine de sixain dans Montpellier, n'avait détourné le coup.

Le sang-froid du maréchal calma la sédition. Il parlait au peuple en Languedocien, ce qui lui gagna la bienveillance des femmes. On raconte que la Branlaire arrêta le cheval du maréchal par la bride et, comme celui-ci lui demandait ce qu'elle voulait faire de lui, elle lui répondit qu'on n'en voulait qu'aux sangsues publiques et nullement à un bon seigneur comme lui et l'engagea à se retirer.

Une chose qui le toucha beaucoup au commencement du tumulte, fut qu'ayant trouvé une bonne femme avec son enfant qu'elle pressait de marcher pour rejoindre les combattants, il lui demanda où elle allait. « A la mort, Monseigneur ! » répondit-elle. « Mais qui vous presse de mourir ? » lui dit le maréchal. « C'est, ajouta cette femme, pour mourir une bonne fois, afin qu'on ne nous donne pas la mort chaque jour, comme l'on fait en nous ôtant le pain à mon fils et à moi. » Le maréchal, ému par cette réponse, lui donna un écu d'or et la fit conduire dans la maison d'un bourgeois.

On négocia, et le maréchal de Schomberg publia une ordonnance portant décharge avec main levée des saisies avec un ordre aux étrangers de quitter la ville. Il avoua à ses amis que, dans les plus grands combats où il s'était trouvé, il avait moins appréhendé qu'en cette occasion, et il ajoutait en riant que, lorsqu'il récitait des litanies, il n'oubliait jamais d'y mettre : *A furore populi libera nos Domine* (De la fureur du peuple délivrez-nous Seigneur).

Le surintendant des finances fit entendre au Conseil du roi que la Cour des Aides n'était pas restée étrangère à ce mouvement contre les Partisans, et le Conseil fut d'avis qu'il fallait punir Montpellier par la démolition des murailles, mais on se contenta de lui enlever la Cour des Aides, ce qui devait priver la ville d'un fort revenu et faire rentrer dans les coffres du roi une grosse somme par des offices de crue, qu'on pourrait établir. La Cour des Aides fut donc envoyée à Carcassonne. Les officiers de ladite Cour, malgré l'édit, cherchèrent à se réunir au palais, ensuite chez le président Grasset, où ils tinrent une audience publique, les officiers étant assis sur des chaises à dos, les avocats sur d'autres sièges et les procureurs debout.

Sur ces entrefaites, M. d'Argenson, conseiller à la Cour, arriva pour faire le procès à ceux qui avaient été arrêtés pour cause de la sédition dite des Partisans. Deux femmes furent condamnées à être pendues, après avoir fait amende honorable, et leurs têtes furent exposées sur deux portes de la ville ; plusieurs autres furent condamnées par contumace à la potence ou à la roue.

Le maréchal de Plessy-Praslin, nouveau gouverneur, annonça aux consuls, qu'il avait fait appeler chez lui, l'ordre du roi de leur délivrer des lettres d'absolution et de pardon au sujet de la sédition survenue à Montpellier, aux mois de juin et juillet de l'année 1645. En même temps, il remit entre les mains du sieur Duché, premier consul, les dites lettres d'absolution scellées du grand sceau.

Les consuls étant sortis se dirigèrent vers l'hôtel de ville, précédés de leurs trompettes et violons. Le premier portait à la main les lettres d'absolution. Ils se rendirent ensuite chez le comte d'Aubijoux pour le prier de mettre en liberté les prisonniers qui restaient encore dans la citadelle, puisqu'ils étaient compris dans les lettres de pardon, ce qui leur fut accordé sur le champ.

On alla, le soir même, chanter un *Te Deum* dans l'église de Saint-Pierre, et l'on finit la journée par un grand feu de joie, au bruit du canon de la citadelle et aux cris redoublés de : Vive le roi et son Altesse royale !

Le 5 avril on vit arriver à Montpellier le prince de Condé qui avait gagné les célèbres batailles de Rocroy, de Norlingue et de Fribourg. Il se rendait en Catalogne pour commander l'armée de France. Toutes les Compagnies de la ville s'empressèrent de lui rendre leurs devoirs, et les Etats de la Province députèrent auprès de lui cinq évêques, cinq barons et cinq consuls.

La chute de Fouquet, surintendant des finances, qui était hostile à la ville, amena le rétablissement de la Cour des Aides à Montpellier, grâce aux démarches qui furent faites auprès du roi.

La bourgeoisie, accompagnée de l'étendard des consuls de mer, au nombre de deux cent cinquante personnes, se rendit à Pignan pour y attendre les membres de la cour, à leur retour de Carcassonne. Les consuls majeurs, en robe rouge, se trouvèrent à la porte de la ville pour les recevoir et les féliciter. Le lendemain, 7 août, une grand'messe en musique fut chantée dans l'église de la Loge, qui servait encore de paroisse.

Pendant la cérémonie de la prestation de serment des consuls, en 1651, tandis que le sénéchal, assis sur sa chaise, placée sur le marchepied de l'autel, recevait la baguette des mains de M. de Murles, qui sortait de place, le juge-mage, accompagné des huissiers, se présenta pour assister à la cérémonie, selon les droits de sa charge. Il y eut de grandes discussions entre le sénéchal et le juge-mage ; on verbalisa, et, quelques jours après, M. de Toiras, neveu du sénéchal, attendit M. le juge-mage à son retour de la messe des pénitents et lui « baila des coups de baston en pleine rue ». D'un autre côté, le baron de Brissac, beau-frère du juge-mage, envoya demander raison à M. de Toiras, et il s'ensuivit un duel. Le vicomte d'Aubijoux, venant à Montpellier comme commandant, envoya arrêter le baron de Brissac, qui, prévenu par des amis, se retira, non sans avoir auparavant fait porter un cartel au vicomte d'Aubijoux.

Le duel entre le baron de Brissac et le vicomte d'Aubijoux eut lieu à Paris, sur la place Royale. Chacun d'eux s'y était rendu avec son témoin. Il se termina par la mort d'un des témoins.

La guerre civile entre la Fronde et Mazarin eut son contre-coup dans le Languedoc. A Montpellier, le vicomte d'Aubijoux, comme en 1644, sans procéder à une élection générale, garda, en 1653, tous les anciens consuls catholiques. La Cour des Aides, sous un prétexte frivole d'administration financière, fit emprisonner les consuls pendant trois jours,

L'année suivante, un arrêt du roi ordonna que tous les consuls seraient désormais catholiques.

Dans la même année, le comte de Roure, gouverneur de la ville et de la citadelle, voyant qu'il n'y avait point de lieu convenable pour se promener en carrosse, créa la promenade du Cours (aujourd'hui boulevard Gambetta). Il y fit planter quatre rangées d'ormeaux.

Louis XIV, à l'occasion de son mariage avec l'infante de Castille, passa à Montpellier le 15 janvier 1660, accompagné de la reine-mère, de son frère, le duc d'Anjou, et du cardinal Mazarin. « Un de ses aumôniers dut payer cinq livres cinq sols au curé de Notre-Dame, à raison de trente-cinq sols par coucher, ce qui est un droit de curé par tout le royaume où le roi couche. »

Le roi disposa du gouvernement de la ville et de la citadelle en faveur de René Gaspard de la Croix, marquis de Castries. Le roi revint à Montpellier, où il ne séjourna que deux jours ; il se rendait à Toulouse pour attendre l'époque de son entrevue avec Philippe IV, roi d'Espagne, et arrêter les conditions de son mariage. A cette occasion, le duc de Castries fit frapper deux médailles en or et en argent ; sur l'une d'elles était cette inscription de circonstance : *Quem Mars non potuit vincere vincit amor* (Celui que Mars n'a pu vaincre a été vaincu par l'amour).

Les guerres passées avaient mis la ville de Montpellier dans l'obligation de contracter des emprunts qui s'élevaient au delà de deux cent mille livres, ce qui était une forte somme pour l'époque. On aliéna à divers particuliers, pendant quatorze ans, la claverie ou levée de tailles ; trois deniers sur chaque livre de viande ; les deniers provenant de la vente du bois de la Valette, appartenant à la ville ; le droit de corretage qui consistait en droits du poids des foin, bois et charbon, mesurage de l'huile, des noix et châtaignes ; cinq sols par quintal de cochon ; le poids de la farine qui entrait tous les jours en ville ; le loyer des boutiques de l'Orgerie et de la Grande Loge.

Le 19 octobre 1670, Jacques Roure qui avait soulevé les populations du Vivarais et avait pris le titre de *Généralissime des peuples opprimés*, fut arrêté au moment où il allait passer en Espagne. Conduit à Montpellier on le condamna à être rompu vif devant l'hôtel de ville.

Le corps de ce malheureux « resta vingt jours sur la roue sans se gâter ni se corrompre, soit que cela vînt de la force de son tempérament, ou des premiers froids du mois de novembre. »

Pendant la réunion des Etats de la province, assemblés à Montpellier en 1678, M. le cardinal de Bonzy, pour célébrer la paix de Nimègue, donna chez lui le premier opéra qu'on eût vu dans Montpellier, ce qui plut extraordinairement à tout le monde, tant par la grâce de la nouveauté que par l'exécution.

L'œuvre du Prêt-Gratuit de Montpellier date de 1684. C'est en cette année que Mgr Pradel, évêque de Montpellier, la fonda sous le nom de Confrérie du Prêt-Charitable ou de Confrérie du Mont-de-Piété, et lui donna les statuts qui la régissent encore.

Jean Courdurier, premier avocat général à la Cour des Aides, contribua puissamment à la fondation de l'œuvre du Prêt-Gratuit.

Depuis sa fondation le nombre des personnes secourues dépasse deux cent cinquante mille. La somme prêtée a été de plus de neuf millions. Jamais l'œuvre n'a demandé ni accepté la plus légère rétribution en échange de ses services (1).

Un grand nombre de religionnaires abjurèrent en 1681, et, parmi eux, quelques-uns occupant des fonctions très élevées : M. Clausel Rouquairol, conseiller-doyen de la Cour des Comptes, Aides et Finances de Montpellier, M. Cambacérès, conseiller à la dite cour, M. Roux, Trésorier de France, etc.

La démolition du seul temple des protestants qui restât à Montpellier, fut ordonnée par le roi, en 1682. Voici dans quelles circonstances :

Une demoiselle Isabeau Paulet, fille d'un ancien ministre d'Uzès, et alors conseiller au Présidial de Montpellier, avait abjuré comme son père ; mais, deux ans après, étant revenue à Montpellier (elle

---

(1) Histoire du Prêt-Gratuit de Montpellier (1684-1891), par M. Mandon.

avait alors douze ans), sur les conseils de sa mère restée fidèle à ses anciennes convictions religieuses, elle alla au prêche et fut reçue à la Cène.

Le Parlement de Toulouse condamna par défaut la demoiselle Paulet à faire amende honorable, le ministre à cesser ses fonctions, et le temple à être démoli. Cet événement fit un grand bruit dans le royaume et dans toute l'Europe. Le Parlement de Toulouse néanmoins commua la peine de l'amende honorable en une prison perpétuelle ou à la réclusion dans un monastère. Mais cette jeune fille ayant abjuré entre les mains de l'archevêque de Toulouse et écrit à son père que tout ce qu'elle avait fait l'avait été à la sollicitation des huguenots, le roi lui accorda une pension de mille livres et mille écus d'argent comptant, pour se marier avec un avocat de Toulouse.

Le duc de Noailles présida à la démolition, opérée par soixante maçons que fournirent les consuls. Ce temple était fort grand et fort ancien, ayant été bâti en 1583. Le grand arc qui le traversait en long portait cette inscription, placée au-dessus d'un phénix : *Ex Cinere vires colligo*.

Sous l'influence du cardinal de Bonzy et du duc de Noailles qui étaient arrivés de la cour pour la tenue des Etats de Languedoc, un grand nombre de protestants se convertirent à la religion catholique. La révocation de l'Edit de Nantes (12 octobre 1685) enregistrée à Montpellier le 27 du même mois, augmenta les conversions, mais, malgré les conférences et les prédications dans l'église de Notre-Dame et l'église des Jacobins, la plupart ne furent pas durables.

A cette époque le nombre de religionnaires à Montpellier était de 4.500 environ.

XXIII

MONTPELLIER
PENDANT LES GUERRES DE RELIGION

DEPUIS LA RÉVOCATION DE L'ÉDIT DE NANTES
JUSQU'A LA MORT DE LOUIS XIV

(1685-1715)

De Basville est nommé intendant de Languedoc. — Conversions de religionnaires. — Persécutions religieuses. — Exécution d'un enfant de 18 ans. — Prédicatication du P. Bourdaloue. — Fuite d'un grand nombre de protestants. — Mort de la dame Carquet. — Construction de la promenade du Peyrou. — Porte du Peyrou. — Première représentation d'opéra. — Création d'une bourse de marchands (1691). — Don au roi de 60,000 livres (1692). — Création d'un maire perpétuel. — Election des consuls. — Droits de lods. — Impôts sur le vin. — Hiver rigoureux de 1694. — Foire du Pont Juvénal (1694). — Construction des casernes 1698). — Ouverture du canal du Lez (1697). — Eclairage par les lanternes (1697). — Exécution du pasteur Claude Brousson (1698). — Rixe entre les officiers et les vignerons (1698). — Achat de la fonction de maire perpétuel par la ville (1699). — Passage des princes, duc d'Anjou, duc de Bourgogne. — Cérémonies des fêtes du jeu de l'arc (1701). — Passage de la reine d'Espagne et du roi d'Espagne (1702). — Arrestations de religionnaires. — Conseil de guerre tenu à Montpellier (1704). — Vente des charges de trois consuls (1704). — Création de la Chambre de Commerce (1704). — Achat par la commune des charges de maire (1707). — Exécutions d'un étranger et de Castanet prédicateurs protestants (1705). — Etablissement de la Société des Sciences (1706. — Hiver rigoureux en 1709. — Flotte des Anglais à Maguelone (1710). — Exécutions au Peyrou de deux religionnaires. — Défense aux femmes de se vêtir de toiles peintes, dites indiennes (1714)

Quelques mois avant la révocation de l'Edit de Nantes, le roi nomma Nicolas de Lamoignon, seigneur de Basville, intendant de Languedoc. Il s'occupa, avec le cardinal de Bonzy et le duc de Noailles de ramener à la religion catholique les religionnaires, dont six mille se convertirent. Tout ceux qui étaient pris dans des réunions clandestines étaient envoyés dans les prisons du fort de Brescou ; on les embarqua ensuite à Marseille pour former des colonies dans la Nouvelle-France.

Les persécutions religieuses continuèrent pendant plusieurs années. Le 15 janvier 1690, un enfant de 18 ans, Olivier, fut pendu pour avoir prêché, baptisé et imposé des ministres.

Le P. Bourdaloue, prédicateur ordinaire du roi, vint prêcher le Carême de 1686 ; il était si fort goûté que les nouveaux catholiques se rendaient, écrit d'Aigrefeuille, dès huit heures du matin, à St-Pierre, bien que le sermon ne dût commencer qu'à dix heures et demie.

Mais tous ces moyens et d'autres ne réussirent qu'à l'égard d'un très petit nombre de protestants. Quelques-uns d'entr'eux allèrent jusqu'à affirmer, par des déclarations publiques, leur volonté de mourir dans leur ancienne religion. Pour l'exemple, on appliqua à deux ou trois la rigueur des édits contre les relaps, mais on dissimula sur bien d'autres.

Les femmes des réformés se signalèrent par la fermeté de leurs convictions. L'une d'elles, nommée La Feuillade, engagea ses semblables à aller chercher dans les pays étrangers la liberté qu'on leur ôtait en France. Un Génois, sous le prétexte de faire venir des confitures, des citrons et autres fruits de son pays, eut le crédit de se procurer une barque à Pérols. Il recevait de nuit les femmes et les filles de Montpellier. Le Génois fut condamné aux galères, mais malgré tout ce que l'on put faire par la suite pour y mettre empêchement, un grand nombre de personnes se retirèrent à Genève, en Brandebourg et en Angleterre.

Une dame Carquet, convertie au catholicisme et

gravement malade, ayant refusé les sacrements, l'évêque Pradel se transporta chez elle et lui dit que, si elle persistait dans cette résolution, elle serait traînée sur une claie, dans les rues, par le bourreau, qui conduirait son corps à la voirie. Cette dame étant morte le 19 septembre, son corps fut porté au Palais de Justice, après avoir été embaumé, et le procès ayant été fait au cadavre, on le condamna à être traîné sur une claie et jeté à la voirie, ce qui fut exécuté par le bourreau, le même jour.

On s'occupa, les années suivantes, de l'édification de la promenade du Peyrou, d'après les dessins de d'Aviler, ainsi que de l'arc de triomphe.

Quelque temps après avoir élevé la promenade du Peyrou, qui avait coûté 60.000 livres, on édifia la porte du Peyrou dont la dépense s'éleva 9.200 livres.

L'opéra, vint pour la première fois, à Montpellier. La première représentation eut lieu au Jeu de Paume, et l'on y joua successivement l'opéra d'Amadis, Bellérophon, Phaëton, Alceste et nombre d'autres.

La Bourse commune des marchands fut établie en 1691, à l'instar de celle de Toulouse. Elle jugeait en première instance tous les procès entre les marchands et les négociants de la Généralité de Montpellier. On supprima les Consuls de mer qui avaient régi le commerce de Montpellier depuis l'origine de cette ville.

Les guerres de Louis XIV coûtaient à la France des sommes considérables. Montpellier, en 1692, fit au roi un don de soixante mille livres.

La même année, on créa une charge de maire perpétuel, à la place du premier consul, qui n'était en charge que pendant un an. Georges de Bellevue, président en la Cour des Aides, poussa les offres jusqu'à la somme de quarante mille écus, avec les deux sols par livre. Le même édit établissait six assesseurs adjoints de premier rang et six de second rang, au prix de six mille livres chacun, pour le premier rang, et de quatre mille livres chacun pour le second rang. Avec les deux sols par livre, cette somme s'élevait à 198.000 livres.

Le nouveau maire assembla les électeurs, le 26 du mois de mars 1693, dans la salle de l'Hôtel-de-Ville, pour l'élection des consuls. Henri de Ranchin fut nommé premier consul. Ayant reçu la baguette des mains du maire, lors de la prestation de serment, il fit ses visites avec la baguette à la main, mais on envoya la lui demander dès le soir même, ce qui donna lieu, en fin de compte, à une ordonnance rendue par de Basville, qui cassait l'élection du premier consul. Ce dernier partit pour Paris, afin de se pourvoir en Conseil du roi, mais, à peine arrivé, il apprit que le Conseil avait confirmé l'ordonnance de l'intendant, qu'il était interdit de sa charge de Conseiller en la Cour des Comptes, Aides et Finances. Un mois après, il fut relégué au château de Saumur, jusqu'à nouvel ordre.

Le roi transmit à la ville son droit de lods (1) moyennant la somme de 226.000 livres, que la ville emprunta. Cet emprunt donna lieu à un impôt sur le vin qui ne fut établi que pour un temps, et qui dure pourtant depuis cette époque.

L'hiver de 1694 fut des plus rigoureux, et la misère devint si grande qu'un grand nombre de pauvres périrent dans la province. Le mauvais temps dura jusqu'au mois de mai. Alors survint une pluie abondante qui fut le présage d'une bonne récolte.

Le 2 novembre se tint la première foire du Pont Juvénal. Elle s'ouvrit par une procession. Durant les trois jours, on offrit des prix pour être gagnés à la course, ce qui attira un grand nombre de personnes de la ville et de la campagne.

Les Etats de 1695 décidèrent la construction des casernes, qui furent terminées en 1698. Le soir même

---

(1) Impôt d'un douzième sur les biens roturiers.

où les soldats y entrèrent, quelques-uns d'entre eux, ayant un peu trop bu, rencontrèrent un pauvre homme qui revenait de la coupe du blé et passait devant les casernes ; ils l'invectivèrent et lui donnèrent un coup d'épée mortel. Le meurtrier fut saisi et pendu devant les casernes, en sorte que leur entrée dans cette maison fut scellée du sang d'un habitant et d'un soldat.

Le canal du Lez commencé en 1675 fut terminé en 1697. La marquise de Grave, fille et héritière du président Solas, qui en avait été l'acquéreur, établit une foire à cette occasion.

C'est le 20 novembre 1697 que les lanternes commencèrent à être allumées dans les rues. Cet éclairage subsista jusqu'à l'installation du gaz.

Claude Brousson, un des chefs politiques des religionnaires, qui avait, pendant plus de quinze ans, parcouru les Cévennes, la Hollande et la Suisse, cherchant à organiser la résistance, fut arrêté à Oloron et conduit à Montpellier, où il fut condamné, le 4 novembre, au supplice de la roue (1698).

Au mois d'octobre, des officiers sortant du cabaret se prirent de querelle avec des vignerons et dégaînèrent. Une rixe s'ensuivit ; les soldats qui étaient de garde chez le commandant ayant été appelés, firent une décharge. Deux habitants furent tués et plusieurs autres blessés. Les vignerons attaquèrent avec leurs bâtons la garde et les officiers : ils leur lancèrent des pierres et les poursuivirent dans la ville. Ils laissèrent mort sur la place un neveu du sieur de Ginestous qu'ils avaient pris pour un officier. M. de Basville se fit porter en chaise à la place du Petit-Temple, où il fut bientôt environné d'hommes et de femmes qui lui demandaient justice de la mort des deux hommes, dont l'un laissait sept enfants. M. de Basville reconnut que les officiers avaient tort et en fit conduire deux à la Citadelle (1698).

La mairie perpétuelle fut rachetée par la ville au prix de 135,442 livres qui fut remboursé au sieur de Belleval lequel aurait dû l'être par le roi. On créa une charge de lieutenant de police et d'officiers subalternes. Cette charge fut payée par la ville au roi 110,000 livres. La place de premier consul ne fut désormais conférée qu'à un gentilhomme ou à un noble faisant profession des armes (1699).

Le passage du duc d'Anjou, du duc de Bourgogne et du duc de Berry, héritiers du trône d'Espagne, donna lieu à des réjouissances publiques. On organisa, avec un grand cérémonial, les fêtes du jeu de l'arc. Les princes se divertirent en jouant au mail dans le parc de l'évêque de Montpellier. On leur offrit, à leur retour en ville, une magnifique collation. De leurs fenêtres ils regardèrent tirer au perroquet, et, sur le soir, ils se rendirent à l'Opéra, où les dames étaient invitées. Ils firent donner 120 louis (2,400 francs) aux acteurs (1701).

La reine d'Espagne passa à Montpellier le 26 octobre 1702. On lui offrit cinq corbeilles remplies de *sultans* parfumés, tous en broderie d'or et d'argent, et quantité de fioles de différentes essences, dont la reine parut très satisfaite.

Quelque temps après, le roi d'Espagne, avec une longue suite de charrettes, de charriots, de fourgons et de mulets, chargés des équipages du roi et de son trésor, qu'on disait s'élever à cinq ou six millions, arriva suivi de plusieurs calèches et carrosses où se trouvaient les officiers de sa maison. Dans l'après-midi il se rendit au bois de Grammont, où il tua quelques lapins et pigeons. Le lendemain, suivi de ses gardes et de quelques carrosses, il alla à cheval jusqu'à Lavérune, où l'évêque lui offrit une collation en viande Le roi joua au mail et tira ensuite aux pigeons. Après le souper, le roi ayant demandé des cartes, il ne s'en trouva point dans le château; on envoya un garde à toute bride pour en chercher en ville ; mais, comme il était déjà dix heures du soir, il revint à Montpellier, d'où il partit le lendemain pour Pézenas.

Les religionnaires ayant repris les armes, la guerre recommença dans le pays. Les consuls des villages fournirent des listes ; on en embarqua douze cents sur le canal du Lez, pour aller servir sur les galères d'Espagne ou être envoyés à Terre-Neuve.

Le 4 janvier 1704, se tint, à Montpellier, un conseil de guerre, où furent décidées l'extermination des religionnaires et les mesures à prendre à cet effet.

Par un édit de 1704, le roi rendit héréditaires trois des charges de consul. Le premier paya trente mille livres, le troisième dix-huit mille, et le cinquième six mille. Les deux autres charges furent électives.

Cette même année fut créée, à Montpellier, la Chambre de Commerce, pour éclairer le pouvoir central sur les besoins généraux de la contrée. Elle était présidée par l'Intendant et composée du prieur, des deux consuls de la Bourse commune des Marchands, de quatre négociants élus et de tous les négociants nobles qui en étaient membres de droit.

En 1707, la ville se vit dans la nécessité d'acheter les nouvelles charges des maires alternatifs ou triennaux, avec faculté d'entrer aux Etats, et de lieutenant de maire, pour le prix de cinquante-cinq mille livres. La ville était alors endettée pour plus de quinze cents mille livres.

En 1704, un nommé Julien, qui se tenait à Genève pour recevoir l'argent des cours étrangères, fut attiré par des gens envoyés par de Basville à Genève, dans un petit village des environs, appartenant à la France. Arrêté et conduit à Montpellier, il fut condamné à être pendu.

En 1705, deux chefs des Cévenols ayant été livrés par trahison, l'un d'eux fut tué ; l'autre, un prédicant, nommé Castanet, pris vivant, fut conduit à Montpellier, portant à la main la tête de son compagnon. Mis sur la roue, le 26 mars, il eut les quatre membres brisés, et il fallut l'achever après de longues heures de souffrances, pendant lesquelles sa fermeté ne se démentit pas. Ses complices, Vignes et Teyrat, furent condamnés à être pendus.

Des lettres patentes de 1706 autorisèrent l'établissement de la Société des Sciences.

L'hiver de 1709 causa les plus grands désastres dans le pays. Toutes les rivières furent gelées, et le froid fit périr les oliviers, les figuiers, etc. La ville se vit dans la nécessité d'emprunter cinquante mille livres pour acheter du blé dans les lieux où il était possible d'en trouver.

Le 24 juillet 1710, on aperçut, au-delà de Maguelone, une flotte anglaise, comprenant vingt-cinq vaisseaux de ligne et un plus grand nombre d'autres bâtiments. M. de Basville, était occupé, avec les officiers du Présidial, à instruire le procès de deux religionnaires pris dans une assemblée proche d'Alais. « Il crut (pour témoigner de sa fermeté) devoir faire exécuter, ce jour-là même, ces deux malheureux au plus haut de l'Esplanade, d'où ils pouvoient découvrir la flotte et être aperçus eux-mêmes des vaisseaux ennemis. » La flotte anglaise suivit la côte jusqu'à Cette ; elle se rendit maîtresse de cette ville et d'Agde.

Un arrêt du Conseil (1714) proscrivait les toiles peintes dites indiennes, avec injonction de les ôter à toutes les personnes qui s'en trouveraient vêtues. On usa, envers les femmes qu'on trouva revêtues de ces étoffes, de procédés qui faillirent occasionner une émeute. Elles disaient hautement qu'on aurait mieux fait de défendre les étoffes d'or et d'argent que ces sortes de toiles dont elles pouvaient se parer à bon compte ; encore moins devait-on les leur ôter sur le corps, tandis qu'elles n'avaient pas de quoi acheter d'autres étoffes.

XXIV

MONTPELLIER
SOUS LE RÈGNE DE LOUIS XV
(1715-1774)

Don gratuit — Arrivée de la statue de Louis XIV (1717). — Election des consuls (1717). — Rappel de M. de Basville, intendant de Languedoc. — Passage à Montpellier de l'ambassadeur de la Porte (1721). — Démolition des barrières (1721). — Dévouement des médecins de Montpellier lors de la peste de Marseille. Leur réception à leur retour (1723). — Secte des Multipliants. — Leur exécution (1723). — Impression de l'*Histoire de Montpellier* de Ch. d'Aigrefeuille (1737). — Aqueduc de Saint-Clément (1753). — Exécution du ministre protestant Bénézet (1752). — Promenade du Peyrou (1766). — Le prince Charles de Beauvau, gouverneur de Languedoc, accorde la liberté aux prisonniers enfermés dans la tour de Constance (1767). — Fin des persécutions religieuses.

Les Etats de Languedoc, réunis à Montpellier, en décembre 1715, votèrent un don gratuit de trois millions et un de capitation, en l'honneur de l'avènement au trône du jeune roi Louis XIV.

Ils décidèrent aussi d'ériger la statue de Louis XIV qui avait été fondue à Paris, mais que la guerre avec l'Angleterre avait empêché de faire venir par la voie de mer. Elle fut embarquée à Paris sur la Seine, et à Rouen, transbordée sur un bâtiment à destination de Bordeaux. Lors de son débarquement, elle tomba dans la Garonne ; les dépenses pour la sortir de l'eau furent assez élevées. Transportée, par le canal du Midi, le canal des Etangs et le canal du Lez, elle arriva au port Juvénal, où elle fut saluée de treize coups de canon. Le 27 février, les consuls, en robe rouge, se rendirent au port Juvénal pour lui rendre les honneurs et la haranguer, par la bouche du second consul. La dépense totale s'était élevée à 250.733 livres, 18 sols, 7 deniers (1717).

En 1717, on procéda à l'élection des trois consuls destinés à remplacer les trois dont la charge avait été supprimée, et un ordre du régent confirma au duc de Castries, gouverneur de la ville, le pouvoir d'élire le Conseil des Vingt-Quatre, dit Conseil de ville.

La même année, M. de Basville, intendant de Languedoc, demanda son rappel à la Cour.

En 1721, l'ambassadeur de la Porte, de passage à Montpellier, reçut en présent une corbeille de confitures et une autre pleine de fruits et de fleurs.

Une ordonnance royale de l'année suivante enjoignit d'abattre toutes les barrières que l'on avait dressées pour garantir la ville de la peste, et on ouvrit toutes les portes. Les habitants eurent la liberté de sortir dans la campagne.

Lors de la peste de Marseille (1723), plusieurs médecins de Montpellier partirent pour cette ville, afin de donner leurs soins aux pestiférés. Le roi les gratifia d'une pension considérable. Il anoblit François Chicoyneau, chancelier de l'Université et honora du collier de l'Ordre de Saint-Michel Jean Verny, célèbre médecin et Antoine Deidier professeur à notre Faculté. A leur retour de Marseille, ils furent reçus à Montpellier avec tant d'enthousiasme que le peuple dressa des arcs de triomphe à la porte de leurs maisons, et tous les suppôts de Faculté allèrent à leur rencontre.

En 1723, on découvrit une nouvelle secte, dite des Multipliants. On instruisit leur procès ; cinq hommes et une femme, Marie Blaise, furent condamnés à faire amende honorable devant la porte de la chapelle de la Citadelle, et ensuite à être pendus à l'Esplanade.

L'*Histoire de Montpellier*, par d'Aigrefeuille, fut

imprimée aux frais de la ville (1737-1739). Le conseil décida que quinze exemplaires, reliés en maroquin couleur de feu, et tranche dorée, seraient offerts aux grands dignitaires.

On commença, en 1752, à s'occuper du projet de l'aqueduc de la source de Saint-Clément. On était parvenu à faire entendre à l'archevêque Dellon, président des Etats, que l'eau n'arriverait pas au Peyrou. Ce dernier manda alors l'ingénieur et lui dit : « M. Pitot, on assure que les eaux de Saint-Clément ne monteront pas au Peyrou. Etes-vous bien sûr de vos opérations ? » Je le crains beaucoup, il est vrai, Monseigneur, répondit Pitot, les eaux ne monteront pas au Peyrou, elles y descendront. Les plans de Pitot furent adoptés et on commença les travaux. L'aqueduc fut achevé en 1766. La dépense s'éleva à 950,000 livres, et la ville accorda à l'architecte Pitot une pension de 1,000 livres.

La dernière exécution de ministres protestants eut lieu à Montpellier, en 1752. Le sieur Bénézet, ministre, fut pendu le 27 mars. Le sieur Fléchier, dit Molines, ministre, prisonnier, depuis trois mois, dans la citadelle, obtint sa grâce en abjurant (juillet 1752).

La première pierre des travaux de la promenade du Peyrou fut posée, le 29 décembre 1766. Ces travaux furent exécutés d'après les plans de l'architecte Giral et de Donnat, son élève ; la dépense s'éleva a 250.000 livres.

Ce prince, d'un grand courage et d'un esprit très élevé, ne fut pas plus tôt arrivé à Montpellier qu'il voulut aller visiter les protestants, prisonniers à Aigues-Mortes (1767). Il trouva quatorze malheureuses femmes dans la tour de Constance et étendit à toutes les quatorze la permission qu'il avait obtenue d'en délivrer trois ou quatre. En l'année 1770, on rendit la liberté aux autres protestants, prisonniers ou envoyés aux galères, pour cause de religion.

XXV

MONTPELLIER
SOUS LE RÈGNE DE LOUIS XVI
(1774-1789)

Modification à l'organisation municipale (1771-1774). — Joseph II, empereur d'Allemagne, visite Montpellier en 1777. — La commune, à l'occasion de la naissance du Dauphin, dote huit jeunes filles (1781). — Lancement du premier ballon à Montpellier (1783). — Arrivée à Montpellier de cent quinze français rachetés au roi d'Alger (1785). — Plusieurs individus accusés de vol de vases sacrés à Montagnac, sont condamnés au bûcher (1785). — Arrêt du Conseil du roi sur l'élection consulaire (1787). — Les négociants et les capitalistes de la ville s'associent pour fournir du blé à la ville. Le corps des marchands offre vingt mille livres. — Réunion des Trois Etats du pays de Languedoc en 1789.

Un édit de 1771 ramenait les municipalités sous le régime des offices et instituait à Montpellier des offices de premier consul, maire, et deuxième consul, lieutenant de maire, mais en conservant provisoirement les fonctions de maire au s^r de Cambacérès.

Un arrêt du 27 octobre 1774 modifia encore l'organisation municipale en réduisant à quatre années les fonctions de premier consul-maire, à trois celles de lieutenant de maire, à deux celles des autres consuls, renouvelables par moitié. Le maréchal de Castries, gouverneur de la ville, choisissait les nouveaux consuls sur une liste de dix-huit candidats, présentés par des électeurs que désignait le Conseil de Ville.

En l'année 1777, Joseph II, empereur d'Allemagne, arriva à Montpellier sous le nom de comte du Nord, il partit le lendemain de son arrivée, après avoir visité les curiosités de la ville.

La commune, à l'occasion de la naissance du Dauphin, en 1781, dota huit jeunes filles pauvres et donna un festin et un bal aux nouveaux mariés.

En 1783, Chaptal lança, à Montpellier, le premier ballon, en présence des seigneurs des Etats.

Le 25 août 1785, arrivèrent à Montpellier cent quinze français, rachetés par le roi à Alger ; on les logea aux casernes et le surlendemain on fit une procession en leur honneur.

Le 16 septembre de la même année, Jacques Soulairol et Guillaume Brunel, convaincus d'avoir profané et volé les vases sacrés de l'église paroissiale de Montagnac, furent conduits devant l'église Notre-Dame. Après leur avoir fait faire amende honorable, on leur coupa les poings et, de là, on les amena sur le Champ-de-Mars, en face de la croix de la Mission, où, revêtus de chemises soufrées, ils furent brûlés, et leurs cendres jetées au vent. Le lendemain, Julien dit Bouleguet, natif de Canet, complice des précédents, subit le même sort. D'autres complices, furent exécutés en effigie. L'année suivante, Bernard Crévassas, reconnu aussi coupable du vol de Montagnac, subit le même supplice.

En 1787, un arrêt du Conseil du roi régla que l'élection consulaire serait faite par le Conseil politique, renforcé de vingt quatre habitants choisis parmi les plus imposés, lequel présenterait, pour chaque place, une liste de candidats au maréchal de Castries, qui choisirait et nommerait lui-même les consuls.

Le 15 janvier 1789 eut lieu la dernière réunion des Trois-Etats du Languedoc sous la présidence de Mgr Dillon, archevêque de Narbonne.

XXVI

MONTPELLIER
PENDANT LA RÉVOLUTION
EN 1789

Conseil politique de la Commune. — Il nomme lui-même les Consuls en mars 1789. — Élections aux États Généraux. — Associations patriotiques. — Milices bourgeoises. — Représentation de la sénéchaussée de Montpellier aux États-Généraux. — *Te Deum* en l'honneur de la prise de la Bastille. — Réjouissances. — Dons patriotiques. — Ateliers de charité. — Etablissement des boulevards de la Comédie, de l'Hôpital-Général, etc., etc. — Élection à la Convention (2 septembre).

Au moment de la Révolution, l'autorité municipale se composait du conseil politique de la ville, des consuls et du bureau de police.

Le Conseil politique, nommé par le gouverneur de la ville, était composé de six consuls et de vingt-quatre membres, savoir :

2 Officiers de la Cour des Aides ;
2 — du Bureau des finances ;
2 — de la Sénéchaussée et du Présidial ;
2 Gentilshommes ou nobles ;
2 Chanoines ;
2 anciens Consuls ;
2 Avocats ;
2 négociants ;
2 notables bourgeois ;
2 procureurs ou notaires ;
1 marchand ;
1 chirurgien ou apothicaire ;
1 ménager ;
1 artisan ;

Une Commission permanente formée du maire, du Consul lieutenant du maire et de huit membres du conseil, pris indifféremment dans chaque catégorie, mais particulièrement parmi les hommes de loi et d'affaires, était chargée de l'assiette et de la confection des rôles des impositions, de l'examen et de l'audition des comptes du trésorier-clavaire et de la discussion des affaires contentieuses et économiques.

Le 1er mars 1789, à l'époque du renouvellement du Conseil, le Conseil politique procéda directement au choix des consuls, sans présentation de liste au nouveau gouverneur, déclarant que « au cas où le dit sieur marquis de Castries (gouverneur de la ville), tenterait de poursuivre une décision du roi ou un arrêt du Conseil contraire au droit de la ville, la ville demanderait secours et assistance à la sénéchaussée de Montpellier, convoquée pour la députation aux Etats-Généraux du royaume ».

Les élections aux Etats-Généraux se firent, à Montpellier, dans un grand calme.

En mars 1789, des négociants et des capitalistes, sous la direction de Cambon père, formèrent une Association patriotique pour fournir du blé à la ville et lui prêter, sans intérêt, les sommes nécessaires.

Le 18 avril, les habitants se constituèrent en milice bourgeoise, dite aussi troupes bourgeoises. Ce fut une des premières gardes nationales établies, car la proposition de créer une garde nationale à Paris ne fut faite par Lafayette que le 12 juillet 1789. Ces troupes, formant un seul corps, nommé « Légion de Montpellier », se composaient des compagnies suivantes, pouvant être élevées jusqu'à 200 hommes : 1º Compagnies de la ville dont 14 pour l'infanterie et 3 pour la cavalerie ; 2º Compagnies des faubourgs, formant 13 compagnies ; soit en tout 30 compagnies.

Aux Etats-Généraux, la sénéchaussée de Montpellier était représentée, pour le clergé, par l'évêque Joseph-François de Malide ; pour la noblesse, par Barbeyrac, marquis de Saint-Maurice ; pour le Tiers-Etat, par Jac, propriétaire, et Berny, avocat. L'ouverture des Etats eut lieu le 5 mai. Joseph Cambon fut nommé troisième député aux Etats-Généraux, il se rendit à Versailles ; mais, comme la loi n'accordait que deux députés à la sénéchaussée de Montpellier, il fut déclaré député suppléant en juillet 1789.

La nouvelle de la prise de la Bastille et le rappel de Necker causèrent à Montpellier la plus grande joie. On chanta un *Te Deum*, et le dimanche suivant, la Compagnie des Pénitents blancs chanta aussi un *Te Deum* et porta sur un brancard deux statues représentant le roi appuyant sa main sur l'épaule de Necker, avec l'inscription : *Alter per alterum mirabilis*. On fit des réjouissances analogues lors de la réception du décret supprimant les dîmes ecclésiastiques (12 août 1789).

Les dons patriotiques furent très nombreux à Montpellier. Reynard, bourgeois, présenta en son nom et au nom de ses amis, 4600 livres, des diamants et une bague en or; Barthelémy, négociant, donna 240 livres ; la Cour des Comptes 10,000 livres ; les notaires de la ville 1000 livres ; les Trésoriers de France 3,000 livres ; les officiers de la Compagnie bourgeoise de la ville 1,500 livres ; les pensionnaires du Collège royal 153 livres.

Le même jour, Grand aîné, sur cette considération que le trésor est épuisé et que les besoins sont très-urgents, offre, par anticipation, le paiement du quart de son revenu ; Tandon et Poutingon l'imitent aussitôt. Le Corps des Marchands offre 20,000 livres ; la Faculté de droit 1,000 livres ; le directeur du Théâtre une recette de 2,627 livres 9 sols (octobre 1789). Les écoliers des écoles chrétiennes demandèrent aussi à déposer leur modeste offrande, 288 livres, dans l'auguste sanctuaire des sacrifices de la nation, et le président, pour encourager ces sentiments patriotiques, invita ces futurs citoyens à assister, avec les représentants de la commune, à la **prestation de serment des troupes bourgeoises. Le 30 octobre, les dons patriotiques s'élevaient à 44,754 livres.**

Dans son rapport du 7 novembre, J. Albisson proposa et fit adopter l'établissement d'ateliers de charité. Il fut décidé que l'on emploierait les fonds de ces ateliers à combler le fossé qui existait entre la Comédie et la porte de la Saunerie. Mais, comme ce travail exigeait la construction d'un aqueduc et que divers membres faisaient observer que d'employer des fonds destinés aux ateliers de charité à l'achat des matériaux c'était oublier l'objet de la souscription proposée, le président Durand offrit de fournir, à ses frais, ces matériaux. La commission, en acceptant cette offre, témoigna sa reconnaissance au fils d'un homme dont les bienfaits restaient à jamais gravés dans le cœur de tous les bons citoyens. M. de Montlaur proposa de placer auprès de cet aqueduc un bloc de marbre où serait gravé cet acte de bienfaisance et de patriotisme, ce qui fut accepté avec enthousiasme.

Le remblai de ce fossé valut à la ville le boulevard de la Comédie. Il fut suivi du remblai de l'autre fossé qui s'étendait de la porte de la Blanquerie à celle des Carmes, ce qui donna à la ville le boulevard de l'Hôpital-Général.

Le 2 septembre furent nommés les députés à la Convention : Cambacérès, Fabre, Cambon fils, Bonnier d'Alco, Curée, Viennet, Rouget, Brunet, Pierre Castilhon.

XXVII

MONTPELLIER
PENDANT LA RÉVOLUTION
En 1790

Election de la nouvelle municipalité. — Serments des troupes. — Durand, maire (25 janvier). — Société de l'Egalité et de la Constitution. — Délégués de la garde nationale envoyés à Paris pour la fête de la Fédération du 14 juillet. — On la célèbre à Montpellier avec un grand éclat. — Caisse patriotique. — Greniers d'abondance.

Les élections pour la nouvelle municipalité eurent lieu le 25 janvier 1790. En raison de la population de Montpellier (32.000 habitants), le corps municipal devait être composé de quinze membres, y compris le maire, d'un procureur et d'un substitut. Les notables à élire étaient de 30.

Après avoir assisté aux prières qui furent faites pour les élections, le maire se rendit aux quartiers des casernes pour entendre le serment qui fut prêté par quelques officiers supérieurs de l'armée. Il était en grand costume consistant en une soutane de soie noire et, par dessus, une robe de velours cramoisi avec hermine. A ses côtés marchaient les consuls en veste et culotte noires, avec robe de casimir écarlate ; le procureur du roi près la communauté de Montpellier, en bonnet carré, robe de palais, chaperon d'hermine et collet noir bordé de blanc ; enfin le greffier du conseil, en robe de palais. La suite consulaire se composait d'un capitaine du guet et d'un capitaine de santé en habit écarlate, galonné d'argent sur les coutures ; de six tambours en habit vert (livrée du gouverneur de la ville) ; de quatre compagnons du guet en habit écarlate ; de six escudiers en grande robe mi-partie de rouge et de bleu, et portant masse d'argent aux armes de la ville ; de six valets de ville portant hallebarde et habit écarlate ; enfin d'un trompette, à l'instrument duquel était appendu un étendard aux armes de la ville.

Ce fut le dernier acte de l'ancienne municipalité ; les insignes de consul firent place à la cocarde tricolore.

J.-J. Durand fut élu maire le 25 janvier 1790.

Il se forma une Société des Amis de l'Egalité et de la Constitution (5 avril 1790). J. Albisson en fut nommé président.

L'Assemblée Nationale avait décidé de profiter de l'anniversaire du 14 juillet pour célébrer à Paris le pacte d'une fédération générale où seraient appelés les délégués de tous les départements et des armées de terre et de mer.

Les gardes nationaux du district se réunirent le 27 juin dans l'église de la Merci, sous la présidence du maire de Montpellier, et à raison d'un délégué par 400 hommes; ils envoyèrent 45 délégués, à chacun desquels on donna 360 francs pour frais de route et 9 francs par journée.

On célébra sur l'Esplanade cette fête patriotique et les représentants de la commune et de la garde nationale y prononcèrent les mêmes serments. Fargeon, procureur de la commune, et Durand, maire, y firent entendre des paroles de paix et de conciliation.

Le 14 juillet, à onze heures du matin, le Conseil général de la commune, assemblé dans la grande salle de la maison commune, après une convocation faite la veille par MM. les Officiers municipaux, M. le Maire annonce que les corps administratifs ayant accepté l'invitation de la municipalité, la cérémonie de la fédération recevra de leur présence un nouvel éclat. Le Conseil remercie le corps municipal de sa juste prévoyance et manifeste la plus grande satisfaction. A l'instant une compagnie de la garde nationale arrive à la maison commune. Le commandant introduit offre au Conseil de lui servir d'escorte. Le Conseil, en acceptant cette offre, en envoie faire hommage à MM. les Administrateurs du département et du district. Les corps administratifs se mettent en marche ; arrivés à l'Esplanade, où toutes les troupes en armes n'attendaient plus que leur présence, les officiers généraux viennent au-devant d'eux et les introduisent dans le bataillon carré avec tous les honneurs militaires. Le cortège s'avance d'un pas grave vers l'autel de la patrie ; les drapeaux s'inclinent sur le passage du cortège, les tambours font un roulement et les soldats lui présentent les armes.

Le Procureur de la commune prononce un discours. Le Maire monte à l'autel, y place la formule du serment, la couvre d'une main, et levant l'autre vers le ciel, il s'écrie : « Français, modérons notre joie ; qu'un saint recueillement suspende nos transports ; la nation va signer son contrat social, etc. Recueillons-nous, Français, je vais prononcer le serment. » Midi sonne, toutes les cloches se font entendre, l'artillerie répond à ce signal si désiré ; aussitôt M. le Maire prononce le serment suivant :

« Nous jurons de rester à jamais fidèles à la nation, à la loi et au roi ; de maintenir de tout notre pouvoir la Constitution décrétée par l'Assemblée Nationale et acceptée par le roi ; de protéger, conformément aux lois, la sûreté des personnes et des propriétés, la libre circulation des grains et subsistances dans l'intérieur du royaume et la perception des contributions publiques, sous quelque forme qu'elles existent ; de demeurer uni à tous les Français par les liens indissolubles de la fraternité. »

Le discrédit des assignats et surtout la circulation des faux assignats déterminèrent quelques patriotes à fonder une Caisse patriotique pour faciliter aux habitants des campagnes l'échange des assignats au dessus de cent livres.

Des négociants et des propriétaires avaient aussi, au moyen d'une souscription patriotique, organisé des greniers d'abondance, et, quelques jours après, Cambon père et Curée étaient autorisés à faire frapper de la monnaie de cuivre pour faciliter les petits paiements.

XXVIII

MONTPELLIER
PENDANT LA RÉVOLUTION
EN 1791 ET 1892

Cérémonies de la pose de la première pierre de la colonne de la Liberté et de la Concorde (3 janvier). — Les femmes cherchent à empêcher le curé de Saint-Anne de prêter serment à la Constitution. — Serment civique des prêtres. — Pouderous, curé de Saint-Pons, est nommé évêque constitutionnel. — Elections des curés. — Troubles. — Fermetures d'églises. — Serment de fidélité à la Nation. — Sociétés du pouvoir exécutif et du contrepouvoir. — Rixes. — Elections pour la nomination des députés à l'Assemblée nationale. — Inauguration de la colonne de la Liberté (15 septembre). — Renouvellement de la moitié des membres de la municipalité. — Rixes suivies de mort. — Troubles. — Instruction publique. — Destruction de tous les insignes de la royauté. — Election pour la Convention (2 octobre 1792). Noms des conventionnels élus. — Bataillons volontaires. — Envoi d'un bataillon à Paris. — Fargeon inaugure les registres de l'Etat-civil. — Arbre de la Liberté.

Il avait été décidé que l'on éleverait, au milieu de la grande allée de l'Esplanade, une colonne à la Liberté et à la Concorde. Le 3 janvier fut posée la première pierre. Dans un bocal en verre on renferma des médailles de l'époque, ainsi qu'un parchemin portant cette inscription : « Le lundi 3 janvier 1791, l'an III de la Liberté, a été posée la première pierre de ce monument patriotique, voté à la Concorde et à la Liberté, par la Société des Amis de la Constitution et de l'Egalité, et élevé, aux frais des souscripteurs pris dans son sein, en mémoire de l'heureuse Révolution qui rend à la Nation ses droits et donne à la monarchie française une constitution sage, et de l'étroite alliance entre notre garde nationale, le patriote régiment de Bourgogne et la dite société. La cérémonie a été faite par M. Durand, maire, à la tête du conseil général de la commune, prié par la Société, en présence de MM. les administrateurs du Directoire du département et du district, et des juges du tribunal du district, les étudiants en médecine et en chirurgie, de nos frères de la Légion de Montpellier et du régiment de Bourgogne, des membres de la Société et d'une foule de citoyens libres et heureux. Si jamais ce monument devient la proie du temps, puisse cette inscription engager nos neveux à le reconstruire, et puisse-t-elle couvrir d'opprobre ceux qui tenteraient de l'anéantir ! »

Le 23 janvier, des femmes cherchèrent à empêcher le curé de Sainte-Anne de prêter serment à la Constitution. Un grand nombre de prêtres se refusèrent à lire dans les églises la Constitution civile du clergé. Le maire et les officiers municipaux se virent obligés d'aller faire eux-mêmes cette lecture dans les églises, et, dans celle de Sainte-Anne, ils furent insultés par une femme.

Le 20 février, 80 prêtres prêtèrent le serment civique dans l'église de Notre-Dames des Tables.

Le 28 du même mois eut lieu dans l'église Saint-Pierre l'élection de l'évêque du diocèse ; Pouderous, curé de Saint-Pons, fut élu par 210 voix sur 274 votants. Le 6 mars suivant, furent nommés, à l'élection, les curés de Montpellier et de Celleneuve.

Toutes ces élections ne furent point sans causer quelques troubles, suivis de manifestations. Le 8 avril, un prêtre assermenté fut dépouillé de ses ornements au moment où il montait à l'autel. On afficha à la porte de l'évêque Pouderous, dès son retour de Paris, où il était allé se faire sacrer, un placard injurieux sur lequel il était représenté pendu !

Ces désordres religieux, qui se produisaient même pendant les convois funèbres, amenèrent le Directoire du département à fermer plusieurs églises et à décider que celles qui ne seraient pas jugées nécessaires seraient vendues.

Le second anniversaire du 14 Juillet ramena la célébration des cérémonies religieuses et le renouvellement du serment de fidélité à la Nation et à la Loi. De nombreux repas patriotiques eurent lieu devant les portes des maisons.

Il s'était formé une Société patriotique qui, sous le prétexte de concourir à l'exécution de la loi, dégénéra en violences. Des hommes qui déshonorent tous les partis politiques s'y étaient introduits, et, armés de bâtons et de nerfs de bœuf, exercèrent des vengeances particulières. Les habitants désignèrent cette Société sous le nom de *Pouvoir exécutif*.

D'autres personnes, afin de résister à ces abus, créèrent une autre société qui prit le nom de **Contre-pouvoir**. Il en résulta des rixes sanglantes. Le 25 août, ceux du Contre-pouvoir, surpris en réunion, furent arrêtés, puis jugés et les chefs condamnés à la prison et à l'amende.

Les élections pour la nomination des 9 députés de l'Hérault à l'Assemblée nationale commencèrent le 1er septembre. Les électeurs présents étaient au nombre de 439. Joseph Cambon fils et Bonnier d'Alco furent élus députés et, avec eux, Brun, maire de Pézenas, Rouger, maire de Béziers, Curée, de Saint-André, H. Reboul, de Pézénas, Séranne, de Cette, Viennet, de Béziers, Bousquet, négociant à Agde.

Le 15 septembre eut lieu, au Champ de Mars, la

cérémonie de l'inauguration de la Colonne, dont la première pierre avait été posée le 3 janvier. Elle avait 22^m. 43 de hauteur, y compris la statue de la Liberté, haute de 4 mètres. Sur une des faces du piédestal se trouvait la déclaration des Droits de l'Homme ; sur une autre les noms des grands hommes ; la troisième portait la pierre envoyée dans chaque département, après la prise de la Bastille ; et sur la quatrième était encastrée une plaque ovale de marbre noir, où on avait gravé, en lettres d'or, l'inscription suivante :

« La Constitution française, commencée le 17 juin 1789, finie le 3 septembre 1791, acceptée et signée par le roi, le 14 du même mois, a été proclamée, à Montpellier, par le corps municipal le 2 octobre suivant, troisième année de la Liberté. »

Ce monument fut détruit en 1814. Des fragments de l'inscription sont aux Archives municipales de Montpellier.

Les élections pour le renouvellement annuel de la moitié de la municipalité commencèrent le 13 novembre. Dans les sections électorales les deux partis se trouvèrent en présence. Des paroles injurieuses on en vint aux coups; le sang coula ; cinq personnes furent tuées et cinq ou six autres blessées. La municipalité fit procéder au désarmement de ceux qui étaient suspects et qui s'étaient montrés comme adversaires de la Constitution. Durand, maire, fut réélu.

Durant le mois d'août des troubles avaient eu lieu dans plusieurs villages du département. A Montpellier deux officiers furent assassinés. On poursuivit les meurtriers qui étaient étrangers à la ville et on les condamna à la peine de mort.

On concentra à Montpellier toutes les gardes nationales du district. On détruisit, dans les églises et sur tous les monuments, tout ce qui rappelait la royauté et la religion. On enleva la grande inscription de l'Arc-de-Triomphe du Peyrou, et l'on décida que la statue de Louis XIV serait descendue, l'inscription détruite et les armoiries de la ville abolies (30 août).

Les élections pour la Convention commencèrent le 20 août 1792. Tout citoyen âgé de 21 ans, n'étant pas en état de domesticité et ayant prêté le serment civique était électeur ; tout citoyen âgé de 25 ans était éligible.

Les députés nommés à la Convention furent : Cambacérès, président du tribunal civil, Fabre, président de l'administration du distrit, Cambon fils, Bonnier d'Alco, Curée, Viennet, Rouger, Brunet, Pierre Castilhon.

La plupart d'entre eux allaient immortaliser leur nom pendant la période révolutionnaire.

La Convention avait ordonné de former des bataillons de volontaires dans les départements, mais il fallait les équiper et les armer. Avec le métal provenant des vieux canons, de la fonte de plusieurs cloches et de la statue de Louis XIV, on se procura treize pièces de campagne et les accessoires nécessaires.

Le Conseil du département envoya à Paris, sous les ordres de la Convention, un bataillon de 600 hommes, dont 30 canonniers avec deux pièces de canon, prêtées par la municipalité. La commune fournit pour ce bataillon 71 soldats (8 janvier).

Le procureur syndic de la commune, Fargeon, inaugura, le 27 octobre, les registres de l'Etat-civil, en présentant au bureau de l'Etat-civil son propre enfant et en se félicitant d'être le premier à donner l'exemple de la soumission à cette grande et utile réforme.

Le même jour, fut planté au Pont-Juvénal le premier arbre de la Liberté.

XXIX

MONTPELLIER
PENDANT LA RÉVOLUTION
EN 1793 ET 1794

Le représentant Boisset réorganise la municipalité. — Fêtes pour la reprise de Toulon. — Exécution à Paris de Durand, ancien maire de Montpellier (12 janvier). — Condamnation à mort d'un prêtre (15 mars). — Affaires des Galettes. — Condamnation à mort de plusieurs prêtres (avril). — Cérémonie funèbre en l'honneur de Fabre, de l'Hérault. — Souscription pour l'armement d'un vaisseau. — Exécution du poète Roucher (juillet).

L'arrivée dans l'Hérault du commissaire Boisset, délégué par la Convention, apporte un changement dans les pouvoirs publics. Le 23 octobre, il cassa la municipalité, en nomma une autre avec Gas jeune pour maire.

On éprouva à Montpellier une grande joie à la nouvelle de la prise de Toulon. Pendant un mois on se prépara à célébrer ce grand événement par une fête éclatante. Boisset y avait tout particulièrement invité les citoyennes, leur disant « qu'elles avaient reçu de la nature les grâces de la beauté qui font l'ornement des triomphes, et, que, chez tous les peuples libres, leur sexe avait toujours été chargé d'embellir les fêtes et de donner le prix à la valeur. » Tout fut figuré à cette cérémonie : Agriculture, marine, travail, liberté de la presse. Une belle et jeune femme, Julie, dite la Juive, ornée de vêtements simples et majestueux, y représentait l'image vivante de la Raison. Quarante femmes, vêtues à la romaine, embellissaient son cortège. La statue de l'Egalité, tenant dans ses mains une équerre, suivait celle de la Raison. Puis venait l'image de la Liberté avec tous ses emblêmes. Un char de triomphe portait des soldats blessés, et un char funéraire, couvert de lauriers et de cyprès, fermait la marche. Après un discours prononcé par Pressoir Villaret, on offrit aux jeunes époux, unis en ce jour de fête, un repas où le représentant Boisset voulut les servir lui-même.

L'année 1793 n'avait pas occasionné à Montpellier de grands mouvements populaires; celle qui allait suivre devait laisser dans notre région de tristes souvenirs. Les exécutions sanglantes qui eurent lieu à Montpellier furent ordonnées plutôt comme exemple que comme vengeances personnelles ou politiques.

Le 28 juin 1793, Durand, maire, Fabreguettes et Annequin Cadet, avaient été arrêtés. Fabreguettes et Annequin s'échappèrent. Quant à Durand, conduit à Paris, il fut incarcéré à la Force. Prévenu d'avoir été un des principaux moteurs et coopérateurs des mouvements contre-révolutionnaires fédéralistes, il fut convaincu d'avoir conspiré contre l'unité et l'indivisibilité de la République et d'avoir attenté à la tranquilité et à la sûreté du peuple français ; il fut condamné à mort, exécuté le 23 nivôse (12 janvier 1794. Il était âgé de 33 ans.

Le 15 ventôse, un prêtre condamné à la déportation, nommé J. Michel, fut surpris disant la messe. Il fut condamné à la peine de mort. Grâce à l'intervention de l'accusateur public, Pagès, les demoiselles Devèze, chez lesquelles le réfractaire avait trouvé asile et officiait clandestinement, ainsi que les femmes qui assistaient à cette messe, échappèrent à la condamnation capitale.

Plusieurs boulangers fabriquaient secrètement des galettes pour le compte des particuliers. On vit là une infraction aux décrets qui défendaient, sous peine de mort, d'enfouir et de laisser dépérir du blé et des farines. Surpris, ils furent arrêtés. Le comité de surveillance de la commune délibéra et arrêta « que l'accusateur public sera invité à prendre toutes les mesures nécessaires que la loi dicte, pour faire tomber sans retard sous le fer vengeur des lois, la tête criminelle de ceux qui ont, en contravention à la loi, caché des subsistances pour en priver le peuple, et qui, d'ailleurs, par leurs principes, méritent la peine que doit subir tout ennemi de la Révolution. »

Sur la demande de la Société populaire et sur la proposition du président Gas, le tribunal, reconnaissant qu'il importait que cette affaire fût connue du plus grand nombre possible de citoyens, arrêta que « pour le jugement de cette accusation, il se transporterait dans la salle de spectacle, laquelle, par les soins du greffier et avec le concours du bureau municipal, devait être disposée à cet effet. »

En conséquence, le 18 germinal, les membres du Tribunal, réunis d'abord au palais, avec les jurés, les accusés, les défenseurs et les témoins, se rendirent à la salle de spectacle, escortés d'une force armée considérable et tambours en tête.

Les débats durèrent bien avant dans la nuit. D'après la loi du 26 juin 1793, les jurés devaient opiner à haute voix et en public. L'un d'eux, Ferren (1), se déclara en faveur des accusés, alléguant que « les galettes fabriquées n'auraient pu suffire pour nourrir un quart de l'avant-garde de l'armée espagnole. » Il y avait dans ces paroles plus de courage que de vérité.

Le jugement condamna à la peine de mort, avec confiscation de leurs biens : Elisabeth Coste, la veuve Ballard, Lazuttes et Rolland ; à la détention : Gallié, Moinier et Touchy ; et déclara acquittés : Gauthier, Delville, Joseph Ballard et la citoyenne Gérard,

---

(1) Nicolas-André Ferren, repasseur de chapeaux, très exalté, très honnête, très pauvre en même temps, était l'orateur populaire des fêtes décadaires. Préposé à la surveillance de la mouture des grains servant à la nourriture commune, il bornait ses repas à **un oignon et un morceau de pain pour épargner, disait-il, l'argent du peuple.**

André Azéma, le dénonciateur, demanda la récompense que la loi lui accordait et reçut mille francs à prendre sur les biens des quatre condamnés.

Dans les premiers jours de floréal, le même tribunal condamna à la peine capitale : Salles, curé de Taussac, soumis à la déportation, chez qui on avait trouvé un testament de Louis XVI ; un prêtre de Draguignan, réfugié à Montpellier sous un déguisement ; Massilian, ancien aumônier du Bon Pasteur ; Bernadou, prêtre, de Montpellier, ainsi que la femme Bousquet qui l'avait recélé ; Galabert, ancien cordelier ; enfin l'abbé Avignou.

Dans l'église de Saint-Pierre, alors temple de la Raison, on célébra, le 20 floréal, une cérémonie funèbre en l'honneur de Fabre, représentant du département, mort glorieusement à l'armée des Pyrénées-Orientales, le 23 nivôse an 1er, à la prise de Collioure par les Espagnols, en défendant le passage d'un pont. Lorsque la Convention lui décerna les honneurs du Panthéon, Robespierre dit de lui : « La République a à regretter un de ses plus dignes représentants, le peuple un de ses plus glorieux défenseurs et la Montagne un de ses membres les plus courageux. » La Convention entière applaudit à cet éloge mérité.

Une souscription ouverte, le 15 floréal, dans la commune de Montpellier, pour la construction et l'armement d'un vaisseau, s'éleva, en peu de jours, à 172,828 fr. Ce vaisseau devait s'appeler d'abord l'*Hérault*, puis le *Département de l'Hérault*, enfin le *Sans-Culotte de l'Hérault*.

La condamnation et l'exécution du poète montpelliérain Roucher précédèrent de quelques jours la chute de Robespierre, à laquelle contribua le député Cambon.

XXX

MONTPELLIER
PENDANT LA RÉVOLUTION
DE 1795 A 1800

Girod-Pouzol, délégué de la Convention, réorganise la municipalité (mars 1795). — Misère à la suite de froids rigoureux. — Cherté des vivres (7 février 1795). — Emeutes. — Election pour le conseil des Cinq-Cents, du Directoire et du conseil des Anciens (12 octobre). — La Convention nationale termine sa mission (27 octobre 1795). — La municipalité désorganisée. — Refus de recevoir des assignats. — Prix élevé des denrées. — Fêtes décrétées par la Convention. — Elections municipales (1798). — Mise en état de siège de Montpellier (5 janvier 1798). — Levée de l'état de siège (17 février 1798). — Fête de la souveraineté du peuple (7 mars 1798). — Elections municipales (1799). — Bonnier d'Alco est nommé au conseil des Cinq-Cents (5 septembre 1798). — Ensuite au corps législatif (1er mars 1799). — Il est assassiné à Radstadt (29 avril 1799). — Son éloge au conseil des Cinq-Cents. — Fête funèbre en son honneur à Montpellier (8 juin 1799). — Coup d'Etat du 18 brumaire (9 décembre 1799). — Fin de la Révolution.

Girod-Pouzol, délégué par la Convention dans le département de l'Hérault, adressa une proclamation dans laquelle il faisait appel à la concorde et à l'union. La proclamation produisit dans le département un grand enthousiasme, mais il n'en fut pas de même auprès de la municipalité. Quelques jours après, le 21 ventôse, Girod-Pouzol prit l'arrêté nommant lui-même les membres de la municipalité.

Le maire Montels, nommé administrateur du district, le 11 floréal, était provisoirement remplacé par chacun des officiers municipaux exerçant de mois en mois selon l'ordre du tableau.

La misère avait augmenté avec l'hiver ; la neige

avait fait périr presque tous nos oliviers et la pénurie des grains continuait à être extrême. Le 19 pluviôse, une foule de huit ou neuf cents personnes se porta à la municipalité et au département. Le département céda et prit un arrêté pour faire réduire le prix du pain. La municipalité dut s'incliner et réduisit à 22 sous le prix de la livre qui se vendait 40 sous et s'était même vendue 66 sous. Mais la population le voulait à cinq sous la livre, payable en assignats, c'est-à-dire pour rien, et, afin de l'obtenir, elle fit violence aux magistrats municipaux, envahit la salle des séances et força par les armes les administrateurs à délibérer sur le champ et à assister ensuite à la publication de cette taxe dérisoire. Le même soir, Cambon vit sa maison envahie et sa personne menacée.

Après une nuit très agitée, la même foule se livra, le lendemain, au pillage de la viande, du poisson, de la volaille, des légumes, du vin et de l'huile. La générale fut battue, un peu trop tard peut être. La garde nationale et les élèves de l'Ecole de santé prirent les armes contre les séditieux. Mais, en face de l'infanterie, conduite par le général Frègeville, et des canons amenés par le général Tisson, l'émeute se dispersa sans qu'il y eut du sang versé. Tout cela aboutit, comme presque toujours, à des désordres, sans aucun effet pour l'adoucissement de la misère, et enfin à la condamnation aux fers ou à la prison de vingt-deux individus qui rendirent ainsi leurs familles plus malheureuses qu'auparavant.

Les élections pour le conseil des Cinq-Cents et le conseil des Anciens avaient eu lieu le 20 vendémiaire an IV.

Fabre et Brunel étaient morts ; Cambon, décrété d'accusation, ne pouvait être élu ; Bonnier d'Alco et Curée étaient repoussés par leurs commettants, ainsi que Louis Joubert qui avait été nommé député suppléant en 1792.

Des élus de Montpellier deux furent membres du Directoire : La Réveillère-Lépaux et Barras.

Dans le conseil des Cinq-Cents :

Boissy d'Anglas, Lesage, Merlin (de Douai), Danou, de Fermon, Larivière, Bailleul, Cambacérès, Saladin, Rouyer, Crassous, Thibaudeau, Malibran.

Dans le conseil des Anciens :

Lanjuinais, Castillon, Baudin, Girod-Pouzol, Viennet, Dussaulx.

Merlin fut appelé au ministère de la justice et, le 4 nivôse, à celui de la police générale.

Le 4 brumaire, la Convention nationale déclara sa mission terminée en décrétant l'abolition de toute procédure pour faits purement relatifs à la Révolution, l'abolition de la peine de mort à dater du jour de la publication de la paix et une amnistie pour les délits révolutionnaires, non compliqués de vol et d'assassinat.

Dès le 3 ventôse, Bousquet, président provisoire, avait donné sa démission. L'administration municipale, par suite du refus de plusieurs citoyens d'accepter ces fonctions et par des démissions successives, se vit bientôt réduite à trois membres, et le Directoire, vu les circonstances critiques où se trouvait la commune de Montpellier, décida que la municipalité devait, telle qu'elle était, voter pour se compléter ; mais tous ceux qu'elle désigna refusèrent. Le scandale était à son comble, et chose incroyable, aucun de ces refus n'était appuyé par des motifs.

Le ministère de l'Intérieur prévint l'administration municipale « qu'il était temps de remédier à ce désordre, à cette insouciance honteuse pour des républicains », et l'informait qu'il ferait remplir les vacances par des agents qu'il nommerait et que la commune paierait. Les premiers désignés acceptèrent, et Moulinier fut nommé président provisoire de la municipalité.

Sur les places de marché on refusait les assignats ;

il fallut que le département obligeât la municipalité de Montpellier et celles des autres villes à nommer des commissaires chargés de se rendre chaque jour au marché pour surveiller et signaler les marchands ou les acheteurs qui refusaient d'accepter ou de recevoir des assignats. Aussi les objets de consommation se payaient à des prix très élevés en assignats. Voici un relevé à la date du 22 floréal an IV :

Pain blanc, 45 fr. la livre ; pain rousset, 35 fr.; mouton, 100 fr.; veau, 115 fr.; agneau, 100 fr.; brebis, 85 fr.; poisson commun, 60 fr.; merlan et anguille, 125 fr.; thon, 190 fr.; douzaine d'huîtres, 190 francs.

Les fêtes décrétées par la Convention furent très nombreuses en l'an V et en l'an VI. La fête des époux, célébrée le 10 floréal, consista en cortèges, musique, discours de Galabert, officier municipal, et mariage de deux époux qui reçurent de la commune une somme de six mille livres. Quelques malins avaient trouvé très spirituel d'effacer sur les placards annonçant cette fête la première lettre du mot époux.

On célébra, avec plus ou moins d'éclat, le 10 prairial, la fête de la Reconnaissance ; le 10 messidor, la fête de l'Agriculture ; le 9 thermidor, la fête de la chûte de Robespierre ; le 10, la fête de la Liberté ; le 23, la fête du 10 août ; le 30 fructidor, la fête de la Vieillesse.

Le 1er germinal 1798 eurent lieu les élections municipales, elles furent très calmes. Galabert fut élu président

Le Directoire avait mis, le 16 nivôse, la commune en état de siège, mais, le 28 pluviôse, le Directoire exécutif revenait sur son arrêté, et, « considérant que les membres de l'administration centrale et municipale de Montpellier n'ont cessé de donner, depuis leur installation, des preuves de zèle, d'autorité et d'attachement au gouvernement et que c'est à leur zèle que l'on doit la tranquillité dont jouit cette commune, ainsi que l'amélioration de l'esprit public, arrête : La mise en état de siège de la commune de Montpellier est levée ».

La veille des assemblées primaires, le 30 ventôse, fut célébrée la fête de la souveraineté du peuple, à l'effet de préparer les citoyens à exercer leurs droits d'électeurs pour assurer la liberté de la République. Sur l'Esplanade s'élevait l'autel de la Patrie, au-dessous de l'arbre de la Liberté. Sur cet autel reposait le livre de la Constitution. Au cortège le peuple « était représenté par cinquante vieillards, non célibataires, portant chacun une même baguette blanche. Devant eux marchaient quatre jeunes gens choisis parmi ceux qui avaient fréquenté avec le plus d'assiduité les écoles publiques et s'étaient distingués par leur patriotisme. Ils portaient des bannières où étaient des inscriptions rappelant les devoirs et les droits des citoyens. » Les administrations venaient ensuite. A côté de l'autel étaient les instituteurs et leurs élèves et, au devant, les vieillards rangés en demi-cercle. L'un d'eux brisa sa baguette pour en montrer la fragilité, après quoi les autres formèrent avec les leurs un faisceau qu'ils rendirent solide en le liant au moyen de baguettes tricolores.

Un des vieillards monta alors sur les degrés de l'autel et dit aux magistrats : « La souveraineté du peuple est inaliénable. Comme il ne peut exercer par lui-même tous les droits qu'elle lui donne, il délègue une partie de sa puissance à des représentants et à des magistrats choisis par lui-même ou par des électeurs qu'il a nommés. C'est pour se pénétrer de l'importance de ce choix que le peuple se rassemble aujourd'hui. » Le président du département répondit. Des chants patriotiques, des courses et des jeux terminèrent la fête.

Le 1er germinal an VI, les élections municipales eurent lieu, et Dumas fut élu président.

Le président de l'administration municipale donna sa démission le 21 ventôse, mais depuis le 15 ventôse, un arrêté du Directoire exécutif avait prononcé sa révocation Le 1er germinal an VII, Thorel, aux élections municipales, fut nommé président.

L'Autriche, irritée de ce que plusieurs princes germaniques étaient disposés à traiter avec la France, conçut le projet insensé de faire arrêter nos plénipotentiaires et de saisir leurs papiers pour connaître quels étaient les princes qui traitaient individuellement avec la République française. A leur départ de Rastadt (9 floréal an VII, 29 avril 1799), ils furent assaillis, la nuit, par un detachement de hussards. Debry, attaqué le premier reçut treize coups de sabre ; Bonnier fut littéralement hâché et tué sur place ; Roberjat eut le crâne fendu d'un coup de sabre ; un hussard en sortit la cervelle et la mit dans sa poche. Les familles de ces malheureux étaient présentes à ce triste spectacle. Debry avait le poignet coupé, mais il n'était pas mort ; il se traîna à Rastadt, où les autres plénipotentiaires lui prodiguèrent des soins. Ils protestèrent en déclarant qu'ils laissaient à l'Autriche seule la responsabilité de cette perfide violation du droit des gens.

Sur la proposition de Curée et de Moreau de l'Yonne, le conseil des Anciens arrêta que le nom de Bonnier ferait partie de la liste des représentants du peuple ; qu'il serait compris dans les appels nominaux et que sa place serait tirée au sort chaque mois et occupée par un costume complet couvert d'un crêpe funèbre, avec cette inscription : « Bonnier, assassiné par les ordres de l'Autriche ». Il arrêta que, toutes les fois que le nom de Bonnier serait prononcé dans les appels nominaux, le président répondrait : « Que le sang des plénipotentiaires français assassinés à Rastadt retombe sur la maison d'Autriche ».

Le 20 prairial on célébra à Montpellier la fête décrétée en l'honneur des victimes. Le cortège, escorté de la force militaire et composé de toutes les autorités, de tous les fonctionnaires et de tout le parti républicain, se rendit de la maison commune à la salle décadaire, décorée pour cette triste cérémonie. Le citoyen Ch.-L. Dumas, ex-président de la municipalité, retraça la vie entière de Bonnier, sa naissance, son éducation, ses luttes, sa conduite politique, les services rendus par lui, et fit ensuite l'éloge de Roberjat. Le général Petit-Guillaume prononça aussi un discours qu'il termina en proclamant solennellement les noms des conscrits et des volontaires du canton partis pour l'armée. En même temps on affichait à la porte de la salle les noms des conscrits réfractaires, et, après la lecture des lois, la célébration des mariages termina cette cérémonie funèbre et cette fête décadaire.

Indépendamment de cela, et, dès le 16 prairial, la municipalité de Montpellier avait décidé « qu'une place serait établie au lieu précédemment occupée par la ci-devant église Notre-Dame des Tables et qu'il y serait élevé une tour en forme d'obélisque pyramidal, propre à retracer l'horrible attentat commis par la maison d'Autriche sur les personnes des ministres français, à Rastadt, d'autant que cette tour se trouverait placée en face de la maison de Bonnier. » (1). Le plan en fut dressé par les citoyens Lèques et Delmas ; la tour devait, en même temps, supporter une horloge et un beffroi pour appeler les citoyens en cas d'alarme.

L'an VIII commença, comme les précédentes années, par la fête anniversaire de la République, mais le coup d'Etat du 18 brumaire mit fin à la Révolution.

---

(1) Bonnier demeurait dans la rue Aiguillerie, vis-à-vis la tour d'Encanet.

V

CULTES

CULTE CATHOLIQUE. — Premiers sanctuaires. — Transfert à Montpellier de l'évêché de Maguelone. — Conciles. — Visite de papes à Montpellier. — Saint Roch.
EGLISES : Notre-Dame des Tables. — Saint-Denis. — Saint-Pierre. — Saint-Mathieu. — Pénitents bleus. — Sainte-Anne. — Sainte-Eulalie. — Saint-Roch. — Les Carmes. — Saint-François.
CHRONOLOGIE DES EVÊQUES DE MONTPELLIER.
CULTE PROTESTANT. — Origine. — Temple de la Loge. — Petit Temple. — Grand Temple. — Temple de la rue de l'Observance. — Temple de la rue Maguelone.
CULTE ISRAÉLITE. — Les Juifs de Montpellier d'après les auteurs anciens. — Il ne leur est point permis d'être nommés bayle. — Conditions humiliantes pour leur costume, les droits de péage etc. — Obligation de fournir 20,000 traits pour chaque siège de la ville. — Contribution pour la construction des remparts. — Bienveillance des seigneurs d'Aragon à leur égard. — Leur influence dans le commerce et dans l'enseignement du droit, des sciences et de la médecine. — Hospitalité des chanoines de Maguelone, envers les Juifs pauvres. — **Un chef** pastoureau, leur persécuteur est pendu. — Leur quartier. — **Leur** synagogue. — Ils sont expulsés (1394). — Les Multipliants.

CULTE CATHOLIQUE

Les premiers sanctuaires des deux bourgs de Montpellier et Montpelliéret, dont les noms sont parvenus jusqu'à nous, ne remontent pas au-delà du VIIIe siècle, époque où les habitants de Maguelone, chassés par Charles Martel, vinrent s'établir dans ces deux bourgs.

Les noms de Saint-Denis, Notre-Dame des Tables, Saint-Firmin, Notre-Dame du Palais, sont ceux des édifices religieux les plus anciens ; les deux premières églises ont été reconstruites sur d'autres emplacements, les deux autres n'existent plus.

A partir du xie siècle de nombreux couvents, des hôpitaux s'élevèrent autour de l'enceinte des remparts, alors que dans la cité se construisaient de nouvelles églises.

Les fondations du pape Urbain V au milieu du xive siècle, le transfert de l'évêché de Maguelone à Montpellier, en 1536, peuvent être considérés comme l'apogée de la religion catholique dans Montpellier.

Quelques années plus tard les guerres religieuses vinrent arrêter subitement ce développement. Selon l'expression du chanoine d'Aigrefeuille, la religion fut renversée en 1568 et en 1622 ; quelques mois avant le siège de la ville, les protestants démolirent toutes les églises, ne laissant subsister que des pans de murs, la façade et un clocher de la cathédrale de Saint-Pierre, du sommet duquel ils envoyèrent des boulets dans les travaux d'approche des assiégeants.

Après la reddition, la plupart des églises furent reconstruites ; mais les couvents, hôpitaux, oratoires situés en dehors des remparts avaient été détruits pour la sûreté de la défense des assiégés. Le couvent des Carmes, aujourd'hui Hôpital général, fut le seul réédifié.

Montpellier était resté fidèle au Saint-Siège pendant la croisade contre les Albigeois, et d'après Germain, elle dut à ce fait sa prospérité.

Des conciles furent tenus dans l'église Notre-Dame des Tables. L'un d'entre eux eut lieu en 1214 ; pendant que les Pères délibéraient, Simon de Montfort, qui se trouvait en dehors de la ville, dans la maison des Chevaliers du Temple, fut invité par le légat de se rendre devant le Concile ; les habitants, en apprenant sa présence, prirent les armes, afin de se venger sur lui de la mort de leur dernier seigneur, Pierre d'Aragon, qu'il avait vaincu à la bataille de Muret, et où ce dernier avait perdu la vie ; on fit sortir secrètement Montfort par une porte latérale.

Cinq autres conciles ont été tenus à Montpellier en 1162, 1195, 1211, 1224, 1258.

Plusieurs papes, Urbain II, Gélase II, Caliste II, Alexandre III, Nicolas IV, Clément V, l'honorèrent de leur visite ; un d'entre eux, Urbain V, y vint plusieurs fois.

Montpellier a donné le jour à saint Roch, un des saints les plus populaires en Italie.

Ces sentiments religieux expliquent le grand nombre d'églises, de communautés, d'hôpitaux pendant le moyen âge.

NOTRE-DAME DES TABLES. — L'origine de son nom provient des tables que les changeurs de monnaie ou banquiers de cette époque dressaient aux alentours de l'église et non loin de la maison commune.

Dans les premières années du XIIIe siècle, en 1216, l'évêque Ricuin Ier en fit la dédicace solennelle. Elle fut restaurée et agrandie au XIVe siècle, et devint la paroisse du Consulat et fut l'église communale de Montpellier. En 1230 elle fut érigée en succursale de Saint-Firmin et consacrée par Grégoire IX. Elle atteignit alors l'apogée de sa gloire ; son trésor renfermait de très grandes richesses, et pendant plusieurs siècles elle attira un grand nombre de pèlerins.

L'église primitive possédait une aiguille dont les ornements furent conservés dans la nouvelle. Elle était, d'après certains historiens, très remarquable par son architecture. La vénération des fidèles pour deux statuettes de la Vierge, l'une noire, en bois du

Levant, rapportée par Guilhem VI de Jérusalem, l'autre en argent, offerte par un orfèvre.

Sur le flanc droit de l'église s'élevait une tour carrée où se trouvaient cinq cloches. « Elle était percée de deux fenêtres gothiques et dominée par une large terrasse » d'où s'élançait l'aiguille, de forme octogonale, entourée d'un portique circulaire où, chaque nuit, on allumait des flambeaux qui brillaient jusqu'à la mer. Cette tour possédait la seule horloge de la ville.

Pendant les guerres de religion, les calvinistes en 1561 ne laissèrent debout que les murs et l'horloge qui rendait des services publics ; mais, en 1562, ni la tour ni l'horloge ne furent respectées : la tour s'effondra sous le marteau des religionnaires.

On commença à la réparer en 1601, mais elle ne servit au culte qu'en 1608 et fut de nouveau démolie en 1621 pour être réparée en 1650.

Après les guerres de religion une nouvelle église s'éleva sur l'emplacement de l'ancienne et demeura debout jusqu'en 1806.

L'année suivante, la Halle aux Colonnes remplaça l'église disparue.

Au moyen âge, tous les grands actes de la vie publique se passaient sous les voûtes de l'église de N.-D. des Tables. C'est dans l'enceinte de cet édifice que les corporations prêtaient leur serment. L'Université montpelliéraine y recevait les docteurs. Les conciles se tenaient dans son enceinte et les assemblées politiques, comme celles du Languedoc, y venaient demander la bénédiction de leurs travaux.

Les princes, les rois et les papes ne s'arrêtaient point à Montpellier sans aller s'agenouiller sur les dalles de ce sanctuaire.

Le peuple lui-même avait accordé une confiance naïve à la *Vierge noire*.

Voulait-il éloigner les horreurs de la peste ? il faisait faire une chandelle aussi longue que les murs d'enceinte de la ville et la lui offrait. Avait-il besoin de pluie ? il allait processionnellement tremper la statue dans le Lez. Les médecins eux-mêmes, au dire de Césaire, moine d'Heisterbach, envoyaient pour être guéris à N.-D. des Tables les malades dont ils désespéraient.

Les corporations venaient tous les ans, depuis le 31 août jusqu'au 8 septembre, monter autour de la madone une garde ou *vigile*, d'où est venu à cette cérémonie le nom de *vejolades*.

La fête des Miracles de N.-D. des Tables se célébrait à la fin août et durait dix jours. Les *Pelleteurs* faisaient leurs stations et leurs processions le 30 août ; les *Poivriers* ou épiciers, le lendemain ; les *Consuls ouvriers* et *Consuls de Mer*, le 1er septembre ; les *Canabassiers*, le 2 ; les *Sediers* (ouvriers en soie), le 3 ; les *Poissonniers*, le 4 ; les *Bouchers*, le 5 ; les *Merciers de l'Aiguillerie*, le 6 ; les *Drapiers* et Marchands de la rue St-Firmin, le 7 ; les *Cambradours* (changeurs), le 8.

L'église actuelle fut commencée en 1707, l'évêque Joachin Colbert en posa la première pierre.

SAINT-DENIS. — Cet édifice construit sur les plans de l'architecte d'Aviler, en 1699, a pris le nom de l'ancienne église paroissiale de Montpelliéret. Cette dernière se trouvait à l'angle N.-E. de la citadelle ; elle fut démolie pendant les troubles religieux de 1562 ; réédifiée ensuite, elle fut détruite avant le siège de Montpellier, par Louis XIII en 1622, et ses ruines furent le théâtre d'un combat sanglant.

L'église actuelle a été bâtie, dans le cimetière de Notre-Dame des Tables. C'est sur ce terrain que le 3 novembre 1628, soixante-trois soldats de l'armée de Rohan avaient été pendus.

SAINT-PIERRE. — L'église cathédrale de Montpellier fut primitivement la chapelle du couvent de Saint-Germain fondé en 1364 par Urbain V.

C'est en 1367 que ce pape en fit la dédicace. « J'avais mandé, dit-il, en s'adressant à l'architecte, de bâtir une église et vous n'avez fait qu'une chapelle. » Puis, en examinant le cloître : « Vous faites, ajouta-t-il, la maison des serviteurs plus grande que celle du maître ». Preuve de l'importance du cloître Saint-Germain.

Depuis 1536, elle sert de cathédrale sous le vocable Saint-Pierre, ancien patron de l'église de Maguelone.

Cette église servit de refuge aux catholiques en 1567, lors du soulèvement des protestants. Après la capitulation, elle fut démantelée, et le clocher de droite fut démoli ; ce dernier a été reconstruit en 1856.

Pendant la Révolution, elle servit aux fêtes décadaires et de dépôt de l'administration militaire.

Le chœur avait été reconstruit en 1775 ; il était à plein cintre et disparate ; il a été démoli et remplacé par un plus grand, commencé en 1854, sur les dessins de M. Revoil, et inauguré le 17 juin 1875.

Le *verrouil* de Saint-Pierre était redoutable aux banqueroutiers. D'après un statut consulaire de 1213, ils y étaient attachés, fouettés par leurs créanciers et étaient ensuite emprisonnés jusqu'à leur paiement.

SAINT-MATHIEU. — Cette église est mentionnée dans un acte du xive siècle ; elle fut démolie par les protestants en 1568. Rebâtie en 1617, elle fut de nouveau démolie en 1621. Après la prise de Montpellier, les Dominicains obtinrent la confiscation des biens de quelques rebelles avec quoi ils rebâtirent l'église.

SAINTE-FOY OU PÉNITENTS BLANCS. — Cette église fut d'abord une annexe de l'église paroissiale de Saint-Denis alors située hors des murs. La croix de bois que l'on voit contre la façade a remplacé celle que les Pénitents y firent mettre pour marquer leur prise de possession en 1624. La rue Sainte-Foy était désignée aussi sous le nom de **rue des Pénitents Blancs**; aujourd'hui elle porte le nom de **rue de Jacques-Cœur**.

Pénitents Bleus. — La dévote et royale compagnie des Pénitents bleus s'est formée de la réunion successive des confréries de la Charité Saint-Barthélemy, de Saint-Claude du Charnier et de l'Œuvre de Notre-Dame du Charnier.

En 1746, elle obtint de l'évêque de Charancy d'être transformée en compagnie de Pénitents bleus et se fit construire une église restaurée en 1748. Dissoute en 1792, elle se reforma de nouveau en 1802, et occupa l'église Sainte-Eulalie qui servait aussi de paroisse. La compagnie fut suspendue en 1845; on vendit son église. Depuis cette époque on a édifié l'église de la rue des Etuves.

Les Carmes. — Construite en 1643 sous le vocable de Notre-Dame-des-Grâces, elle appartenait à l'ordre des Augustins. Elle est actuellement desservie par l'ordre des Grands-Carmes.

Les Carmes déchaussés avaient édifié au XVIIIe siècle une église à l'avenue de Toulouse (actuellement la Providence).

Sainte-Anne. — Sur son emplacement s'élevait autrefois l'église de Saint-Arnaud érigée en collégiale en 1496 sous le vocable de Sainte-Anne. Elle fut abattue pendant les troubles de religion; le nouveau bâtiment construit sur les plans de l'architecte Cassan a été livré au culte en 1870.

Sainte-Eulalie. — Cette église remplaça celle de la Merci qui s'élevait sur l'emplacement du Peyrou et dont la démolition eut lieu en 1741 lors de la création de cette promenade.

L'ordre de la Merci fut fondé par Jacques, roi d'Aragon, en mémoire de sa liberté recouvrée. Après la triste mort du roi Pierre, son père, cet ordre vint s'installer vers 1220 à Montpellier et eut une maison florissante dans cette ville. La maison de Montpellier fut dédiée à Sainte-Eulalie, la grande sainte de l'Espagne ; elle devint un centre d'études d'où sortirent quelques hommes distingués. L'Université de droit y tenait aussi ses écoles.

L'ordre de la Merci édifia l'église actuelle en 1742.

SAINT-ROCH. — Sur son emplacement s'élevait autrefois l'église Saint-Paul dont le service fut fait pendant près de 200 ans par les Trinitaires. Elle fut érigée en paroisse au sortir de la Révolution.

L'église actuelle a été bâtie au moyen de fonds provenant d'une loterie; elle est encore inachevée; les cérémonies du culte s'y font pourtant depuis 1867.

SAINT-FRANÇOIS. — Cette église dont la construction remonte à 1875, n'est pas encore complètement terminée. On y célèbre le culte depuis 1876. Le nom donné à cette église rappelle les Religieux des Franciscains de l'Observance dont le monastère se trouvait dans la rue du faubourg de Lattes. Leur église a servi au culte protestant pendant plusieurs années; et dans cet édifice se trouve actuellement une imprimerie.

Le transfert du siège épiscopal de Maguelone à Montpellier eut lieu le 6 des calendes d'avril (27 mars) 1850, en vertu de la bulle du pape Paul III. Guillaume Pellicier, un des plus grands savants de l'époque, fut le dernier évêque de Maguelone. C'est par ses démarches que le transfert de l'évêché eut lieu à Montpellier.

CHRONOLOGIE. — Guillaume Pellicier (1527-1568).
Pierre de Boulbe (1568-1573).
Antoine de Subjet Cerdot (1573-1596).
Guittard de Ratte (1596-1602).
Jean VII (1603-1607).
Pierre VII, Fenouillet (1608-1652).
Renard, cardinal d'Este (1652-1655).
François de Bosquet (1655-1676).
Charles I de Pradel (1676-1696).
Charles II, Joachim Colbert de Croissy (1696-1738.)
Georges Lazare Berger de Charency (1738-1748).
François II, Renaud de Villeneuve (1748-1766).

Raymond II, de Durfort Léobard (1766-1774).
Joseph-François III de Malide (1774-1791).

Député aux Etats Généraux, il protesta en 1790 et 1791 contre plusieurs décrets de l'Assemblée constituante ; il émigra en Angleterre, où il mourut le 18 juin 1842.

Dominique Podérous, évêque constitutionnel (1er mars 1791-1793).

Le décret du 20 brumaire an II (20 novembre 1793), abolissant les cultes et les remplaçant par celui de la Raison, supprima les pouvoirs de l'évêque Pouderous. Il se retira à Béziers où il mourut le 10 avril 1799. Les prêtres constitutionnels et d'autres citoyens se réunirent à Béziers et nommèrent, pour lui succéder, son vicaire général, Alexandre-Victor Rouanet (1799-1801).

Au mois de septembre 1801, après le concordat (15 juillet), il donna sa démission et se retira à Clermont-l'Hérault, où il mourut le 20 janvier 1821.

CULTE PROTESTANT

Le premier mouvement religieux qui s'opéra à Montpellier depuis que la réforme de Luther avait éclaté en Allemagne remonte à 1554.

Guillaume Dalençon, ministre de Montauban, accusé d'avoir propagé les doctrines réformistes par des livres et des paroles, fut arrêté et condamné au bûcher avec un tondeur de draps. Un document de 1557 estime que 3,000 habitants avaient alors embrassé les idées de Luther.

Une maison, située à l'endroit où se trouve maintenant le Marché aux Fleurs, fut le premier lieu de culte des protestants. Là, pendant la nuit, dans les caves, à peine éclairées, se donnaient rendez-vous les fervents pour prier et lire la parole de Dieu.

Le 8 février 1559, dit un vieux manuscrit, cité par

d'Aigrefeuille, fut plantée l'Eglise de Montpellier par le ministre Guillaume Mangeot.

Depuis cette époque, l'histoire de l'Eglise protestante est intimement liée aux évènements politiques de la ville.

En 1561, les protestants se saisirent de l'église Notre-Dame des Tables, qu'ils appelèrent Temple de la Loge.

Petit Temple. — Les historiens ne sont pas d'accord sur l'époque de sa construction qu'on peut placer entre 1601 et 1604; sa démolition fut ordonnée par Louis XIV en 1668 sur la demande de l'évêque Bosquet.

Grand Temple. — Le prince de Condé voulant pacifier les esprits établit sa demeure à Montpellier et amena le duc de Montmorency à faire la paix avec les habitants. Il autorisa les protestants à bâtir leur grand temple sur l'emplacement de l'ancienne place de la Préfecture. Le couvert en était supporté par un arceau très dégagé, d'une longueur extraordinaire. Les étrangers le visitaient comme une curiosité ; il passait pour le plus beau de l'Europe. La clef de la voûte portait les armes de l'amiral Châtillon et le millésime de 1585.

En 1682, le gouverneur de la ville obtint du roi que le temple serait démoli dans les vingt-quatre heures; et *vous me ferez plaisir*, ajoutait le roi, *de faire en sorte que ce soit dans douze, s'il est possible*. Des ordres furent donnés aux consuls qui amenèrent soixante maçons. Un régiment arrivé tout exprès fut placé dans divers quartiers jusqu'à ce que les démolitions fussent terminées.

A cette époque la population protestante était à Montpellier de 12,000 habitants.

Temple de la rue de l'Observance. — Le consistoire acheta en 1803, au sieur Reboul, l'ancienne église des Cordeliers de l'Observance, dont le prix d'achat et le montant des réparations s'élevèrent à

32,947 livres. L'inauguration de ce temple eut lieu le 20 novembre de la même année. Une souscription fut faite quelques temps après pour reconstruire la façade du temple, acheter des orgues et une cloche.

Temple de la rue Maguelone. — Consacré en 1870.

CULTE ISRAÉLITE

Le célèbre voyageur, le rabbin Benjamin, dit Tudelensis, passant à Montpellier, en 1174, s'exprime ainsi sur ses correligionnaires :

« Il y a dans cette ville des disciples de nos sages qui se sont rendus très célèbres. Plusieurs d'entre eux sont fort riches et charitables envers les pauvres et ils secourent volontiers tous ceux qui viennent à eux. »

Platters, dans ses mémoires (xvii° siècle), constate qu'il y a dans ce pays énormément de familles descendant de juifs ; elles sont, ajoute-t-il, venues de Mauritanie en traversant l'Espagne et se sont établies dans les villes frontières : Montpellier, Béziers, Narbonne, etc. On les désignait alors sous le nom de Maures ou Marrans.

La communauté israélite de Montpellier était, au moyen âge, une des plus importantes du Languedoc.

Le premier document qui établit leur présence dans la ville est le testament de Guillem V (1121). Il défend à ses héritiers d'instituer dans son domaine des bayles juifs. Il fallait donc que les juifs fussent établis dans cette ville depuis un grand nombre d'années pour inspirer des craintes à Guillem V en 1121, à Guillem VII en 1172, et à Guillem VIII en 1202.

L'article 7 de la Grande Charte du 15 août 1204 s'exprime ainsi :

« Le seigneur de Montpellier ne prend jamais de bayle parmi les juifs. »

Ce n'était point, il est vrai, une exception particulière à Montpellier ; il en était de même dans les autres villes du midi de la France.

Ils étaient soumis à des conditions humiliantes. On leur imposait un costume particulier ou une marque distinctive afin de les distinguer des chrétiens (1363).

L'évêque de Maguelone percevait sur un juif, homme ou femme, abordant dans l'île, un droit de péage de trois sous et pour une juive enceinte six sous.

Un règlement de police du 6 mai 1368, mentionné par le *Petit Thalamus*, dit : « Les Juifs et Juives qui habitent Montpellier ne puiseront ni ne boiront l'eau d'aucun puits, ni d'aucune maison de cette cité ; ils auront l'usage d'un seul puits que nous leur assignerons, afin que les chrétiens ne boivent ni leurs souillures ni leurs scandales. »

Ils fournissaient pour la garde ou pour la défense de la ville « omnes quadrillos », toutes les flèches dont on pourrait avoir besoin pendant la durée d'un siège de la ville ou des châteaux de Chateauneuf (Castelnau) et de Lattes.

Les consuls avaient conclu (1209) avec les juifs un traité dont l'article 1er résume les conditions générales.

« Si une armée se présente devant Montpellier ou les châteaux de Montpellier et de Lattes et y campe plus de deux jours, les Juifs fourniront dès la première heure du troisième jour, tant pour la garde que pour la défense de la ville, vingt mille flèches « vigint milia quadrillorum » de « croc » qu'ils tiendraient d'ailleurs toutes prêtes.

L'article 5 les dispensait, ainsi que leurs successeurs, de toutes les autres taxes.

Lorsque les consuls de Montpellier firent entourer les faubourgs d'une palissade pour garantir leur cité des ravages des Grandes Compagnies (1362), les juifs contribuèrent pendant deux années aux charges de la ville pour la somme annuelle de cent florins d'or.

Dans sa charte d'amnistie du 10 décembre 1258, Jacques Ier, roi d'Aragon, dit qu'il ne convient pas d'humilier les juifs, de leur faire subir de mauvais traitements, ni de leur causer aucun préjudice dans sa juridiction. Les consuls n'en continuèrent pas moins à donner carrière à leur antipathie contre les juifs, et Jacques Ier se vit obligé d'y mettre un terme par deux ordonnances de 1269. Cette même année, il les autorisa à avoir une boucherie à leur usage.

L'élément juif et arabe contribua à favoriser les intérêts commerciaux de Montpellier ; il alimenta aussi l'enseignement médical s'il ne le créa complètement. Au XIIIe siècle, il existait une école « en la Juzalaria » entre la rue de la Ratte et la rue de la Vieille-Intendance.

L'école juive, si prospère à Lunel, contribua au développement de l'étude du droit, des sciences et de la médecine à Montpellier.

Pendant le règne de Jacques, les habitants de Montpellier ne manifestèrent aucune animosité contre eux et les chanoines de Maguelone les comprirent dans la faveur qu'ils accordaient aux pauvres gens qui débarquaient dans leur cité, soit dans l'espoir de les convertir, soit simplement par humanité.

Ce seigneur n'entendait nullement qu'on les persécutât ; une bande de pastoureaux étant venue à Montpellier dans cette intention, il fit pendre leur chef et ses partisans se dispersèrent.

Comme partout ailleurs, un quartier était assigné aux Juifs et il devait en être plus particulièrement ainsi à Montpellier, où chaque corporation était cantonnée dans une rue. Leur première station parait indiquée dans la rue de la Barralerie, où se trouvaient leur synagogue et leurs bains. Plus tard, on dût leur donner le quartier compris entre les rues de Ratte, Castel-Moton et de la Vieille-Intendance.

C'est en cet endroit qu'ils avaient une école. En 1365, le duc d'Anjou les plaça dans la rue de la Vacarié ou Vacherie près de la Saunerie. Ils vinrent ensuite à la Place des Cévenols (Place de la Préfecture), où le souvenir de leur séjour a été conservé jusqu'en ces dernières années par le nom de la rue de la Juiverie, qui a disparu lors de l'ouverture de la rue Nationale. Ils ont aussi été dans la rue de l'Herberie.

Sous le règne de Charles VI, les Juifs de Montpellier obtinrent l'autorisation de construire une nouvelle synagogue ; l'évêque de Maguelone s'y opposa tout d'abord, mais pour prix de sa condescendance il exigea des Juifs le respect de sa personne, et le paiement d'une somme de 400 livres tournois (13 mai 1389).

Leur synagogue se trouvait au n° 1 de la rue de la Barralerie ; il existe encore dans un sous-sol les vestiges d'un établissement spécial où se baignaient les femmes.

Lors de leur expulsion en 1306 par Philippe-le-Bel, on vendit tous leurs biens à l'encan ; à leur retour à Montpellier en 1319 Don Sanche les autorisa à racheter leur cimetière qui se trouvait entre le séminaire actuel et le faubourg Boutonnet. Ils ne jouirent pas longtemps de leur synagogue ; l'édit royal de 1394 les bannit à perpétuité du royaume de France.

Trois siècles plus tard, leurs descendants vinrent demander l'hospitalité à une cité à la splendeur de laquelle leurs ancêtres avaient tant contribué.

VI

LA CHARITÉ A MONTPELLIER

PENDANT LE MOYEN AGE

Institutions charitables de Montpellier. — Maladrerie de Saint-Lazare. — Hôpital de Saint-Guillem. — Hôpital de Saint-Esprit. — Hôpital de la Porte d'Obilion, de Lattes, de Notre-Dame et de Saint-Eloi. — Hôpital et cimetière de Saint-Barthélemy. — Hôpital de Sainte-Marie ou Saint-Martin des Teutons. — Hôpital Saint-Maur ou des Trinitaires. — Hôpital de la Magdeleine. — Hôpital Sainte-Marthe — Hôpital de Saint-Julien de Tournefort. — Hôpital de la Charité ou de la Miséricorde. — Hôpital Saint-Jaumes ou Saint-Jacques. — Hôpital ou commanderie de Saint-Antoine. — Hôpital du Grand-Saint-Jean. — Hôpital de Gautier Compaigne et de Saint-Martial. — — Hôpital des Pestiférés. — Hôpital des Petites-Maisons. — Hôpital Général. — Pains de la Charité (*Las Caritats*). — Dames du *Dimecre* (mercredi).

L'héroïsme chrétien appliqué au soulagement des maux et des infortunes n'a nulle part ailleurs produit plus de merveilles qu'à Montpellier.

Chaque maison religieuse, chaque monastère avait son hospice. La pureté du ciel et la salubrité du climat entraient sans doute pour quelque chose dans cette multiplication des maisons hospitalières, mais l'esprit de charité y avait de beaucoup la principale part.

Maladrerie de Saint-Lazare. — Montpellier commençait à devenir un centre important aux premières années du xiie siècle lorsque fut établi, près l'ancien pont de Castelnau, une léproserie, genre d'établissement fort commun en France, cette maladie ayant été importée par les croisés au retour de la Palestine. Dans les dernières années du xviie siècle, les bâtiments tombèrent en ruines, la cloche fut emportée, les terres et les vignes voisines devinrent incultes et l'on fut obligé de murer la porte de l'église, afin qu'elle ne servit pas de retraite aux vagabonds.

Hôpital de Saint-Guillem. — Fondé par les premiers seigneurs de Montpellier dans le faubourg du Coureau, à l'extrémité de la rue Saint-Guilhem.

Il fut démoli lors des troubles religieux de 1562.

Hôpital de Saint-Esprit. — Fondé par Guillem VIII au faubourg du Pila Saint-Gély. Il fut comme le précédent démoli en 1562.

Hôpital de la Porte d'Obilion, de Lattes, de Notre-Dame et de Saint-Eloi. — Cet hôpital désigné sous ces divers noms s'ouvrit dans le faubourg de Lattes en 1183. Son fondateur Robert Pellier l'établit pour y recevoir les malades et les pauvres passants. Il prit plus tard le nom de Notre-Dame-des-Tables et au xve siècle celui de Saint-Eloi.

Il fut transféré d'abord rue de l'Aiguillerie, mais les locaux étant insuffisants, il occupa ensuite l'emplacement de la vieille Ecole Mage. Les vieux actes l'appellent tour à tour Hôpital Robert, du nom de son fondateur, Hôpital Notre-Dame, à cause d'une chapelle de ce vocable abritée dans ses murs. La dénomination d'Hôpital Saint-Eloi lui est venue de la petite église invariablement annexée à cet édifice (1600). Après son transfert à l'hôpital suburbain (1891), les bâtiments devenus libres ont été appropriés pour l'installation des Facultés.

Hôpital et Cimetière de Saint-Barthélemy. — La rue Saint-Barthélemy indique l'emplacement de cet hôpital et de son cimetière où fut enterré, en 1192,

Placentin, le fondateur de l'Ecole de Droit de Montpellier.

Hôpital de Sainte-Marie ou Saint-Martin des Teutons. — Cet ordre, puissant en Allemagne au XIIIe siècle, fonda cet hôpital afin de faciliter aux pèlerins de leur nation le voyage de Saint-Jacques en Espagne. Il occupait toute l'île en face de l'hôtel du Tapis-Vert.

Hôpital Saint-Maur ou des Trinitaires. — Conformément au premier esprit de leur Ordre, ils faisaient trois portions de leurs biens : la première, pour l'entretien de l'hôpital ; la seconde, pour eux, la troisième, pour la rédemption des captifs.

Hôpital de la Magdeleine. — Un particulier de Montpellier, Pierre Causiti, fonda cet établissement en 1328. Son emplacement se trouvait entre Saint-Guilhem et le faubourg de la Saunerie.

Hôpital Sainte-Marthe. — Il occupait l'emplacement de l'Hôtel du Tapis-Vert et fut fondé par Pierre Gros habitant de Montpellier, en 1370. C'était un hôpital pour les femmes ; il était aussi « destiné à l'éducation et à la sûreté des filles pour les élever et pour garantir leur pudicité du naufrage jusqu'à ce qu'on trouva à les colloquer. » Epargné en 1562, les protestants le démolirent, lorsqu'ils eurent à se prémunir contre les différents sièges dont ils furent menacés.

Hôpital de Saint-Julien de Tournefort. — Cet hôpital portait le nom d'un marchand de Montpellier, nommé Guillaume de Tournefort qui le fonda vers 1400. Il hébergeait les voyageurs qui allaient à Rome ou ailleurs, bien portants ou malades. Il occupait l'emplacement compris entre le cours Gambetta et la rue du faubourg de la Saunerie.

Hôpital de la Charité ou de la Miséricorde. — Dans les premières années du règne d'Henri IV (1596), on acheta plusieurs maisons à l'extrémité du faubourg du Pila Saint-Gély. Les pauvres orphelins trouvèrent dans cet hôpital un asile et une éducation conforme à leurs aptitudes. On envoyait les enfants de la Charité, avec des troncs portatifs, où les personnes charitables jetaient leurs aumônes, et pour exciter la charité les enfants en chantant disaient une formule et ils recommençaient à tour de rôle.

Autrefois les jeunes filles, dans plusieurs quartiers de la ville, la tête couronnée de roses, et tenant sur leurs genoux une corbeille remplie de fleurs, se plaçaient devant une table, ornée de chandeliers, de vases et de bouquets. Ses amies, une tasse à la main allaient au-devant des passants leur demandant de donner un sou à la pauvre fille de mai (Maïa), afin de lui permettre de se marier.

Hôpital Saint-Jaumes ou Saint-Jacques. — Un habitant de Montpellier, Guillaume de Pierrefixe, de retour d'un pèlerinage à Saint-Jacques de Compostelle, fonda cet hôpital en 1220 en faveur des pauvres gens qui entreprendraient ce pèlerinage. Il le fit bâtir, hors des murs, entre la porte du Peyrou et la porte des Carmes, en dehors de la commune-clôture et presque au point où aboutit la rue J.-J.-Rousseau. Cet hôpital eut le sort des autres bâtiments du faubourg. Il fut démoli en 1622.

Hôpital ou Commanderie de Saint-Antoine. — Établi en faveur des personnes exposées au mal des ardents. L'acte de fondation de cette maison remonte a 1320; il était situé dans le faubourg de Nîmes. Les bâtiments ont seuls existé jusqu'en 1780.

Hôpital du Grand-Saint-Jean. — C'était un ancien domaine des Templiers. Il occupait un vaste terrain qui a retenu sa dénomination actuelle.

Hôpital de Gautier Compaigne et de Saint-Martial. — A l'usage des voyageurs malades ou blessés. Il fut établi en 1310, dans le voisinage du couvent des Dominicains.

Hôpital des Pestiférés. — On acheta, en 1351, un vaste bâtiment entre les portes des Carmes et de la

Blanquerie. La ville le transforma plus tard en cimetière ; il était encore affecté à cet usage en 1848 ; on l'appelait alors le *Jardin du Milanais*. Depuis quelques mois on y a établi un jeu de boules.

Hôpital des Petites-Maisons. — C'est en l'année 1716 que le Conseil de ville jugea bon d'enfermer les insensés qui couraient la ville et qui y causaient souvent du désordre. Cette maison se trouvait enclavée dans l'ancien hôpital Saint-Eloi.

Hôpital Général. — La déclaration du roi Louis XIV pour l'établissement d'un hôpital général à Montpellier n'eut lieu qu'en 1673. On choisit l'emplacement de l'ancienne communauté des Carmes. Aujourd'hui c'est un asile pour les vieillards et les orphelins.

Le jour de l'Ascension se faisait une large distribution de pain au profit des indigents, d'où est venu le nom de *las Caritats*; il en est fait mention en 1219 dans le testament du drapier Jean Lucien où cet excellent bourgeois lègue annuellement deux cents pains à la *Charité* de sa ville natale pour le jour de l'Ascension. En 1464 cinq ou six mille personnes participaient à cette distribution.

Il y avait enfin un système régulier de quêtes afin de répondre aux diverses éventualités. Un certain nombre de dames et peut-être aussi d'hommes, allaient de maison en maison, tous les mercredis, demander pour les pauvres. L'argent recueilli de la sorte composait un fonds commun que l'on répartissait ensuite selon les besoins entre les établissements à secourir. L'œuvre constituait une manière de congrégation dite des *Dimecres* ou *mercredi* à cause du jour de la semaine affecté à la collecte.

VII

LE
COMMERCE DE MONTPELLIER
AU MOYEN AGE

(Extrait de l'*Histoire du Commerce de Montpellier*,
par Germain).

Le commerce de Montpellier, d'après les historiens. — Importance de ce commerce. — Produits agricoles. — Produits industriels. — Draperie rouge. — Blanquiers ou Corroyeurs. — Argentiers. — Industries diverses. — Métiers répartis en sept échelles, pour la garde des remparts. — Route que suivait le commerce maritime de Montpellier. — Port de Lattes. — Commerce avec Gênes, l'Italie, l'Orient. — Jacques-Cœur. — Commerce avec le Portugal, la France, le nord de l'Europe, le Levant. — Bourse de marchands (1691). — Protectorat des rois de France. — Amoindrissement successif de Montpellier. — La Loge. — Institutions commerciales. — Consuls de mer. — Consuls sur mer. — Consuls d'outre-mer. — Associations commerciales. — Gardes des marchandises. — Serment. — Cour du Petit-Scel. — Prospérité du commerce de Montpellier. — Son apogée au milieu du xive siècle. — Marque distinctive des marchands aux foires de Montpellier. — Historique de ses foires et marchés. — La foire de Montpellier en 1210. — Foires du Pont Juvénal, de l'Esplanade.

Il y a deux choses par lesquelles la ville de Montpellier n'a pas discontinué, depuis les temps des Guillems, d'avoir une grande importance dans le monde : son commerce et ses écoles.

Le commerce, d'ailleurs, a longtemps occupé à

Montpellier le premier rang. « La dicte ville », selon les termes d'une requête adressée au roi Jean par nos consuls, « est proprement lieu fondé de marchandises ; et plus des deux parties des habitants d'icelle sont d'estranges parties, les uns Cathalans, les autres Espaignols, Gennevois, Lombards, Vénessiens, Chiprois, Provansals, Alemans, et d'autres plus estranges nacions. »

Montpellier fut, durant toute la période des Croisades, et jusqu'à l'aurore de l'âge moderne, un des plus remarquables centres commerciaux de la France et du monde entier.

Dans son *Itinéraire*, Benjamin de Tuleda, rabbin juif, dit de Montpellier : « C'est un lieu très favorable au commerce, d'où viennent trafiquer en foule chrétiens et sarrazins, où affluent les Arabes du Garbi, des marchands de la Lombardie, du royaume de la grande Rome, de toutes les parties de l'Égypte, de la terre d'Israël, de la Grèce, de la Gaule, de l'Espagne, de l'Angleterre, de Gênes, de Pise, et qui y parlent toutes les langues. On y remarque, entre les plus célèbres disciples de nos sages : Ruben, fils de Théodore ; Nathan, fils de Zacharie ; Samuel surtout, le plus important de tous, Sélanias et Mardochée.... Plusieurs parmi eux sont fort riches et généreux envers les pauvres ; ils secourent tous ceux qui viennent à eux. »

C'est au XIIe siècle que furent conclus les premiers traités de commerce, entre l'évêque de Maguelone, Raymond Ier, et le seigneur de Montpellier, Guillem VI, qui consacraient le droit d'aborder librement et de séjourner à volonté dans leurs ports respectifs.

Le commerce de Montpellier fut, au moyen âge, un commerce d'exportation et d'importation. Les produits étaient de deux sortes : naturels ou manufacturés.

Le pays abondait en fruits et légumes de toute

espèce. Il y avait néanmoins exubérance pour l'huile et le vin. C'étaient ces deux sortes de denrées qui alimentaient particulièrement le commerce d'exportation agricole.

Les produits manufacturés se distinguaient davantage de ceux d'aujourd'hui. Montpellier était renommé pour ses draps et sa teinture écarlate, industrie reléguée dans les souvenirs de l'histoire et dont il ne subsiste aucune trace dans nos fabriques modernes.

Les manufactures de toile et de coton qui fonctionnaient dans nos murs n'ont-elles pas aussi disparu ? Et l'industrie de la fabrication des verdets, naguère si répandue et si productive, ne marche-t-elle pas vers une égale disparition ?

Les documents pour préciser l'origine de la fabrication et de la teinturerie des draps dans la ville sont rares, mais nous savons que cette fabrication était fort répandue. Guillem V en fait mention, en 1121, dans son testament.

La rue de la Draperie-Rouge, qui en a conservé le nom, perpétue en même temps le souvenir d'une industrie très importante qui comprend depuis le lavage et la teinture des laines jusqu'à l'apprêt final des tissus. Ces draps s'expédiaient en Orient, où l'ampleur du costume en occasionnait une grande consommation. Leur confection constituait une sorte de travail privilégié. « L'étranger, selon l'article 10 de la grande Charte du 15 août 1204, ne peut teindre à Montpellier, aucun drap de laine avec la teinture de Kermès, ni en toute autre couleur. Il ne doit y vendre en détail que des draps qu'il portera à son cou. »

En vertu d'un règlement de 1226, les consuls étendirent le privilège aux étrangers qui auraient cinq ans de séjour à Montpellier ou qui y auraient épousé, depuis deux ans, une femme de la ville. Un nouveau règlement de 1251, élargissant le cercle des privilégiés, ne prescrivit plus les cinq ans de séjour et n'exigea plus que l'on fut marié à une femme de Montpellier. Il se borna à imposer l'obligation de deux ans de résidence et admit à l'exercice de l'art de la teinture le célibataire lui-même qui, à l'expiration du délai, serait possesseur d'une fortune de 300 livres melgoriennes, payant redevance au seigneur de Montpellier et s'engagerait à habiter la ville pendant six ans.

L'industrie des blanquiers ou corroyeurs a laissé son nom à une des rues de la ville, et nombre d'actes attestent l'importance que l'on attachait, dans les murs de la cité, à la préparation et au commerce des cuirs.

Les argentiers, les affineurs de métaux, les potiers d'étain de Montpellier étaient aussi très renommés.

Les industries, dans une ville aussi commerçante, étaient nombreuses. Les métiers étaient répartis en sept échelles, vaquant, chacune un jour de la semaine, à la garde des portes et des murailles. Sauf les ordres privilégiés des clercs et des nobles, tout le monde était couché sur ces listes :

A l'échelle du dimanche, les avocats, les notaires, les barbiers (parmi lesquels il faut entendre les chirurgiens), les teinturiers, les mazeliers, moutonniers et porcatiers, les poissonniers, les cabassiers, les peintres et vitriers, les fourniers, les bluteurs, les aubergistes, les merciers de Castel-Moton et les poulaillers ;

A l'échelle du lundi, les pelletiers, les selliers, les tailleurs, les juponniers ou jupiers, les potiers, les baralliers ou tonneliers, les verriers ;

A l'échelle du mardi, les blanquiers, tanneurs ou corroyeurs, les teissiers ou tisserands, les merciers, les revendeurs, les apprêteurs, les peigneurs, les marchands de la Fabrerie, les laboureurs, les jardiniers, les gardes des poids et mesures ;

A l'échelle du mercredi, les courtiers, les cordonniers ou savetiers, les serruriers, les fabricants d'épées, les merciers de l'Aiguillerie, des Tables et de Saint-Firmin, les ceinturiers, les fermiers, les cordiers, les gaîniers, les faiseurs de sacs et d'escarcelles ;

A l'échelle du jeudi : les changeurs, les bâtiers, les canabassiers, les argentiers, les blanchisseurs, les merciers de Saint-Nicolas, les épiciers, les batteurs de toile blanche, les poivriers, les scribes des encans ;

A l'échelle du vendredi, les drapiers, les fabricants de chaises, les orgiers, les fabricants de chandelles, les fripiers.

A l'échelle du samedi, les fustiers, les compagnons de la grande orgerie, les peyriers, les meuniers, l'orgerie du Pila Saint-Gély, les manœuvres, les fustiers de la Blanquerie, les plombiers, les charretiers, les batteurs de feuilles d'étain, les crieurs de vin, les batteurs d'or et d'argent, les posandiers ou vendeurs d'eau, les arbalétriers, les messagers, les chapeliers, les sauniers.

Que l'on s'étonne, après cela, de la physionomie démocratique qu'a revêtue durant tout le moyen âge la commune de Montpellier. Le régime des corporations, alors en vigueur et qui semblerait avoir dû être un obstacle au développement de la vraie démocratie, concourait, au contraire, à en perpétuer le triomphe, par les liens qu'il établissait entre les membres de chaque association industrielle. Maîtres et compagnons veillaient simultanément au maintien de leurs communs privilèges et perpétuaient, du même coup, l'avenir d'institutions dont on n'avait pas encore appris à se passer. Les consuls et les gardes de métier leur montraient la voie d'une manière si honorable qu'ils auraient cru forfaire à l'honneur s'ils se fussent abstenus de les y suivre.

Le port de Lattes et les graus qui s'ouvraient sur la plage, dont on peut voir encore quelques constructions, furent, au moyen âge, le véritable port de commerce de Montpellier. Alors que Saint-Louis obligea les navires d'aller débarquer à Aigues-Mortes, on relia ces deux ports par le canal de la Radette. Les habitants de Montpellier obtinrent des rois de France la franchise de faire transporter leurs marchandises sur ce canal sans payer des droits de péage. Le mauvais état du port d'Aigues-Mortes leur permit de recourir à l'ancienne voie de navigation par les graus.

Montpellier entretint des relations commerciales avec l'Italie, l'Espagne, l'Orient, le nord de la France et au-delà. Les rapports commerciaux de Montpellier avec l'Italie datent de fort loin.

Guillem VI, forcé de se retirer devant l'émeute des habitants de Montpellier et devant le mouvement populaire qui fut le germe de la première révolution communale, demanda du secours au comte de Barcelone et aux galères génoises. Une fois réintégré sur le siège de sa seigneurie, les Génois demandèrent un traité au profit du commerce et de la puissance de Gênes. Guillem VI s'obligea, en son nom et au nom de ses sujets, à ne jamais naviguer au-delà des côtes de Gênes.

Sous Guillem VII, ils essayèrent de s'approprier le port de Maguelone; ils incendièrent les navires de Montpellier, dépouillèrent ses marchands et les entraînèrent de vive force sur leurs rivages. Guillem, pour arrêter leurs tentatives, conclut une convention avec Pise (1er novembre 1169).

Les Génois se tournèrent alors du côté de Raymond, comte de Toulouse, et signèrent un traité avantageux en 1174. Guillem VII assura indistinctement les Génois et les Pisans de sa protection. Ces conventions furent renouvelées en 1225. La même année fut conclu un traité perpétuel de commerce et de navigation avec la commune de Nice.

Il fallut que les parties intéressées missent beaucoup du leur pour obtenir la durée de ce traité. En

1237, des péagers génois s'étant avisés d'extorquer des marchands de Montpellier une redevance indue, force fut à ceux-ci de recourir aux juges de Gênes. Dix ans plus tard, ils se rendirent coupables de piraterie à l'égard d'autres bourgeois de Montpellier, dont ils pillèrent, dans le port de Carthagène, les marchandises évaluées à la somme de onze mille besans. Il fallut, sous peine de rupture, donner satisfaction à la partie lésée.

Les Pisans, pour avoir spolié, sur les côtes de Provence, avec un navire armé en course, deux barques montpelliéraines, furent contraints, de même que pour leurs méfaits antérieurs, à payer un denier par livre au profit des victimes du brigandage. L'indemnité dut se percevoir sur tous leurs objets, soit d'importation, soit d'exportation, à l'entrée ou à la sortie du territoire de Montpellier.

Parmi les cités maritimes de l'Italie, celle de Gênes cultivait les relations les plus assidues avec Montpellier. La colonie génoise s'y montrait à la fois la plus compacte et la plus ancienne.

Plusieurs traités favorisèrent, dans la suite, le commerce entre ces deux villes ; mais les pirateries dont eurent à souffrir les marchands de Montpellier et des autres villes du littoral, furent la cause d'un arrêt dans la prospérité croissante de notre cité. Philippe de Valois, pour triompher de la piraterie, imagina un expédient. S'étant aperçu que le plus grand obstacle au commerce de la France, dans la Méditerranée, provenait des Génois, il crut faire un coup de maître en employant les Génois eux-mêmes à la répression du mal. Il s'entendit, dans ce but, avec Charles Grimaldi et Antoine Doria, deux des plus redoutés capitaines de la puissante république.

Par lettres spéciales de 1389, Philippe conférait à ces deux capitaines une sorte de monopole du commerce français de la Méditerranée par les avantages qu'il leur fit en faveur de leur propre commerce, en leur abandonnant les droits sur les marchandises qui, pendant deux ans, se chargeraient ou se déchargeraient dans le port d'Aigues-Mortes.

Les marchands de Montpellier reconnurent le préjudice qu'allaient leur occasionner ces capitaines dans leur commerce, et les consuls prièrent le bayle de surseoir à la publication des lettres royales nécessaires pour leur mise à exécution. Le sénéchal en référa au roi de France qui, à son tour, apprécia l'argumentation, et lorsque, quelques jours après, ayant besoin d'argent pour combattre l'Angleterre, il en demanda au commerce de Montpellier, on lui répliqua que le commerce de Montpellier n'existait plus. Le roi, après une enquête, révoqua ces lettres impopulaires.

Cet épisode met en relief, avec l'importance des marchands de Montpellier, celle de la marine de Gênes. Car s'il montre nos consuls et nos bourgeois pesant d'un poids considérable dans les décisions royales, il représente en même temps les Génois comme les dominateurs et les arbitres de la Méditerranée. Il faut que les relations commerciales de Montpellier avec les Génois aient été bien fréquentes et bien considérables pour avoir donné lieu à une si longue rivalité et avoir laissé tant de traces dans nos archives.

On voit, en 1327 et en 1332, Frédéric II d'Aragon prendre sous sa protection les marchands de Montpellier qui venaient commercer en Sicile. Nos relations commerciales avec l'Italie baissèrent au XVe siècle, à mesure que grandit, en France, le négoce espagnol.

Bien peu de villes ont entretenu des rapports plus constants avec Gênes, avec Pise, avec Sienne, Lucques, Venise, etc. Les marchands de Montpellier ne se bornaient pas à accueillir chez eux les Italiens; ils les visitaient à leur tour, les fréquentaient assidûment, et, quand ils ne débarquaient pas dans leur pays, ils y faisaient du moins escale, car l'Italie se trouvait pour eux sur la route du Levant.

Les traces les plus reculées qui subsistent des relations de Montpellier avec le Levant datent des Croisades. Mais ce fut durant le cours du XIIIe siècle que le commerce montpelliérain atteignit en Orient son plus grand lustre. Tous les ports, toutes les villes maritimes s'ouvrirent alors à lui comme de concert, et l'histoire ne signale aucun lieu qui lui soit demeuré fermé.

Bohémond IV, prince d'Antioche et comte de Tripoli, accorda aux négociants de Montpellier la faculté de payer simplement le tiers des droits exigibles dans sa ville de Tripoli, avec l'autorisation d'y occuper une rue spéciale pour leur résidence et un hôtel particulier pour leur consulat. Bohémond IV mettait toutefois une condition à ces faveurs : c'est que les marchands montpelliérains conduiraient, chaque année, dans le port de Tripoli, un navire d'au moins quarante hommes d'équipage et chargé d'au moins huit cents quintaux de marchandises. Nos marchands jouissaient de faveurs équivalentes dans toute l'étendue de l'empire d'Orient.

On signalerait bien peu de points des régions orientales que n'ait embrassés dans son rayonnement, au XIIIe et au XIVe siècles, le commerce de Montpellier. Il enveloppait toutes les Echelles du Levant, avec Rhodes, Chypre, Saint-Jean-d'Acre, Alexandrie pour principaux centres, et se répandait de là jusqu'aux lointaines extrémités, s'imposant en tous lieux et se faisant respecter par tous les monarques.

Mais c'étaient surtout les îles de la chrétienté d'Orient que fréquentait notre commerce montpelliérain. Le grand-maître des chevaliers de Rhodes leur octroie, par une charte de 1356, l'autorisation d'entretenir dans sa capitale un consul, lequel serait envoyé de Montpellier. Les marchands de Montpellier obtinrent dans l'île de Chypre des garanties analogues.

Les relations commerciales de Montpellier avec le monde mahométan étaient si fréquentes qu'on éprouva le besoin d'établir une monnaie spéciale qui leur fut affectée. Ce dût être une contrefaçon de la monnaie arabe, car le pape Clément IV reproche, en 1266, à notre évêque, Bérenger de Frédol, d'y tolérer la présence d'une légende mahométane.

Montpellier devait avoir la physionomie bigarée qu'offre, de nos jours, Marseille, avec ses étrangers de tout pays, aussi remarquables par la variété de leur langage que par celle de leurs costumes. C'était comme une sorte d'asile ouvert, sinon à toutes les religions, du moins à toutes les races. L'Orient et l'Occident semblaient s'y donner la main dans la quiétude d'une mutuelle fraternité.

Ces relations se maintinrent longtemps, et il ne tint pas à Jacques Cœur qu'elles n'aient toujours duré. Qui ne connaît la constance de ses efforts pour les perpétuer et les étendre ? Sa fortune grandit tellement qu'elle mit bientôt l'habile spéculateur en état d'armer et d'entretenir dix ou douze navires qui trafiquaient, sans discontinuer, en Egypte et au Levant. Jacques Cœur se plaisait, selon certaine tradition, à les contempler du haut de la plate-forme de sa maison de Montpellier, à leur arrivée ou leur départ. Il arriva, de progrès en progrès, à faire, à lui seul, dit-on, pendant vingt ans, plus d'affaires que les plus célèbres commerçants d'Italie. Mais ce surcroît de prospérité tenait à la vie d'un homme ; et encore n'atteignit-il pas les limites de l'existence de son auteur. On sait quelle fut la fin malheureuse du magnifique argentier de Charles VII. Montpellier perdit beaucoup à cette catastrophe.

Dès le XIIIe siècle, il existait un continuel échange de relations entre Montpellier et l'Espagne, avec l'Aragon et la Catalogne surtout, grâce à leur proximité. La famille des Guillem avait acquis des droits féodaux sur Tortose, et le roi Pierre II, devenu seigneur de Montpellier, en 1204, par suite de son mariage avec la fille de Guillem VIII, s'empressa d'accorder à ses nouveaux sujets le droit de commercer librement et sans avoir à acquitter aucunes redevances, soit par terre, soit par eau.

Jayme Ier réitéra cette concession en 1231, postérieurement à la conquête du royaume de Majorque qu'il y engloba. C'était justice ; la ville de Montpellier avait largement concouru à l'acquisition des Baléares ; pouvait-elle ne pas en partager les profits ? Ces relations commerciales survécurent à la seigneurie des rois d'Aragon et se perpétuèrent sous les rois de Majorque.

A la fin du xve siècle encore, les actes originaux y mentionnent la présence des marchands espagnols. En 1501, un marchand de Lisbonne, reçu bourgeois de Montpellier, Lopez, est exempté par les consuls, pendant cinq ans, avec sa famille, du paiement des tailles et autres contributions urbaines, moyennant une somme de deux livres, acquittée au profit des pauvres des hôpitaux de la ville.

L'année suivante, on admit aussi comme bourgeois deux autres marchands portugais, Alphonse et Ferrand Alvarez, qui donnèrent, à leur tour, trente sols aux hôpitaux de Saint-Eloi et de Saint-Jacques.

En 1503, une faveur identique est encore concédée à deux portugais, à un licencié en médecine, Alphonse Dassa, et à un simple étudiant, Bernard Bernardi.

Montpellier entretint des relations commerciales avec Narbonne jusque vers le milieu du xive siècle.

Les jalousies et les rivalités commerciales avec Marseille amenèrent les marchands de Montpellier à se créer des relations de commerce avec les villes du littoral méditerranéen : Agde, Hyères, Toulon, Antibes. Ils disposèrent de la partie du Rhône, d'Arles à

Avignon, et ils se ménagèrent la voie jusqu'à Lyon pour avoir ensuite la faculté de circuler à travers la Saône, vers les marchés de la France septentrionale. Les traités passés avec le comté de Valence et les seigneurs de Montélimar affirmèrent la persistance de l'intérêt qu'ils prenaient de leur liberté commerciale ; aussi ne craignirent-ils pas de s'engager par un contrat perpétuel et réciproque.

Grâce à leur persistance politique, les marchands de Montpellier, n'ayant rien à redouter sur le Rhône, s'avancèrent jusqu'au cœur de la France. Aussi les rencontre-t-on nombreux aux foires de Champagne et de Brie. C'était d'ordinaire un montpelliérain qui exerçait les fonctions de capitaine des marchands de Languedoc aux foires de Champagne.

On les voit commercer avec la Flandre et le Brabant. Ils avaient des comptoirs à Londres. Il n'est pas rare, par contre, d'avoir à signaler des hommes des provinces du nord postulant, à Montpellier, des lettres *d'habitanage* et y obtenant, avec exemption des tailles et des charges municipales, le titre de citoyen.

Antérieurement à l'annexion de Marseille, ce fut par Aigues-Mortes et Montpellier que les provinces françaises correspondirent avec la Méditerranée. Ce fut par Montpellier que leur arrivèrent les denrées et marchandises soit de l'Asie, soit de l'Afrique, soit de l'Espagne ou des rivages italiens ; de sorte que l'histoire du commerce de Montpellier est, sous beaucoup de rapports, l'histoire du commerce de la France.

Nos rois trouvaient bénéfice de protéger le commerce de Montpellier, même avant que cette cité fut rattachée au domaine de la couronne de France, par le surcroit d'activité qu'en recevait le commerce général de leurs états et par l'augmentation des recettes dont s'enrichissait leur fisc.

Les marchands de Montpellier avaient, au commencement du règne de Charles V, témoigné le désir de voir autoriser dans leur ville deux foires chaque année, à l'instar de celles de Pézenas : l'une le lendemain de l'Ascension, l'autre le jour de la Saint-Luc. L'établissement de ces deux foires se fit en 1369 et la charte renferma, outre l'octroi du marché hebdomadaire sollicité, une sorte de règlement de police industrielle relatif à la vente et à la fabrication des draps.

Malgré la constante assistance du pouvoir, la prospérité de Montpellier déclinait. Comment n'en eût-il pas été ainsi avec les malheurs qui, depuis un demi-siècle, accablaient la France ? L'invasion anglaise et bien plus les courses périodiques des Grandes Compagnies exerçaient une action si meurtrière, dans nos pays, qu'il fallut, en 1367 et 1368, payer des soldats pour faire la garde autour des vendangeurs. La population et la richesse commerciale subissaient en même temps une rapide décroissance.

Ce serait donc vers la fin du xive siècle et le commencement du xve que dut s'arrêter la période ascensionnelle de la vie commerciale à Montpellier. Louis XI constate, en 1476, que la moitié des maisons demeurait inhabitée et que la désertion augmentait de jour en jour. L'appauvrissement marchait de pair, et le roi se trouva contraint d'accorder à nos bourgeois, en 1482, un dégrèvement d'impôts de 2,500 livres tournois. La ville de Montpellier, jadis si splendide, apparaissait donc misérable et délaissée !

Charles VIII, afin d'y rappeler le commerce, confirma l'érection, déjà consentie par Louis XI, de l'art de la draperie dans nos murs, avec la jouissance de privilèges pareils à ceux d'autres villes plus favorisées en ce genre. Il prescrivit aussi l'exacte observance de la coutume qui limitait aux changeurs ou banquiers, ainsi qu'aux bourgeois, marchands et **artisans, l'admission au consulat, à l'exclusion des docteurs, avocats et autres gradués.**

Les troubles occasionnés par l'invasion du protestantisme achevèrent de ruiner ce qui restait encore du mouvement commercial. La science, la médecine et surtout le droit, y avaient, en quelque sorte, éclipsé l'ancien ordre de choses. Bien que descendu au second rang, Montpellier avait repris une certaine importance dès le commencement du ministère Colbert. Le port de Cette, qui s'ouvrit en 1666, fut loin de profiter à Montpellier.

La Loge doit rappeler à l'esprit la double idée de bourse et de tribunal de commerce. Elle jouait le même rôle que l'édifice de Saint-Côme de nos jours, alors que la bourse se tenait en cet endroit. Ce fut là un des principaux centres commerciaux de l'Europe et le siège d'une importante juridiction. Là trônaient les consuls de mer ; là se sont débattus bien des litiges ; là sont venus vaincre et se briser bien des intérêts.

Le duc d'Anjou accorda, en 1377, un douzième de l'impôt, pendant deux ans, pour la construction d'une Loge. Elle fut bâtie sur l'ancienne place Notre-Dame-des-Tables (aujourd'hui Halle aux Colonnes).

La Loge était située à l'angle de la place actuelle de l'Herberie et de la rue de l'Aiguillerie, dans un des endroits les plus avantageux de la ville, puisqu'elle faisait face au portail de l'église Notre-Dame-des-Tables, où se réunissait journellement la foule. C'était un édifice du xive siècle. Elle était assez vaste pour les réunions des consuls de mer, d'autant plus qu'ils ne s'y assemblaient, en général, que par députations et par compagnies. Elle comprenait deux salles. Dans la salle haute, les consuls de mer tenaient leurs réunions. La salle basse abritait les marchands et les financiers qui venaient, chaque jour, s'y entretenir de leurs affaires et y traiter leurs opérations commerciales, *sorte de parloir aux bourgeois*, où s'élaboraient simultanément les combinaisons de la politique et du négoce.

Une ville aussi importante que Montpellier devait

nécessairement avoir un personnel de magistrats et un ensemble d'institutions propres à surveiller et à protéger commercialement ses intérêts. C'est à ce double besoin qu'il faut rapporter l'origine des consuls de divers ordres. Tels étaient : 1° Les consuls de mer, 2° les consuls sur mer ou consuls des marchands naviguant, et 3° les consuls établis dans les comptoirs d'outre-mer, pour y départir, d'une manière constante, la justice à laquelle avaient droit leurs concitoyens.

Les consuls de mer juraient, sur les saints Évangiles, en présence des consuls majeurs, de percevoir fidèlement l'impôt sur les transports des marchandises de Lattes à Montpellier et de Montpellier à Lattes, et d'en conserver les revenus pour l'entretien de la route de Lattes, ainsi que du grau de la Robine qui mettait le port de Lattes en relation directe avec les étangs et, par suite, avec Aigues-Mortes. Les consuls de mer réprimaient la piraterie et élaboraient d'avance les traités que signaient ensuite les consuls majeurs et le pouvoir seigneurial, avec les diverses villes maritimes. Les quatre consuls de mer avaient coutume de comprendre un bourgeois, un marchand d'épiceries, un marchand de toiles ou de laines, et un magasinier.

Il n'importait pas seulement de protéger de loin le commerce : il fallait aussi le protéger de près et lui assurer une sauvegarde permanente, se déplaçant avec les marchandises et les accompagnant jusqu'à destination. Cette nécessité quotidienne donna naissance aux *Consuls sur mer*. Ces consuls suivaient le navire dans sa route et leur mission avait la même durée que leur voyage aller et retour.

Il y avait ordinairement un de ces consuls par navire. Leur désignation appartenait aux consuls majeurs ; ils recevaient leur serment, puis leur délivraient une sorte de passe-port ou certificat propre à leur permettre de circuler librement sur mer. Les consuls sur mer, une fois arrivés à destination, avec les marchandises dont la surveillance leur etait dévolue, trouvaient un protecteur naturel dans le représentant du commerce montpelliérain établi à poste fixe sur les principaux points du littoral de la Méditerranée.

Le commerce de Montpellier avait donc, au xiii⁰ siècle, des représentants consulaires en Orient. Des documents constatent la présence de ces consuls d'outre-mer dans l'île de Rhodes, à Alexandrie, dans l'île de Chypre. On en rencontre aussi dans le nord de la France, aux foires de Brie et de Champagne. Comme ces foires duraient toute l'année, quoique changeant de ville, le consul devait suivre sans doute les marchands à Lagny, à Bar-sur-Aube, à Provins et à Troyes. Il recevait, pour ces périodiques déplacements, en même temps qu'à titre d'honoraires, une somme personnelle. Elle est fixée dans les prévisions de Pierre de Castelnau, en 1258, à quinze livres tournois par foire.

A Montpellier on ne pratiquait pas seulement le commerce d'une manière individuelle ; on le pratiquait aussi collectivement par société ou association.

Les articles de la Charte du 15 août 1204 renferment de nombreux règlements sur le commerce. Des statuts complémentaires ajoutent encore à cette jurisprudence, et il est impossible, en en lisant le progressif développement, de ne pas se sentir vivre au milieu d'une atmosphère vraiment commerciale.

Pendant que le seigneur règle la fabrication et la teinture des draps, les consuls, qui, du reste, ne négligent pas non plus cette branche, prescrivent, de leur côté, la vente des toiles, la préparation des peaux, qu'ils soumettent à une marque uniforme, la fonte de la vaisselle d'étain, pour laquelle ils fixent la dose d'alliage, etc.

Cette jurisprudence, jalouse de garantir la moralité du commerce montpelliérain, va jusqu'à vouloir l'uniformité des poids et mesures. « Il doit y avoir égalité dans les sétiers, émines et autres mesures. Le sétier et l'émine de sel ne doivent pas être plus grands que le sétier et l'émine de blé. Le soin de veiller à cette égalité sera confié à deux prud'hommes qui, deux fois chaque année, inspecteront tous les poids et mesures. »

Les consuls majeurs désignaient, chaque année, quatre commerçants honorables, chargés, sous le nom de *gardes des marchandises et avoirs*, de prévenir la fraude dans la préparation, la vente ou l'expédition des denrées ou autres objets. Nulle marchandise ne pouvait sortir de Montpellier sans un laissez-passer officiel que les gardes ne délivraient qu'à la suite d'une minutieuse vérification. Ils recouraient, dans les cas douteux, à l'expertise, et quand il y avait falsification bien constatée, ils en donnaient acte aux consuls majeurs, qui déféraient, à leur tour, la fraude à la justice des consuls majeurs.

Le bayle ne se montrait ni moins consciencieux, ni moins inexorable que les gardes et les consuls, et, lorsqu'il s'agissait de choses dont l'emploi risquait de devenir nuisible, de safran par exemple, ou de toute autre sorte d'épicerie, il prescrivait, le plus ordinairement, que la marchandise serait détruite par le feu.

Le serment n'était pas seulement obligatoire pour les consuls et autres magistrats supérieurs; il l'était aussi pour tout autre emploi ou autre industrie même qui entraînait une responsabilité quelconque.

Non-seulement la coutume de Montpellier refusait de recevoir en témoignage certaines classes de financiers ou de commerçants connus par leurs habitudes usuraires; non-seulement l'Eglise leur refusait, à son tour, la sépulture religieuse, mais encore la population tout entière professait pour eux une répugnance instinctive. Elle embrassait les juifs dans cette antipathie.

La Cour du Petit-Scel fut établie à Montpellier par Philippe-le-Bel. C'était une cour semblable à celle du Châtelet de Paris, et dont la mission consistait à juger en matière de dettes.

Montpellier fut constamment le principal entrepôt de la Méditerranée, et, par les ports auxiliaires d'Aigues-Mortes, Maguelone et Frontignan, pourvut seule la France des denrées et des produits les plus précieux de l'univers. Ses relations furent immenses. La prospérité de cette cité fut à son apogée en 1332. C'était alors une des villes les plus enviables et les plus peuplées du Midi. Les fours s'y trouvaient insuffisants pour cuire le pain nécessaire, et il avait fallu y augmenter le nombre des églises investies du droit d'administrer les sacrements. Cette splendeur qui allait sans cesse en s'exaltant, atteignit, presque sans éclipse, le milieu du XIVe siècle.

Les secours considérables que Louis XIV avait tirés des marchands de Montpellier servirent à leur faire obtenir un édit, du mois de mars 1691, portant l'établissement d'une bourse des marchands, qui n'était autre que la confirmation des anciennes coutumes et l'autorisation officielle donnée aux marchands de traiter leurs affaires dans le local de la Loge qui existait encore.

Les foires existaient à Montpellier dès le commencement du XIIIe siècle. Les marchands étaient tenus à certaines obligations qui indiquaient leur importance à cette époque.

« En 1210 les marchands, moyennant six sous, se faisaient délivrer, à l'hôtel-de-ville, une permission de vendre. Cette permission consistait en une plaque de plomb qu'ils portaient durant toute la foire.

« Chaque marchand recevait le sceau et le pendait à son cou. Tout homme, étranger à la ville de Montpellier, qui eût voulu vendre le moindre objet sans ce signe de la permission des magistrats, pouvait être saisi sur le champ par les sergents d'armes.

« Les bourgeois de la ville de Montpellier avaient payé à leur seigneur, le roi d'Aragon, la somme de dix mille sous raymondiens, pour leur foire libre ; ils en défendaient les privilèges pour faire prospérer leur commerce, et le roi d'Aragon n'aurait osé faire arrêter un seul homme pour un fait antérieur à ces huit jours de foire » (1).

Des enquêtes touchant l'opportunité de la concession de foires furent ordonnées sous Charles V en 1368 et 1376. Charles le Mauvais, roi de Navarre, établit, en 1377, un marché pour les draps, qu'il soumit en même temps à l'obligation d'une marque et d'une surveillance spéciales.

Charles VIII établit deux foires en 1488, de huit jours chacune. Louis XII, en 1505, ajouta à ces deux foires deux marchés, s'ouvrant le 2 janvier et le 12 juillet. Henri IV, à la requête du seigneur de Boutonnet, Aymard de Calvisson, établit, pour ce faubourg de Montpellier, au mois d'août 1609, quatre foires par an et un marché le jeudi de chaque semaine.

« Le second jour de novembre 1694, se tint la première foire au Pont-Juvénal, qui avait été accordée, par lettres patentes, au président Solas, en faveur du canal qu'il avait entrepris sur la rivière du Lez. On en fit l'ouverture par une procession durant les trois jours de la foire. La marquise de Grave donna des prix pour être gagnés à la course, ce qui attira un concours considérable de peuple de l'un et de l'autre sexe. »

De nos jours, les deux foires se tiennent sur les allées de l'Esplanade, le lundi de Quasimodo et le 2 novembre.

---

(1) Frédéric Soulié, *le vicomte de Béziers*.

VIII

ENSEIGNEMENT

Premières écoles en 1242. — Ecole Mage (1461). — Instruction littéraire-artistique-scientifique. — Faculté des Arts, statuts (1742). — Collèges : de Valmagne (1263), de Saint-Germain (1364), de Mende (1369), de Saint-Ruf (1370), de Gérone (xv⁰ s.), Bresse ou Pezénas (1342-1349). — Ecoles mixtes de théologie, belles-lettres. — Destruction des collèges. — Régents nommés à l'Ecole Mage. — Henri IV prescrit l'enseignement des arts libéraux, etc. — Cazaubon. — Translation dans l'île Cezelly (actuellement le lycée). — Classe des abécédaires (statuts de 1608). — Organisation de l'Académie Montpelliéraine de philosophie et de théologie. — L'évêque directeur et conservateur du collège (1615-1618). — Les Jésuites mis à la tête du collège (1629). — Durée de leur enseignement. — Leur expulsion en 1762. — Frères de la vie commune. — Le collège pendant la Révolution. — Générosité du maire Durand. — Réorganisation de l'Instruction primaire publique et gratuite (1792). — Ecoles chrétiennes. — Nomination d'instituteurs. — Etablissement de dix écoles primaires. — Ecole centrale.
Faculté de Médecine. — Son origine. — Enseignement libre. — Statuts de 1220. — Bulle de Nicolas IV (1229). — Université de Montpellier. — Professeurs. — Chaires. — Son installation dans les bâtiments du monastère de Saint-Germain. — Son enseignement.
Ecole de Droit. — Fondation (1601). — Les premiers professeurs. — Elle est placée sous la dépendance des évêques de Maguelone. — Faculté de théologie. — Causes de sa décadence. — Henri IV relève l'école. — Supprimée par la Révolution. — Rétablie en 1881.

Les premières écoles furent établies à Montpellier en 1242. L'enseignement primaire, ainsi que partout ailleurs, était donné par des régents qui recevaient une rétribution minime de la commune et des élèves.

La première mention qui soit faite d'un régent public de grammaire est de 1412. Il donnait ses leçons dans un local loué par la commune moyennant *les gages accoutumés de seize livres tournois par an*. A partir de 1446 le traitement est de trente livres tournois.

La commune en 1461 acheta un local situé au coin de la rue de l'Université et de la rue de l'Ecole Mage (schola Major), sur l'emplacement de la chapelle de l'ancien Hôpital Saint-Eloi.

Cet établissement fut soigneusement aménagé : et comprenait entre autres deux grandes pièces capables de contenir 1500 personnes. L'une, la plus grande, était la salle ordinaire des cours ; elle était meublée d'une chaire, du haut de laquelle le magister lisait, avec marchepied et bancs autour, et d'autres bancs affectés aux enfants. L'autre, la chambre du maitre, contenait également une chaire, une table haute et plusieurs bancs. Au-dessus de la porte était une belle cloche.

Tout maître ès-arts ayant la science pour enseigner pouvait ouvrir des cours libres, quelque chose d'analogue comme un pensionnat.

L'enseignement secondaire n'existait pas à proprement parler au moyen âge. Les Facultés de Droit, de Médecine et de Théologie avaient chacune une existence à part ; mais pour les Lettres et les Sciences, il n'y avait pas deux sortes d'enseignement.

L'instruction littéraire, artistique et scientifique, comprenait la connaissance des *Sept Arts Libéraux*, *le trivium* (grammaire, rhétorique et philosophie), *le quadrivium* (arithmétique, géométrie, musique et astronomie). L'ensemble de ces cours formait la Faculté des Arts.

La création de la Faculté des Arts est antérieure à 1242, une bulle épiscopale de cette année prouvant qu'il s'agit d'une organisation et non d'une création.

La Faculté des Arts célèbre dans le monde entier dès le début du xiii° siècle, avant même la naissance des Facultés de Droit, de Médecine et de Théologie, primait et dominait les autres.

Il y eut vers le milieu du xii° siècle des écoles monastiques et cléricales et des écoles laïques, des cours libres fondés par des professeurs.

Les statuts du 27 mars 1742 établirent l'organisation de la Faculté des Arts. Le régent ou le lecteur dans les écoles de grammaire ou de dialectique devait être examiné ou approuvé par l'évêque ou par son délégué spécial qui devait s'adjoindre pour cet examen quelques régents.

Plusieurs collèges gravitaient autour des Facultés des Arts, de Médecine et de Droit :

Le collège Cistérien de Valmagne, doté en 1263, par Jayme Ier d'Aragon, était situé dans le faubourg Saint-Guilhem et particulièrement affecté aux études théologiques.

Le collège de Saint-Germain, annexé au monastère des bénédictins de ce nom, construit de 1364 à 1368, par Urbain V, entretenait 16 étudiants clercs, dont 6 au moins du diocèse de Mende. Les constructions de ce couvent sont aujourd'hui occupées par la Faculté de Médecine.

Le collège de Mende fondé par Urbain V en 1369, à l'entrée de la rue Germain (ancienne rue Saint-Mathieu) et de la rue Urbain V, était destiné à l'entretien de 12 étudiants en médecine du diocèse de Mende. On l'appelait aussi pour cette raison le collège des Douze Médecins.

Le collège de Saint-Ruf, situé en face du collège Saint-Germain, était une fondation du frère d'Urbain V, le cardinal Anglie Grimoard, évêque d'Albano, et abritait 18 bourgeois : 6 pour les Arts, 8 pour le Droit, 4 pour la Théologie. La durée de la bourse était de sept ans. Les pensionnaires étaient soumis à l'obligation de ne parler que latin. Le règlement était des plus sévères. Ce fut une des maisons les plus prospères; elle dura jusqu'aux guerres de religion et se rouvrit au xvii⁰ siècle pour envoyer des boursiers aux jésuites.

Le collège de Girone, en face le collège de Mende, fondé par Jean Brugerie, maitre ès arts et docteur en médecine vers le milieu du xv⁰ siècle, pour deux étudiants en médecine de Girone, son pays natal.

Le fondateur avait laissé un testament de 700 écus d'or et certains objets mobiliers.

Il fut transporté plus tard, vers le milieu du xvi⁰ siècle, rue des Carmes, dans une maison qui a gardé de nos jours le nom de Collège de Girone.

Le collège du Vergier, ou *de la Chapelle-Neuve* à cause d'une chapelle que Jean du Vergier y attacha; cette maison fut bâtie vers 1470 dans l'encoignure des rues actuelles de la Chapelle Neuve et du Four-qui-Passe. Elle servait de logements à trois étudiants en droit et à un chapelain. La Faculté de Droit y élut domicile à deux reprises, en 1592 et en 1682.

Ces cinq collèges de Saint-Germain, de Mende, de Saint-Ruf, de Girone et du Vergier, rayonnant autour de l'Ecole de Médecine, située alors rue Saint-Mathieu (ou Germain), à la place de l'école de Pharmacie, formaient un groupe scolaire important, une sorte de quartier latin.

Le collège de *Bresse* ou de *Pézenas* fut fondé par Bernard Trigard ou Trigardy, ancien moine de l'abbaye de Valmagne, devenu évêque de Bergame en 1342 et de Brescia en 1349, par son testament de 1358, pour dix étudiants pauvres de Pézenas, sa patrie, pris autant que possible dans sa famille, qu'il constituait ses héritiers pour les trois quarts de sa succession. Il y eut jusqu'à 24 collégiés. Il disparut aux guerres de religion, et plus tard les consuls de Pézenas en utilisèrent les revenus, auxquels vinrent se joindre quelques libéralités de Henri IV, pour fonder dans leur cité leur collège qui y est encore.

De nombreuses écoles mixtes de Théologie et de Belles-Lettres s'abritaient à l'ombre des couvents : Bénédictins de Sauret et Trinitaires de Saint-Maur ; Franciscains ou Frères-Mineurs, près la porte de Lattes ; Dominicains ou Frères-Prêcheurs dont le cloître et l'église situés dans le faubourg Celleneuve servaient de lieu de réunion à la Faculté de Droit ; Religieuses de la Merci logées à la tour Ste-Eulalie au siège de l'Ecole de Droit ; les Carmes établis sur l'emplacement de l'Hôpital Général, dont le collège comptait, en 1428, jusqu'à six régents et faisait partie de l'Université de Montpellier ; les Augustins sur la route de Nîmes. Tous ces monastères donnaient en outre à leurs profès un enseignement analogue à la Faculté des Arts.

Dans les premiers troubles religieux de 1560 et 1562, tous ces collèges, tous ces couvents furent saccagés et leurs archives pillées. Pendant une vingtaine d'années, il n'y eut plus d'enseignement littéraire suivi à Montpellier.

En 1579, les consuls, tous calvinistes, installèrent trois régents à l'Ecole Mage : ils attribuèrent au premier trois cents livres de gages, au second cent quarante livres et au troisième cent livres. Pour cette dépense on imposa une crue de cinq deniers sur chaque quintal de sel. Les trois maîtres s'engageaient à lire pendant un an, à partir du jour de Saint-Luc, et s'interdisaient de recevoir aucune rétribution des élèves appartenant aux familles de la ville ou du diocèse. C'est ainsi que l'administration communale essaya de rétablir la Faculté des Arts. Elle n'ignorait pas le succès des jésuites ; elle savait que les anciennes méthodes étaient mises de côté ; de plus elle se proposait de changer l'ancienne croyance au moyen de l'éducation. Elle créa une position pécuniaire, et proclama la gratuité de l'enseignement.

Henri IV se montra libéral pour la culture des

lettres, et en 1596, il prescrivit l'enseignement des arts libéraux, des lettres humaines, des langues grecques et latines dans le collège qui *voulait être de toute ancienneté*. On établit cinq régents sous la direction du savant Cazaubon qu'on fit venir de Genève. Les classes furent ouvertes alors dans les locaux du collège de Mende, fondé par Urbain V, et appelé pour cela Collège du pape.

La translation dans l'île de Cézelly, sur l'emplacement actuel de Notre-Dame, eut lieu en 1600. Les places de régents furent mises au concours et l'on distribua des prix pour clore solennellement l'année scolaire.

Des statuts de 1608 organisèrent l'Académie Montpelliéraine de philosophie et de philologie. C'était un établissement mixte d'enseignement secondaire et d'enseignement supérieur. Sous l'ancien régime, ce collège ne fut jamais distinct de la Faculté des Arts et des Lettres.

L'autorité locale avait prononcé la suppression des petites écoles. Elle n'avait ouvert aux familles qu'une seule école annexée au collège, sous le titre de *Classe des abécédaires*, et en avait confié la direction à deux maîtres calvinistes, auxquels il était défendu de recevoir des habitants aisés plus de deux sols par mois, ni de rien exiger des pauvres, sous peine de destitution immédiate. Les catholiques repoussèrent une telle éducation première ; ils parvinrent à obtenir une transaction, en vertu de laquelle la classe des abécédaires fut divisée d'après les religions.

Des arrêts du Parlement de Toulouse maintinrent l'évêque dans le droit de se dire secrétaire et conservateur du collège (1615-1617), de délivrer des lettres aux maîtres ès arts, d'instituer et de destituer les principaux et les régents. L'évêque Fenouillet demanda et obtint du roi que les jésuites fussent mis à la tête du collège ; leur installation s'effectua paisiblement le 20 juillet 1629 pendant que le cardinal

Richelieu se trouvait dans nos murs. Leur enseignement dura 133 ans.

Lors de l'expulsion des Jésuites, en 1762, le nouveau « collège royal » reçut par règlements de 1764 et par lettres patentes de 1765 une organisation semblable à celle des autres établissements.

La création d'un internat en 1773 et l'adjonction d'une Académie de Peinture, Architecture et Sculpture en 1778, compliqua l'institution sans la ranimer.

Après la révocation de l'Edit de Nantes on établit des écoles pour préparer à la conversion les enfants de certaines familles protestantes.

Lorsque la Révolution éclata, le collège subit les changements résultant du nouvel ordre des choses. Le 9 février 1791, le conseil général de la commune remplaça les professeurs et les régents religieux par des laïques. La caisse du collège était vide, le maire Durand fit généreusement l'avance d'une certaine somme, heureux de mettre sa fortune au service de ses concitoyens. Le nombre des écoliers diminua rapidement ; on ferma les classes de philosophie ; les jeunes gens arrivés au point d'étudier cette science entrèrent dans les bataillons pour défendre le territoire. Dans le courant de cette année, on vendit aux enchères les propriétés rurales du collège dont les vastes bâtiments demeurèrent inhabités jusqu'à l'organisation des Ecoles centrales.

En 1792, on s'occupa de la réorganisation de l'instruction primaire publique et gratuite.

Avant la révolution l'enseignement primaire était donné par les Frères des Ecoles chrétiennes pour les garçons et par les Ecoles de la Propagande pour les filles. Les religieuses de Saint-Charles, de Sainte-Ursule et de la Miséricorde étaient tenues d'avoir une école dans chacun de leurs couvents. Les Sœurs noires étaient payées par la ville.

Le conseil général de la commune décida qu'il serait établi trois écoles publiques pour les garçons et autant pour les filles avec deux maîtres ou maitresses dans chaque école. Les six instituteurs furent nommés le 6 juin.

Au mois de floréal an II, la municipalité organisa l'instruction primaire, selon le décret du 29 frimaire.

En l'an IV, la municipalité décida, le 19 floréal, l'établissement de dix écoles primaires, une dans chacun des dix quartiers, mais les sujets manquèrent et les écoles ne s'ouvrirent que difficilement.

L'Ecole Centrale dans le local actuel du lycée fut inaugurée en l'an V.

FACULTÉ DE MÉDECINE

Tous les historiens s'accordent à dire que l'étude de la médecine est aussi ancienne à Montpellier que la ville elle-même.

L'Ecole de Médecine de Montpellier a ses origines dans les universités juives et arabes. La beauté du climat de Montpellier, dont la célébrité a fait, pendant des siècles, le tour du monde, fut aussi une des causes qui contribuèrent à augmenter la popularité de cet enseignement par le nombre des malades qui venaient chercher un remède à leurs maux.

Dès la fin du Xe siècle, on y reconnait une véritable école et sa renommée devait être déjà ancienne puisque Saint-Bernard, dans une lettre de 1153, nous apprend qu'un archevêque de Lyon étant tombé malade en allant à Rome se détourna de sa route pour venir consulter les médecins de Montpellier.

Il paraît que les frais de son traitement durent être considérables, car Saint-Bernard ajoute qu'il dépensa avec les médecins ce qu'il avait et ce qu'il n'avait pas.

Au même siècle, Jean de Salisbury, évêque de Chartres, assure que, de son temps, on ne se rendait pas moins à Montpellier qu'à Salerne pour y apprendre la médecine.

Plus tard, Gilles de Corbeil, médecin de Philippe-Auguste, reconnaît que déjà au xiie siècle notre Ecole était florissante ; il ajoute même que c'était la seule qui fut dans le royaume.

Enfin, le moine Césaire d'Heisterback, qui écrivait au commencement du xiiie siècle, disait que Montpellier était la source de l'art médical.

Les rapports commerciaux qui s'établirent entre les habitants de Montpellier et les Arabes facilitèrent l'arrivée des médecins de ce dernier peuple, qui, comme on le sait, ont tenu, pendant tout le moyen âge, le sceptre de la médecine. On peut affirmer que, sous ces influences, Montpellier devint un centre médical et que de bonne heure les étudiants y affluèrent.

L'enseignement fut d'abord entièrement libre. Chaque docteur pouvait grouper autour de lui un certain nombre d'élèves ; rien ne ressemblait alors à un corps universitaire.

Plus tard, quelques docteurs voulurent s'arroger le droit d'enseigner, à l'exclusion de leurs autres confrères. Guilhem VIII abolit ce privilège et donna à tous les docteurs, de quelque pays qu'ils fussent, l'autorisation de régenter dans l'Ecole de Médecine de Montpellier. Mais ce fut surtout le cardinal Conrad, légat du pape, qui lui donna ses premiers statuts, le 16 des calendes de février 1220 ; dans ces statuts nous relevons les articles suivants :

1º Nul ne pourra prétendre à l'honneur de la maîtrise qu'il n'ait été auparavant examiné par les docteurs régents et qu'il n'ait, en conséquence, reçu de l'évêque de Maguelone la licence d'enseignement et de pratique ;

2º On choisira, à la pluralité des voix, un des docteurs régents pour être chancelier et juge de l'Ecole ;

3º Le chancelier aura le droit de régler les disputes

et les différends qui existeraient, tant entre les maîtres qu'entre les écoliers.

Le clergé continua, pendant longtemps encore, à exercer une action dominante sur notre Université. Divers papes confirmèrent la bulle de Conrad. En 1229, Nicolas IV rétablit la Faculté de Droit et des Arts ; il y joignit celle de Médecine et fonda, par la réunion des trois Ecoles, l'Université de Montpellier ; mais la Faculté de Médecine chercha toujours à s'isoler des autres écoles et à conserver son indépendance.

Les papes et les rois voulurent auprès d'eux des médecins de Montpellier, et Urbain V fonda, auprès de cette école, le *Collège de Mende* ou des *Douze Médecins* en faveur des boursiers de son pays natal. Les professeurs ne recevaient aucune rétribution ; les élèves rétribuaient eux-mêmes leurs maîtres, et ceux-ci faisaient de continuels efforts pour augmenter leur clientèle. Cette liberté devait avoir et avait en réalité ses inconvénients. Suivant les circonstances, les professeurs affluaient ou faisaient défaut. Charles VIII et Louis XII voulurent d'abord porter remède à cet état de choses ; quatre charges de professeurs, auxquels on donna un appointement de 100 livres par an, furent instituées. En 1561, Charles IX porta leurs appointements à 300 livres, et Henri IV, en 1595, à 600 livres.

Deux nouvelles charges furent créées, en 1593, par Henri IV : une d'anatomie et de botanique, qui fut donnée à Richer de Belleval, et une autre de chirurgie et de pharmacie, dont Pierre Dortoman fut le premier titulaire. Peu de temps après, en 1595, fut instituée une charge de dissecteur ou anatomiste royal, avec 300 livres d'appointements ; elle fut attribuée à Cabrol, qui peut être considéré comme le premier chef des travaux anatomiques à Montpellier. En 1673, d'Aquin fit ériger en chaire la place de démonstrateur de chimie, et, en 1715, une huitième chaire fut créée.

Cette organisation dura jusqu'au 12 août 1792, jour où parut la loi qui supprimait les Universités de Médecine. A ce moment, huit professeurs étaient installés dans leurs chaires. Cette loi si étrange ne pouvait avoir des effets bien durables. Aussi le gouvernement créa-t-il, le 14 frimaire an III, les trois Ecoles de Santé de Paris, de Montpellier et de Strasbourg, dans le but unique de former des médecins militaires dont il avait besoin. Enfin, quelques années après, parut le décret qui transformait les Ecoles de Santé en Facultés de Médecine.

Privée, à l'origine, de tout local, accomplissant, alors et pendant longtemps, ses cérémonies dans l'église de Saint-Firmin, la Faculté s'installe d'abord dans les bâtiments qui appartiennent aujourd'hui à l'Ecole de Pharmacie ; elle vient ensuite habiter le vieux monastère de Saint-Germain que le pape Urbain V avait annexé à la cathédrale, et c'est là qu'elle se trouve encore aujourd'hui.

Au début, son enseignement ne consista qu'en lectures dans lesquelles le professeur se contentait de commenter les ouvrages des anciens maîtres. L'aspirant à la licence devait répondre sur les matières de ce programme à chacun des examinateurs, en justifiant de six ans d'études médicales (l'année scolaire était évaluée à raison de huit mois); ou de cinq années d'études, s'il était maître ès-arts (titre équivalent au double baccalauréat d'aujourd'hui), et élève d'une des grandes Universités ; à quoi il fallait ajouter l'attestation de huit mois de pratique. A ces conditions seulement il était apte à se présenter à la licence. L'examen consistait en deux leçons, l'une théorique, l'autre pratique, devant un jury convoqué par le chancelier dans l'église de Saint-Firmin ou dans celle de Notre-Dame des Tables, suivies chacune d'une sérieuse argumentation. Ce programme fut consacré en 1340.

Tel fut l'enseignement jusqu'en 1534 ; à ce moment l'esprit de la Renaissance vint lui imprimer une heureuse et profonde modification. Les Arabes sont délaissés au profit des médecins grecs ; Hippocrate reprend la place d'honneur ; c'est sur les textes originaux et non plus sur les mauvaises traductions latines du moyen âge que les commentaires se font. On peut parfaitement admettre que la présence de Rabelais à Montpellier ne fut pas étrangère à ce mouvement de rénovation.

En même temps un progrès bien plus sérieux s'accomplissait. L'observation directe tendait à prendre la place qui lui appartient en réalité. En 1315, Mondini de Lunzi avait disséqué publiquement deux cadavres de femme. C'est incontestablement à l'Ecole de Montpellier que revient l'honneur d'avoir inauguré les études pratiques d'anatomie. Le duc d'Anjou, gouverneur de Languedoc, accorda, en 1376, à notre Université l'autorisation de disséquer chaque année, le cadavre d'un criminel. C'était là un minime progrès, d'autant plus à remarquer qu'il fallait, à cette époque, lutter à la fois contre les préjugés, contre les prescriptions de la loi juive, et contre les défenses de l'autorité catholique, assurément les plus sévères entre toutes.

Bientôt après apparaît Rondelet qui sut imprimer aux études anatomiques un élan nouveau. Il attira autour de sa chaire des élèves nombreux, parmi lesquels plusieurs se sont placés aux premiers rangs des anatomistes célèbres. C'est lui qui fit construire le premier amphithéâtre d'anatomie établi en Europe, et c'est là, dit-on, qu'il fit voir le placenta de ses deux fils jumeaux et qu'il disséqua le cadavre de l'un de ses enfants.

Dans l'origine, la chirurgie se trouvait réunie à la médecine et exercée par les mêmes mains. Au commencement du xviiie siècle, une grande époque commence pour la chirurgie. Lapeyronie ne fut pas seulement un chirurgien éminent ; son nom ne nous indique pas seulement une étape glorieuse dans le développement de la belle science inaugurée par Guy de Chauliac et qui aboutit à Delpech ; ce fut aussi un grand cœur, un caractère généreux et son passage fut signalé par des actes où le génie de la vertu ne brille pas moins que celui de la science. C'est à Lapeyronie que Montpellier doit l'hôtel Saint-Côme, où siégea pendant longtemps le Collège de Chirurgie.

Le monastère de Saint-Germain, qui avait été la résidence des évêques de Montpellier, de 1536 à 1790, était devenu la prison des suspects. Enfin, le 9 thermidor, en rendant la liberté aux suspects, on prépara, pour ainsi dire, le décret du 22 avril 1795 qui affecta la demeure épiscopale à l'enseignement de la médecine.

ÉCOLE DE DROIT

Cette Ecole, autrefois célèbre, fondée vers 1160, par l'italien Placentin, fut la première Ecole de Droit que la France ait possédée ; on s'y rendait de tous les points de l'Europe.

Elle se tint d'abord dans les salles basses de la tour Sainte-Eulalie, et c'est là que professèrent : Guillaume de Nogaret, si connu par le rôle qu'il joua dans les démêlés de Philippe-le-Bel avec le pape Boniface VIII ; Jean Faber, commentateur des *Institutes*, Rebuffy, Guillaume, Grimoard, devenu plus tard Urbain V, Pierre de Luna, devenu l'antipape Benoît XXIII, etc.; ce fut aussi là qu'étudia Pétrarque.

L'Ecole de Droit avait été, dès 1230, placée par Louis IX sous la dépendance des évêques de Maguelone. Elle était administrée par un recteur clerc, élu annuellement, et par douze conseillers clercs, également annuels. Tous les membres de l'Université étaient tenus, sous peine d'amende, d'assister, tous les dimanches, à une messe solennelle dans l'église du couvent des Dominicains. C'était dans l'église de Saint-Firmin que l'Université de Droit tenait conseil ; à la Salle-l'Evêque, résidence épiscopale, qu'elle conférait la licence ; à l'église Notre-Dame des Tables qu'elle faisait soutenir les épreuves et conférait le doctorat ; dans la sacristie de l'église des Dominicains qu'elle mettait son trésor en dépôt.

En 1241, une bulle du pape Martin V annexa une Faculté de Théologie à l'Ecole de Droit.

Il fallait primitivement neuf ans d'études pour devenir docteur dans l'un ou l'autre droit, et douze ans pour se faire recevoir docteur en droit civil et droit canon, et obtenir le titre de docteur *in utroque*.

Les fondations d'Ecoles de Droit à Perpignan en 1349, à Avignon, Aix, Toulouse, Cahors, Orléans, Paris, etc., diminuèrent la réputation de celle de Montpellier et l'affluence des étudiants, si bien qu'aux XVe et XVIe siècles, elle en vint à un tel état de détresse qu'elle n'avait même plus de quoi faire les frais de la robe ou *tabard* que devaient revêtir les candidats aux grades, et qu'elle fut réduite à emprunter celle de sa rivale, l'Université de Médecine, laquelle, pour comble d'humiliation, envoyait souvent redemander le tabar avant la consommation de l'acte.

Germain attribue la désertion de l'Ecole au mauvais accueil que faisait aux étudiants la population de Montpellier. Duval-Jouve l'attribue au mauvais choix des professeurs que nommait l'autorité épiscopale ; à la faiblesse indulgente qui portait ces professeurs à conférer les grades à « des étudiants ne connaissant le titre des articles du *Decretum* que si on le leur soufflait ». Si, d'un autre côté, les habitants de Montpellier étaient peu gracieux envers les étudiants, il faut attribuer cette disposition d'esprit aux prérogatives épiscopales, bien faites pour blesser tous ceux qui avaient le sentiment de la justice.

Aux fêtes de Noël, en 1428, les étudiants, au nombre de six ou sept, s'avisèrent, au milieu de la nuit, d'enlever une femme de vingt ans en l'absence de son mari, de prendre le coffre contenant ses bijoux et de conduire cette malheureuse dans la maison de l'un d'eux où elle subit les outrages de tous. Bien que masqués, l'un des coupables fut reconnu ; le bayle le fit arrêter et mettre en prison. L'autorité épiscopale de l'Université porta l'affaire devant l'évêque de Maguelone, prétendant qu'elle ne relevait pas du pouvoir séculier et que ses privilèges avaient été méconnus ; elle excommunia l'assesseur du bayle, le priva de ses grades, de ses titres universitaires, fit afficher cette excommunication et la fit publier en chaire, un dimanche, par le prieur de Saint-Mathieu.

Le nom de l'ancienne rue Bona-Nioch vient aussi rappeler un bien triste épisode dont les étudiants furent victimes, par représailles, au XIVe siècle. En 1562, la tour Sainte-Eulalie fut rasée, ainsi que les faubourgs de Montpellier, par les protestants qui avaient à se défendre contre l'armée de Joyeuse. Henri IV et Jules Pacius relevèrent l'Ecole.

En 1680, l'Ecole de Droit se tenait dans le Collège Sainte-Anne ; mais, comme elle manquait d'espace, elle fut transférée dans les bâtiments de la Chapelle-Neuve où elle languit jusqu'au moment où la Révolution l'emporta.

Relevée en 1881, elle eut son siège dans un immeuble appartenant à la ville, situé dans la rue Eugène-Lisbonne. Elle est aujourd'hui spacieusement installée, avec les Facultés des Lettres et des Sciences, dans le nouvel Hôtel de l'Université.

IX

BIOGRAPHIE MONTPELLIÉRAINE

JUSQU'A LA FIN DU XVIIIe SIÈCLE [1]

I. Femmes. — Rois. — Hommes politiques. — Illustrations militaires. — Clergé. — Ordres religieux. — Philosophes. — Protestants. — Magistrats et Jurisconsultes. — Avocats. — Littérateurs. — Auteurs dramatiques. — Amateurs des Beaux-Arts. — Historiens. — Poètes et Troubadours. — Professeurs. — Savants. — Botanistes. — Médecins. — Architectes et Ingénieurs. — Peintres. — Chorégraphes.

II. Notice sur quelques personnages célèbres ayant séjourné à Montpellier.

Montpellier a donné le jour à des personnages remarquables dont la célébrité est universelle. D'autres moins connus méritent cependant le souvenir de leurs compatriotes, et c'est à ce titre qu'ils devaient être compris dans une biographie Montpelliéraine. Leur nombre devrait en être plus considérable. Combien d'entre eux n'ont pas encore eu de biographie ! Combien d'autres dont les noms ne sont pas connus !

Le classement par professions (1) permet de constater les caractères originaux des premiers habitants de Montpellier. Par le nombre des médecins, des

---

(1) L'index placé à la fin de l'ouvrage permet de trouver les noms des personnages.

membres des ordres religieux et des illustrations militaires, on reconnaît la valeur de son enseignement, la croyance dans la foi religieuse et la valeur guerrière de ses enfants.

Le séjour à Montpellier de personnages célèbres a donné un éclat et une renommée à cette ville pendant le moyen âge et dans les siècles suivants ; à ce titre ils font l'objet d'une notice dans la seconde partie de ce chapitre.

I

FEMMES

PORCAIRAGNES ou PORTIRAGNES (Azalaïs de). — Femme troubadour, née à Montpellier ou à Portiragnes, morte après 1170.

GERMONDE, femme troubadour, vivait au XIIIe siècle.

MARIE, fille de Guilhem VII, épouse de Pierre, roi d'Aragon, connue par ses infortunes et sa bonté envers les habitants de Montpellier (1182-1212).

URSINE des URSIÈRES, vivait au XIIIe siècle et faisait partie des cours d'amour.

CATHERINE SAUVE, recluse, brûlée à la Portalière-des-Masques, en 1422.

FRANCÈSE de CÉZELLY, dite CONSTANCE de CÉZELLY, d'une ancienne famille de Montpellier, connue par son coruage héroïque, lors du siège de Leucate en 1590.

MOUINE, en religion sœur GERMAINE MARIE, femme renommée par sa piété, morte en 1638.

VERDIER-ALBERE (Suzanne). — A écrit de petits poèmes pleins de charme. Ayant appris que son frère était condamné à mort (1794), elle se rendit à Paris et l'accompagna jusqu'au pied de l'échafaud, en l'exhortant de mourir en chrétien (1745-1813).

ADMINISTRATEURS

BURGUES (Armand), xive siècle — Représentait en 1343 la ville de Montpellier, lorsque le roi d'Aragon s'empara de Majorque; il prêta serment au nom de la ville.

FORTIA-d'URBAN. — Trésorier général du Comtat Venaissin (1477, mort à Avignon en 1553).

JOUBERT (Laurent). — Syndic général des États de Languedoc (1696-1780).

CROUZET (Pierre de). — Trésorier de France (xviie siècle).

MONTFERRIER (J.). — Syndic général en 1700.

COURDURIER (Jean). — Fondateur du prêt Gratuit (mort en 1712).

SAINT-SAUVEUR (Grasset de). — Secrétaire général des colonies du Canada (1720, mort à Paris, à l'hospice-des Petits-Ménages en 1796).

ROIS

JAYME Ier. — Seigneur de Montpellier, roi d'Aragon, surnommé le Conquérant. Une plaque commémorative a été placée sur une face de la Tour du Pin (1208, mort en Espagne en 1276).

JAYME II. — Seigneur de Monpellier, roi de Majorque (1243-1311).

DON SANCHE. — Seigneur de Montpellier, roi de Majorque (1311-1324).

JAYME III. — Dernier seigneur de Montpellier (1324-1339).

HOMMES POLITIQUES

ALBISSON (Jean). — Membre du Tribunat, conseiller d'Etat, a publié les *Lois municipales de Languedoc*, 7 vol. (1722, mort à Paris en 1801).

BONNEAU (Jean). — Consul de France en Pologne, s'opposa énergiquement au démembrement de ce pays. Arrêté par les ordres de Catherine II et jeté en prison, il y languit jusqu'à l'avènement de Paul III. Il vint mourir dans sa patrie après avoir perdu sa femme et sa fille du chagrin que leur avait causé sa détention (1738-1805).

ALLUT (Antoine). — Physicien et avocat, prit part à la grande Encyclopédie. Député du Gard à l'Assemblée législative, il se prononça pour le parti de la Gironde et fut guillotiné le 34 février 1794 (né en 1743).

CRASSOUS (Jean-François Aaron). — Avocat, député de l'Hérault au conseil des Cinq-Cents en 1795, il fut nommé président. Membre du Tribunat après le 18 brumaire, puis sénateur. Traducteur de Sterne (1746-1801).

BONNIER d'ALCO (Ange). — Président de la Cour des Comptes au moment de la Révolution. Nommé par le département de l'Hérault à l'Assemblée législative, puis à la Convention, il vota la mort de Louis XVI. Envoyé en qualité de plénipotentiaire au Congrès de Rastadt, il fut assassiné le 29 avril 1799, à son départ de cette ville, ainsi que son collègue Jean Debry. Il fut décrété que, pendant deux ans, la place de Bonnier serait vacante et couverte d'un crêpe et qu'à chaque séance, à l'appel de son nom, le président répondrait : Mort au champ d'honneur (1750-1799).

CAMBACÉRÈS (Jean-Jacques-Régis). — Deuxième consul, archi-chancelier de l'Empire (1753, mort à Paris en 1824).

CAMBON (Pierre-Joseph). — Homme d'Etat, créateur du Livre de la *Dette publique*. D'une probité reconnue de tous, il fut chargé de l'administration des finances de la République pendant cinq ans. Contribua à la chute de Robespierre. Décrété d'accusation par la Convention, il parvint à se soustraire, par la fuite à ce décret et à la mort qui le menaçait. Compris dans l'amnistie du 4 brumaire an IV, il revint à Montpellier et se livra aux travaux des champs.

Nommé, en 1815, membre de la Chambre des Représentants, il ne fut pas compris dans le décret d'amnistie, comme ayant voté la mort de Louis XVI. Il se retira à Bruxelles (1754-1820).

FABRE, *dit de l'Hérault*. — Vota, à la Convention, la mort de Louis XVI, sans appel. Envoyé comme commissaire aux armées des Pyrénées-Orientales, il fut tué, à la prise de Collioure, par les Espagnols, en défendant le passage d'un pont (1794). Robespierre fit son éloge à la Convention qui décerna à Fabre les honneurs du Panthéon. On ignore l'année de sa naissance.

DURAND (Jacques-Louis). — Né en 1760, maire de Montpellier de 1790 à 1793, accusé d'avoir soulevé la population contre le nouvel état de choses. Mandé à Paris, il fut exécuté le 12 janvier 1794.

DARU (Bruno, comte). — Membre du Tribunat, ministre plénipotentiaire à Berlin. Ministre, secrétaire d'Etat en 1811. Pair de France, membre de l'Académie Française, de l'Académie des Sciences. Poète, historien. Traducteur en vers d'Horace, d'une *Histoire de la République*, de *Venise*, etc. (1767-1829).

BÉNÉZECH. — Préfet colonial de Saint-Domingue, ministre sous le Directoire. (Mort dans cette île en 1802).

LAJART (Pierre-Auguste). — Ministre de la guerre du 16 juin au 6 août 1792.

ILLUSTRATIONS MILITAIRES

CARLENCAS. — Célèbre défenseur de Montpellier en 1622.

LACLOTTE (François de Rosel, sieur de), — Premier consul de Montpellier en 1637, il commanda cette même année les milices envoyées par cette ville au siège de Leucate.

ALMERAS (Guillaume d'). — Commandait l'avant-garde, sous les ordres de Duquesne, au combat de Messine, où il trouva une mort glorieuse (1676).

CASTRIES (Joseph-François de la Croix, marquis de). — Savant militaire, commandait à la belle et célèbre retraite de Nuys, dans l'électorat de Cologne. Successivement, maréchal de camps, gouverneur de Cette (1664-1728).

CASTRIES (Charles de la Croix, marquis de). — (1727, mort à Vol-fen-Buttel en 1801).

REDOS (Jean). — Général de brigade en 1739.

DORTOMAN (Jean). — Général de brigade à l'armée d'Italie (en 1743, mort sur l'échafaud révolutionnaire à Paris, en 1794).

CLERGÉ

DUPUY-IMBERT. — Evêque. Fut d'abord curé de Frontignan (1348(.

FAUCON (François). — Successivement évêque de Tulle, d'Orléans, de Mâcon et de Carcassonne ; mort en cette dernière ville (1484-1565).

FORTIA d'URBAN (Marc). — Président de la Chambre apostolique. Mort à Carpentras (1507-1578).

RATTE (Guitard de). — Evêque de Montpellier (1552, mort à Toulouse 1602).

BEZONS (Arnaud). — Successivement évêque

d'Aix, archevêque de Bordeaux et de Rouen (1654, mort à Gaillon en 1721).

CASTRIES (Armand-Pierre de). — Archevêque d'Albi (1659, mort à Albi en 1746).

NICOLAI (Louis-Marie de). — Evêque de Cahors (1742-1791).

ORDRES RELIGIEUX

GUI de MONTPELLIER. — Fondateur de l'Ordre des Hospitaliers du Saint-Esprit (1165 à 1170, mort à Rome en 1208).

BERNARD le PÉNITENT. — Célèbre voyageur (1182).

ARNAUD (Guillaume). — Inquisiteur de la Foi. (Massacré à Avignon en 1242).

ROCH ou ROCH de la CROIX (Saint). — Né d'une famille des plus considérables de Montpellier, se voyant sans père, ni mère, il quitta son pays, et passa sa jeunesse dans les pélerinages en Italie, qui était alors affligée par la peste. Après avoir été lui-même attaqué par ce mal, et en avoir été guéri comme par miracle, il voulut revenir dans sa ville natale. Pris comme espion, il fut conduit dans les prisons de la ville, où n'ayant jamais voulu se faire connaitre, il y mourut le 13 du mois d'août 1327 (1295-1327).

DULAURENS (Louis). — Oratorien, prédicateur, théologien (1589-1671).

SABATIER (Don-Jean). — Bénédictin. Célèbre pour son dévouement pour les pestiférés de Provence (1670, mort à Nîmes en 1734).

AUZIÈRES (Pierre). — Bénédictin (1650, mort à l'abbaye d'Aniane 1734).

PÉZÈNES de BEAULAC. — Abbé, prédicateur du roi (XVIIe siècle).

JOUBERT (François). — Syndic des Etats de Languedoc, janséniste, il se fit enfermer six semaines à la Bastille. Il a laissé un grand nombre d'écrits religieux (1689-1763).

JOUBERT de BEAUPRÉ. — Liturgiste (1701-1791).

ALLETZ (Paul). — Oratorien (1703).

CAMBACÉRÈS (Etienne de). — Abbé, archidiacre de l'église de Montpellier, prédicateur du roi, un des plus éloquents orateurs chrétiens, ne sollicita aucune faveur de son frère, deuxième consul (1721, mort à Narbonne, 1802).

CAMBACÉRÈS (Jean-Jacques). — Vicaire général de Béziers (Voir littérateurs).

PHILOSOPHES

BERTHEAU (Charles). — Théologien (1660, mort à Londres en 1732).

POUGET (Aimé). — Théologien (1666-1723).

JOUBERT (Abbé). — Théologien (1689-1763).

SARTE (Pierre). — Abbé, théologien (1693-1771).

BADOU (Jean-Antoine). — A composé plusieurs mémoires de physique (XVIIIe siècle).

PROTESTANTS

DUBOURDIEU (Jean). — Controversiste (1652, mort à Paris en 1720).

LEFAUCHEUR (Michel). — Ministre protestant, célèbre par son érudition et ses talents oratoires (mort à Paris en 1667).

BRUTEL de la RIVIÈRE. — Ministre et théologien (1667, mort à Amsterdam en 1742).

DUBOURDIEU (Armand). — Controversiste, chapelain du duc de Bethmond, littérateur (1680, mort à Londres vers 1735).

MAGISTRATS-JURISCONSULTES

BŒRY ou BOCRY (Nicolas de). — Président du Parlement de Bordeaux. On a de lui plusieurs ouvrages de droit (1468, mort à Bordeaux en 1539).

PHILIPPI (Jean). — Jurisconsulte. On a de lui deux ouvrages. L'époque de sa mort n'est pas connue, on sait cependant qu'il vécut au moins 85 ans (1518 vers 1603).

DESPEISSES (Antoine). — Jurisconsulte. Né à Alais (1595-1658).

BORNIER (Philippe). — Lieutenant particulier au présidial de Montpellier. On a de lui quelques ouvrages de droit (1634-1711).

SERRES (Claude). — Jurisconsulte (1695-1768).

JOUBERT (René-Gaspard de). — Syndic général de la Province (1696-1780).

AIGREFEUILLE (Hyacinthe d'). — Conseiller du roi, premier président de la Cour des Comptes de Montpellier, académicien honoraire de Montpellier et de Paris (1700-1771).

LOYS (Jérome). — (XVIIIe siècle).

BEAULAC (Guillaume). — Jurisconsulte (1804).

DUVIDAL (Jean, marquis de Montferrier). — Physicien (1700-1786).

BARDI (Jean). — Conseiller au Parlement de Toulouse (1709, mort sur l'échafaud, à Paris, en 1794).

NOGARET. — Chancelier de France (mort vers 1710).

REBUFFY (Jacques). — Jurisconsulte. A laissé un traité sur le privilège d'arrêt accordé aux habitants de Montpellier (fin du XVIIe siècle et commencement du XVIIIe).

BON (François-Xavier, marquis de). — Premier

président de la Cour des Comptes. Il cultiva presque toutes les sciences ; c'est à lui que l'on doit la découverte, plus curieuse qu'utile, de la soie qu'on peut tirer des coques des araignées (1678, mort à Narbonne, 1761).

RANCHIN (Guillaume de). — Avocat général à la Cour des Aides. Quelques uns de ses discours ont été imprimés (Vivait dans la seconde moitié du xviie siècle).

MARTIN (Raymond). — Jurisconsulte (xviiie siècle).

AVOCATS

RATTE (Jean de). — (xviiie siècle).

RAYMOND (Martin). — Auteur d'un excellent traité : *Du Domicile*.

ESTÈVE (Louis). — Vivait vers 1770.

LITTÉRATEURS

REBUFFY (Jacques). — Professeur de droit (mort en 1428).

JOUBERT (François de). — Janséniste (1689, mort à Paris en 1763).

ALLEZ (Pons). — Auteur de nombreux ouvrages, entr'autres : *Les Ornements de la Mémoire* (1703-1785).

POUGET (François-Aimé). — Auteur du fameux *Catéchisme de Montpellier*, 2 vol. in-f°, traduit dans presque toutes les langues de l'Europe et même en Chinois (seconde moitié du xviie siècle).

GOUDARD. — Ecrivain économiste (1720-1791).

MARQUEZ (Pierre). — Prêtre, professeur d'éloquence (1725-1782).

DUBOURDIOU (Jean). — Chapelain du duc de Richemond. (1680, mort à Londres, en 1735).

ALLUT (Scipion). — (1747-1781).

BALESTRIER-CANILLAC. — Abbé, géographe (1753, mort vers 1810).

VERLAC (Bertrand). — Avocat (1757, mort à Paris, à l'hôpital de la Charité en 1819).

ESTÈVE (Paul). — Littérateur distingué. On cite de lui : *L'esprit des Beaux-Arts*, *Histoire de l'Astronomie* (Vivait vers le milieu du XVIIe siècle).

CRASSOUS (Jean). — Magistrat (1768, mort à Paris en 1829).

AUTEURS DRAMATIQUES

BOCAUD (Jean). — (XVe siècle).

RANCHIN (Guillaume de). — (1614).

BORNIER (Philippe). — (1634).

BREUYS (Denis de). — D'une famille calviniste, abjura en 1682. Auteur des paroles du premier opéra représenté à Montpellier (1640-1723).

POUGET (François-Aimé). — (XVIIe siècle).

LAGRANGE (Jean de). — (1702, mort à Paris en 1777).

ARTAUD (Jean-Baptiste). — (1732, mort à Paris en 1797.

GRANGE (N. de la). — Auteur comique (1767).

MOLIÈRE (Pierre-Louis). — (XVIIIe siècle).

HISTORIENS

PHILIPPI (Jean). — Jurisconsulte (1514-1612).

GARIEL (Pierre). — Chanoine, doyen de l'église cathédrale de Montpellier, auteur de la première histoire de Montpellier : *Idée de la ville de Montpellier* (1580-1670).

DELORT (André). — Auteur d'un mémoire sur les événements de Montpellier de 1621 à 1693, publié en 1876.

TEISSIER (Antoine). — Quitta la France, après la révocation de l'édit de Nantes, et se retira en Prusse (1632, mort à Berlin en 1715).

AIGREFEUILLE (Charles d'). — Chanoine, auteur d'une *Histoire civile et ecclésiastique de Montpellier*, 2 vol. in-f° 1737, (1673-1743).

SOLIGNAC (Joseph de la Pimpé de). — Auteur d'une histoire de la Pologne et de l'éloge historique du roi Stanislas (1687, mort à Nancy en 1773).

PACOTTE (Dom Joseph). — Bénédictin, savant paléographe ; collabora à l'*Histoire du Languedoc de De Vic et dom Vaissette* (1742, mort curé d'Auloy (Seine-et-Marne) en 1827).

GASTELIER de la TOUR (Denis). — Généalogiste (1709, mort à Paris en 1781).

GOUDAR (le chevalier Ange). — Historien économiste (1721-1781).

RATTE (Hyacinthe de). — Auteur de l'*Histoire* de la Société des sciences à Montpellier, géomètre, astronome, physicien (1723-1800).

JOFFRE (François). — Archiviste-Feudiste. A rédigé l'inventaire d'une partie des Archives de la ville de Montpellier (xviie siècle).

JOUBERT (Philippe). — Magistrat, naturaliste, (mort à Paris en 1729).

POÈTES ET TROUBADOURS

ARNAUD (Daniel). — Troubadour ; vivait selon Nostradamus à la fin du xiie siècle.

RAMBAUD d'ORANGE. — Cité par Nostradamus; appartenait à la famille des premiers seigneurs de Montpellier; né peut-être dans cette ville (xiiie siècle).

DURAND (Guillaume). — Poète français du xiie siècle, mourut vers 1172.

DURAND ou DURANTI (Guillaume). — Célèbre juriconsulte et troubadour. On prétend qu'il mourut de douleur en apprenant la fausse nouvelle de la mort de sa maîtresse, qui se retira dans un monastère pour y pleurer, pendant le reste de sa vie, un amant si tendre (xiiie siècle).

MOLINE (Pierre). — (xiiie siècle).

DAVID le SAGE. — Composa des poésies qui dénotent de l'imagination et de la facilité; eut une vie licencieuse; né protestant, mourut catholique (Mort en 1642).

ARNAUD (Daniel). — Sa biographie est dans Nostradamus (1575).

RANCHIN (Henri de). — Conseiller à la Cour des Comptes. Publia en 1697 les *Psaumes* de David en vers français) (xviie siècle).

ROSSET (Pierre de). — Conseiller à la Cour des Aides, auteur d'un poëme sur l'agriculture (1708, mort à Paris en 1788).

DUCHÉ (Jacques). — Procureur général à la Cour des Aides (1724-1801).

ROUCHER (Jean). — Auteur du poème : *Les Mois* (1745, mort sur l'échafaud révolutionnaire en juillet 1794).

BOSSET (Fulcrand). — (1788).

PROFESSEURS

CASTELNAU. — Professeur à l'Ecole de droit (1367).

UZILES (Antoine). — Conseiller au Présidial, professeur de droit. (Vivait au xvi⁰ siècle).

VALLAT (Antoine). — Conseiller au Présidial, professeur de droit (1594, mort à Paris en 1671).

BASCOU (Antoine). — Professeur de littérature (1799).

SAVANTS

JEAN de MONTPELLIER. — Mathématicien (xiii⁰ siècle).

PROPHATIUS. — Astronome, écrivait sur cette science en 1300 ou 1303 (xiii⁰ siècle).

ICHEZ (Pierre). — Physicien, littérateur, médecin et habile physicien (1658-1713).

DERRANT (François). — Jésuite, mathématicien (1588, mort à Agde en 1644).

GAUTERON (Antoine). — Physicien (1660-1737).

MATTE (Jean). — Chimiste, correspondant de l'Académie des Sciences. A laissé plusieurs mémoires sur cette science. Son père a publié un ouvrage intitulé : *Pratique de Chimie* (1660-1742).

PLANTADE (François). — (1670, mort sur le Pic du Midi, dans les Pyrénées en 1741).

BOSC (François, marquis de Saint-Hilaire). — Physicien (1678, mort à Narbonne).

CASTEL (Louis-Bertrand). — Entra dans l'ordre des Jésuites. On lui doit l'invention du clavecin oculaire et plusieurs ouvrages de mathématiques (1688, mort à Paris en 1757).

DURRANC (Jean). — Mathémticien. Jésuite (1695, mort à Toulouse en 1760).

AIGREFEUILLE (Fulcran d'). — Numismate. Premier président de la Cour des Comptes, Aides et Finances (1700-1771).

DUVIDAL (marquis de Montferrier). — Physicien (1700-1786).

MATTE-LA-FAVEUR. — Mort après 1684.

PEYRE (Pierre). — (1721-1795).

RATTE (Hyacinthe). — Correspondant de l'Institut (1722-1805).

CUSSON (Pierre). — Professeur d'anatomie, de botanique et de mathématiques. Auteur de nombreux ouvrages sur les sciences médicales. Linné a donné le nom de *Cussonia* a un genre de plantes (1727-1785).

ROMIEU (Jean). — Physicien (1723-1766).

GAUSSEN (Jean). — Physicien (1737-1809).

POITEVIN (Jacques). — Conseiller de préfecture, a publié un essai sur le climat de Montpellier, et un grand nombre de travaux scientifiques dans les revues (1742-1807).

ALLUT (Antoine). — Physicien (1743-1794).

BOTANISTES ET NATURALISTES

GARDON (Bernard). — Ecrivait vers l'an 1305 son *Lilium medecinæ* (XIVe siècle).

MAGNOL (Pierre). — Médecin de la Faculté. Ses ouvrages sur la botanique de ce pays dénotent un esprit infatigable. On a dédié à Magnol un fort bel arbre, originaire de la Caroline, connu sous le nom de *Magnolia*. Auteur du *Botanicum Monspeliense*. Né protestant, il embrassa la religion catholique (1638-1775).

NISSOLLE (Guillaume dit l'Ainé). — (1647-1733).

RICOME (Laurent). — (1654-1711).

MAGNOL (Antoine). — (1676-1759).

JOUBERT (René). — (1696-1780).

SCÈNES (Dominique de). — (1713).

SAUVAGES (Boissier de la Croix de). — (Né à Alais en 1706, mort en 1767).

BANAL (Guillaume). — Jardinier en chef du Jardin des Plantes de Montpellier (1709-1792).

AMOREUX (Pierre-Jacques). — Médecin-naturaraliste, auteur de plusieurs ouvrages : *Traité des Oliviers, Opuscule sur les truffes* (né à Beaucaire, mort en 1824).

DRAPARNAUD (Jacques-Philippe-Raymond). — Professeur d'histoire naturelle à la Faculté de Médecine, naturaliste distingué, auteur de plusieurs ouvrages (1722-1805).

GOUAN (Antoine). — Célèbre auteur de nombreux mémoires, botaniste, membre de l'Institut (1738-1822).

BRUGNIÈRE (Jean). — (1750-1799).

MÉDECINS

HERMONDAVILLE (Henri de). — L'un des plus habiles chirurgiens du XII° siècle. (Mort à Paris.)

ERMENGAUD (Baise). — Médecin du roi Philippe-le-Bel, philologue. (Mort en 1313).

BOYER. — (XVI° siècle).

SOVEROLS (Guillaume). — Auteur d'un ouvrage de médecine (Vivait dans la première moitié du XVI° siècle).

SOVEROLS (Etienne). — Auteur d'un ouvrage sur la peste. (Né dans la première moitié du XVI° siècle).

PILLEDERINS (Gaspard). — (XVI° siècle).

VLLERIOLA (François). — (Né vers 1504, mort à Turin en 1580).

RONDELET (Guillaume). — Rabelais l'appelle Rondibilis. Professeur à la Faculté de Médecine. Naturaliste. Le plus connu de ses ouvrages est un *Traite des poisons*. A mis le premier en usage les eaux de

Balaruc (1507, mort à Réalmont, dans l'Albigeois, 1566).

FONTANON (Denis). — Professeur. On a de lui un ouvrage de médecine, publié à Lyon en 1550. (Mort en 1538).

DORTOMAN (Pierre). — Savant médecin, professeur de chirurgie et de pharmacie (1570-1612).

FORMIS (Samuel). — Chirurgien (1570-1653).

SAPORTA (Antoine). — Professeur, doyen, chancelier, a laissé un traité sur les *Tumeurs* (mort en 1573).

GABRIEL (Pierre). — (1587).

RIVIÈRE (Lazare). — L'un des plus habiles praticiens de l'Ecole de Médecine de Montpellier ; on lui doit plusieurs ouvrages remarquables (1589-1656).

AUBRY (Jean). — Prêtre, décoré du titre de médecin du roi, docteur en droit, a publié plusieurs ouvrages sur la médecine (mourut vers 1667).

DEYDIER (Antoine). — Auteur d'ouvrages de chimie et de médecine. Sa conduite honorable, lors de la peste de Provence, lui valut l'ordre de Saint-Michel. Il obtint ensuite la place de médecin des galères de France à Marseille (fin du xviie siècle).

PILLETERIUS. — (1610).

HÉORARD (Jean). — Anatomiste, médecin de Charles IX (Mort au siège de la Rochelle en 1627.)

RANCHIN (François). — Il était consul de Montpellier, lors de la peste de 1629. Sa conduite, dans cette circonstance, lui fit le plus grand honneur (1580-1660).

BEZAC (Jean). — (1642).

NISSOLE (Guillaume). — (1647).

RIVIÈRE (Guillaume). — S'adonna principalement aux études des eaux minérales de Languedoc (1655-1734.

RÉGIS (Pierre). — (1656, mort à Amsterdam en 1716).

GAUTERON (Antoine). — Secrétaire perpétuel de la Société royale de médecine, auteur de plusieurs mémoires de médecine. Né protestant, mourut dans la religion catholique (1660-1737).

RIVIÈRE (Guillaume). — Chimiste (1665-1734).

ARTAUD (Siméon). — (1666).

PHILLERINS (Gaspard. — A composé un ouvrage sur la médecine en 1610 (xvii" siècle).

GONDAGES (Etienne). — Habile chirurgien (1673-1718).

PEYRONIE (François-Gigot de la). — Fut le premier chirurgien de Louis XV ; légua le tiers de ses biens à la compagnie des chirurgiens et aux hôpitaux de Montpellier ; fit construire l'Hôtel Saint-Côme pour y établir un amphithéâtre anatomique. Sa statue s'élève à droite de la porte d'entrée de la Faculté de Médecine (1678, mort à Versailles 1747).

RIDEUX (Pierre). — 1680-1759).

NISSOLE (Pierre). — Célèbre chirurgien, professeur d'anatomie à la Faculté de Médecine (1685-1726).

MARCOT (Eustache) — 1686-1755).

HAGUENOT (Henri). — Doyen de la Faculté de Médecine, fondateur de la belle bibliothèque de cet établissement (1687-1785).

FIZES. — Savant médecin et praticien (1690-1765).

HOUSTET (François). — Premier chirurgien de Stanislas Leczinski, dernier roi de Pologne (1690, mort à Paris en 1702).

POMARET. — (Vers le commencement du xviie siècle).

LAMORIER (Louis). — Chirurgien, auteur de plusieurs mémoires (1696, mort eu 1777).

LAURENS. — Chancelier de l'Université (xviie siècle).

ESTÈVE (Louis. — (xviiie siècle).

CHICOGNEAU (François). — (1672, mort à Paris, 1752).

CHICOGNEAU (Aimé-François). — Fils du précédent, chancelier et juge en survivance de l'Université de médecine, intendant du Jardin des Plantes de Montpellier (1702-1740).

PORTAL (Paul). — (Mort à Paris en 1703).

IMBERT (Jean). — Chancelier de l'Université de médecine. (1725-1784).

VÉNEL. — Professeur à l'Université de médecine. Auteur d'ouvrages sur les eaux minérales et la houille, collaborateur de l'*Encyclopédie* (1728-1755).

VIGAROUS (Barthélemy). — Chirurgien, qui a laissé une grande réputation à Monpellier. On lui doit : *Œuvres de chirurgie pratique, civile et militaire*, in-f°, 1812, publié par son fils (1725-1790).

SARRAN (Jacques). — Habile chirurgien (1727-1786).

FOUQUET (Henri). — Professeur de clinique interne à la Faculté de Médecine, auteur de plusieurs traités sur la médecine (1727-1806).

SÉRANE (Charles). — (Mort en 1755).

BARTHEZ (Joseph). — Chancelier de la Faculté de Médecine, un des plus remarquables professeurs de cette faculté ; sa statue s'élève sur le côté gauche de la porte d'entrée de la faculté (1734-1806).

POUTINGON (Jean). — Professeur (1737, mort en 1811).

LAFOSSE (Jean). — Auteur d'un ouvrage sur le dessèchement des côtes de Languedoc. Lors du procès de Calas, il eut une correspondance suivie avec Voltaire (1742-1775).

PETIOT (Jacques). — Il acquit une grande réputattion comme praticien, se rendit aux armées des Pyrénées-Orientales où une maladie épidémique s'était déclarée et dans laquelle presque tous les médecins étaient morts à leur poste. En l'an XIII, Petiot remplit courageusement son devoir à l'hôpital Saint-Eloi, où une maladie contagieuse sévissait ; frappé lui-même de la contagion, il succomba. Son grand-père, Jacques Sérane, avait également succombé à une maladie contractée au service des pauvres (1747-1805).

VIGAROUS (François).. — Professeur (mort en 1792).

COURTAUD ou CURTAUD (Siméon). — Professeur et doyen de la Faculté de Médecine de Montpellier, jouit d'une certaine célébrité vers le milieu du xviiie siècle.

DIDIER (Antoine). — (Mort à Marseille en 1746).

MÉJEAN (André. — (1748-1810).

FOURNIER. — Médecin naturaliste (vivait au milieu du siècle dernier).

ARCHITECTES ET INGÉNIEURS

GIRAL (Etienne). — (1665) (1).

GIRAL (Jean), auteur de la chapelle de l'Hôpital général. — (1679).

GIRAL (Jean-Antoine). — Auteur des embellissements de la promenade du Peyrou, premier concessionnaire de mines de Graissessac (1720).

---

(1) Un des descendants de cette famille exerce de nos jours la même profession.

GIRAL (Jean-Etienne). — (1756).

DONNAT (Jacques). — Architecte de l'Hôtel Saint-Côme et du Peyrou, avec le concours de Giral, dont il fut l'élève, puis le gendre et enfin l'associé (1741-1824).

MARESCHAL (Philippe). — Directeur des fortications de la province de Languedoc, architecte de l'ancien théâtre (xviiie siècle).

PEINTRES

PEZET (Paul). — (xviie siècle).

BOISSIÈRE (Samuel). — Ennemi de Sébastien Bourdon (1620-1703).

VERDIER (Henri). — Pentre d'histoire et de portraits ; il reçut le titre de peintre de l'hôtel de ville de Lyon, où il resta toute sa vie (1655, mort à Lyon en 1721).

RAOUX (Jean). — Peintre d'histoire et de genre (1677, mort à Paris en 1734).

RANC (Guillaume). — (1685-1748).

VIEN (Joseph-Marie le Jeune). — fils du précédent (né en 1761).

VIEN (Joseph, comte). — Prix de Rome, peintre d'histoire, sénateur. Ses nombreux ouvrages le placent au rang des peintres qui ont le plus honoré l'Ecole française, directeur de l'Académie à Rome (1716, mort à Paris en 1809).

COUSTOU (Jean). — Peintre d'histoire (1719-1791).

CASTELLAN (Antoine). — Peintre, graveur, architecte (1722, mort à Paris en 1808).

RANC (Antoine ou Jean). — Ses portraits sont très estimés, membre de l'Académie royale, premier peintre du roi d'Espagne (Vivait dans la seconde moitié du xviie siècle, sa mort doit être postérieure à 1759).

VAN DER BURKH (Jacques). — Peintre paysagiste (1750, mort à Paris en 1804).

DEMOULIN (Jérome). — Peintre de paysages (1758, mort à Augusta (Sicile) en 1799).

SCULPTEURS

VANNEAU (Pierre). — (1653).

BERTAND (Philippe). — On a de lui les bas-reliefs de la porte du Peyrou (1664, mort à Paris en 1724).

GASTRONOMES

AIGREFEUILLE (marquis de). — Procureur général à la Cour des Aides (1745-1818).

II

PERSONNAGES CÉLÈBRES
AYANT SÉJOURNÉ A MONTPELLIER

PLACENTIN. — Né à Plaisance, dans la Lombardie, entre 1120 et 1123. L'arrivée de Placentin à Montpellier est indiquée par les auteurs vers 1160. Son séjour dans cette ville est marqué non seulement par ses travaux de professorat, mais encore par la composition de ses plus importants ouvrages de jurisprudence. Il fut, dit le *Petit Thalamus*, le premier docteur qui ait jamais enseigné à Montpellier ; après une absence de quelques années, il y vint de nouveau et y mourut le 12 février 1192. Il fut inhumé dans le cimetière Saint-Barthélemy.

ARNAUD de VERDALE. — Evêque de Maguelone. C'est le premier chroniqueur de Maguelone et de Montpellier (1309-1352).

PÉTRARQUE. — Vint étudier le droit à Montpellier de 1317 à 1324. Il eut pour professeurs Jean d'André et Cinus Sinibuldi.

URBAIN V (Guillaume de Grimard). — Pape, né en 1303 à Grisac (diocèse de Mende), mort le 19 décembre 1370 à Avignon. Il avait professé le droit canon à Montpellier et s'intéressa toujours à cette ville. Il fonda le monastère de Saint-Germain et le collège de Mende des Douze Médecins. Il vint plusieurs fois à Montpellier pour s'assurer de l'exécution des travaux qu'il avait ordonnés (p. 87).

PELLICIER (Guillaume). — Évêque de Maguelone et premier évêque de Montpellier. C'est par ses démarches qu'il obtint le transfert de l'évêché dans cette ville. Botaniste et littérateur, il était considéré comme un des plus grands savants de l'époque, par sa connaissance de plusieurs langues. Né à Mauguio en 1490, il fut convaincu de jansénisme, et se retira au château de Montferrand, où il mourut en 1568.

RABELAIS. — Suivit pendant l'année 1551 les exercices de l'Ecole de Médecine et pour remplir l'obligation imposée aux bacheliers, il expliqua les *Aphorismes d'Hippocrate* et l'*Art Parva* de Gallien, tirant parti de ses études philologiques pour rectifier le texte grec d'après un manuscrit qu'il possédait. Il nous a donné lui-même le nom de ses compagnons d'études dans la farce dont il donne le texte dans *Pantagruel*, liv. II, chap. v : « Je ne vous avois oncques puis veu que jouostes à Montpellier avec ques nus autey ny amis, Ant. Saporta, Guy Bouquier, Balthasar Noyer, Tollet, Jean Quentin, François Robinet, Jean Perdrier et François Rabelais, la morale comédie de celluy qui avoit épousé une mute. »

En attendant le grade de docteur qu'il ne prit que

plusieurs années après, Rabelais exerça la médecine à Lyon. Il fut en Italie. A son retour, il revint à Montpellier pour obtenir le titre de docteur, qui lui fut confié en 1537. L'année suivante, il fit un cours d'anatomie.

La Faculté de Médecine possède son portrait, et pendant longtemps les étudiants, lorsqu'ils étaient reçus docteurs, revêtaient la robe de Rabelais.

JACQUES-CŒUR. — Argentier de Charles VII, intendant général des finances en 1450. Il fit bâtir, à Montpellier, une maison surmontée d'une plate-forme; de là il contemplait la mer où ses navires allaient et venaient. Il avait doté la ville de la Loge des Marchands et de la Font-Putanelle (p. 98).

BOURDON (Sébastien). — D'une famille protestante, a occupé un rang distingué parmi les peintres de l'Ecole française surnommé le *Corregius Alter*, né à Frontignan (1616, mort à Paris en 1671).

D'AVILER (Charles). — Architecte de la province, auteur des plans de la promenade et de la porte du Peyrou et d'un grand nombre de maisons les plus remarquables de Montpellier. Auteur d'un traité d'architecture (né à Paris en 1653, mort à Montpellier 1696).

MOLIÈRE (J.-B. Pocquelin). — Pendant ses pérégrinations à travers la France, Molière vint plusieurs fois avec sa troupe à Montpellier. Il fit représenter pour la première fois à Montpellier le ballet *les Incompatibles*. Sur la façade du Musée donnant dans la rue Montpelliéret on a placé une plaque en marbre portant cette inscription :

CET ÉDIFICE
EST CONSTRUIT SUR L'EMPLACEMENT DE L'HOTEL
OU JOUA MOLIÈRE
PENDANT L'HIVER DE 1654-1655

ROUSSEAU (Jean-Jacques). — Ce célèbre écrivain se rendit à Montpellier en septembre 1737 pour rétablir sa santé et n'y resta que jusque vers le milieu de décembre de la même année. Il avait alors vingt-cinq ans. — Dans sa Correspondance et ses *Confessions* il a tenu un langage des plus désobligeants envers les habitants, et a été surtout d'une grande inconvenance dans ses écrits à l'égard des dames de Montpellier. Un de ses historiens attribue son aigreur au dépit qu'il éprouva d'avoir été obligé de partir de cette ville à cause de ses embarras pécuniaires et de n'y avoir pu y rétablir sa santé.

X

POPULATION

Nombre d'habitants à différentes époques. — Nombre de feux. — Statistique de la population

Le premier document sur le nombre des habitants de la ville et des faubourgs ne remonte que vers la fin du XVIIe siècle. Antérieurement on n'a d'autre base que le nombre des feux et celui des maisons.

En 1273, Jayme Ier proclamait, avec un légitime orgueil, que « la ville de Montpellier, par la grâce de la puissance divine, avait immensément grandi sous l'ombre de sa domination et était devenue une des meilleures de l'univers. »

Louis XI constate, en 1476, que la moitié des maisons demeurait inhabitée et que la désertion s'étendait de jour en jour à vue d'œil.

Dans des lettres de 1495, Charles VIII dit que la ville de Montpellier, « autrefois peuplée de trente-cinq à quarante mille feux, à cause de la grande marchandise et port de mer, qui alors avoit cours au païs de Languedoc, fut fort dépeuplée au moyen de la mortalité et des guerres qui avoient cours entre la France et le roi de Castille, pour le différend de la comté de Roussillon et de Cerdagne. »

Le nombre de feux pendant le XIVe siècle est

loin d'indiquer un état même approximatif de la population, car l'on ne comptait alors comme feux que les personnes payant une contribtion ; le nombre de feux nous indique la prospérité ou la misère des habitants, et leur diminution coïncide toujours avec les disettes, la peste, les guerres.

En 1367..................... 4.520 feux.
» 1370..................... 4.421 —
» 1373..................... 2.300 —
» 1379..................... 1.000 —
» 1390..................... 800 —
» 1412..................... 334 —

Preuve irrécusable de la dépopulation de la ville, et de l'affaiblissement graduel de sa richesse et de sa prospérité marchande.

En 1684.................... 22.500 feux.

Le recensement fait à la fin de l'année 1689 ne donna que 21.397 habitants, par suite du départ des religionnaires.

En 1743..	24.835 habitants	En 1841..	35.825 habitants
» 1789..	33.202 —	» 1856..	45.811 —
» 1792..	36.000 —	» 1846..	35.746 —
» 1793..	32.897 —	» 1851..	45.818 —
» 1797..	32.602 —	» 1861..	49.737 —
» 1800..	32.602 —	» 1866..	55.865 —
» 1805..	32.902 —	» 1871..	57.606 —
» 1815..	33.692 —	» 1876..	57.727 —
» 1821..	35.123 —	» 1881..	55.258 —
» 1826..	35.125 —	» 1886..	55.565 —
» 1831..	35.625 —	» 1891..	62.011 —
» 1836..	35.821 —	» 1896..	69.258 —

En dehors de la période de 1797 à 1815, la population de Montpellier a suivi un mouvement ascendant, qui ne s'est arrêté que le jour où le phylloxéra s'est abattu sur nos vignes. Le dernier recensement fait prévoir un mouvement ascentionnel pour les années suivantes.

XI

ANCIENS JEUX

Anciens Jeux : Jeu de l'arc (1). — De l'arbalète. — De l'arquebuse. — Du mail. — Du ballon. — Danse du chevalet. — Danse des treilles. — Danse des bâtons. — Les joutes. — Anciens chants.

Montpellier est une ville où les jeux et les divertissements ont toujours été en grand honneur. Quelques-uns d'entre eux, comme le chevalet, ont une origine locale et le jeu de mail y a eu de nombreux adeptes.

Les réjouissances publiques étaient autrefois bien plus nombreuses et le peuple et les étudiants y prenaient une grande part. L'entrée dans la ville des grands personnages était bien moins officielle que de nos jours ; les harangues parfois naïves, dites avec la conviction et la sincérité qu'on apportait dans ces fêtes, faisaient naître un enthousiasme général. Les écoliers lors de l'entrée à Montpellier de Marie des Ursins, femme de Montmorency, en 1615, récitèrent en sa présence une pastorale en langage du pays et dansèrent ensuite le ballet des aveugles. On dressait des arcs de triomphe, la ville offrait des cadeaux ; le peuple poussait des vivats et les consuls et les notabilités accompagnaient leur hôte jusqu'à l'hôtel qui lui était destiné.

---

(1). Voir Bibliographie Troubat F.

Le jeu de l'arc est peut-être le plus ancien des jeux de Montpellier. Les statuts, renouvelés en 1411, disent « qu'on les a dressés pour soutenir et maintenir les bonnes coutumes faites et ordonnées par nos anciens pères, prédécesseurs et saints prud'hommes ».

La compagnie dite des archers était composée des principaux bourgeois de la ville, soit mariés, soit jeunes gens; les artisans n'y étaient pas compris.

Plus tard, ils prirent le nom de chevaliers qui leur parut plus honorable. Leur nombre était d'environ 250.

Leur chef portait le nom de capitaine, roi et gouverneur du noble jeu de l'arc. Il était nommé à vie. Dès son élection, faite à la pluralité des voix, l'élu se rendait à l'hôtel de ville, où se trouvaient les consuls revêtus de leurs robes et de leur chaperon rouge pour le recevoir; ils mettaient le capitaine entre le premier et le second consuls et se rendaient tous ensemble au bruit des trompettes, des tambours, des hautbois et des violons dans le fossé, où le capitaine prêtait entre les mains du premier consul le serment accoutumé.

Les exercices avaient lieu dans le fossé compris entre la porte de Lattes et la citadelle. On tirait le perroquet le premier jour du mois de mai; c'était une figure d'oiseau, faite de bois et peinte en vert, qu'on attachait au haut d'un mât de navire élevé de dix-huit toises (36 mètres), et qu'il fallait abattre à coups de flèches.

La compagnie des archers se faisait un honneur d'aller tirer au perroquet lorsqu'un personnage de qualité était de séjour à Montpellier.

En 1634, le corps de la bourgeoisie voulut donner au duc d'Alcuin le divertissement du perroquet.

Les bourgeois, armés d'arcs et de flèches, avaient au milieu d'eux leur enseigne, en habit magnifique, portant son drapeau, entouré de douze jeunes hommes des mieux faits et habillés de taffetas, gris de lin, avec des bouquets de plumes sur leurs chapeaux.

Après avoir perché le perroquet on commença le tir au bruit des fanfares, des trompettes, mêlé à ceux de hautbois et de violons. Le perroquet ayant été abattu quelques jours après, on promena le vainqueur par toute la ville.

En 1701, pendant le séjour du duc d'Anjou et de ses frères le duc de Bourgogne et le duc de Berry à Montpellier, les officiers du noble jeu de l'arc leur furent présentés et furent passés en revue par eux. Ils défilèrent au nombre de plus de deux cents, tous en uniformes, avec leur suite accoutumée de Maures, de Sauvages, de Turcs et de Cupidons, mêlés d'un grand nombre de musiciens.

Les premiers officiers du perroquet saluèrent de la flèche qu'ils tenaient à la main et ensuite du chapeau; ils se mirent à côté pour faire place à deux petits amours, qui présentèrent deux caisses en forme de croissant, peintes d'azur et semées de fleurs de lis d'or. Les princes assistèrent de la fenêtre de leur appartement aux tirs du perroquet, et signèrent sur le registre de la compagnie, qui est parvenu jusqu'à nous.

La rue Jeu-de-l'Arc a conservé le nom de ce jeu; elle se trouve près du square de la gare de Palavas.

Le jeu de l'arbalète est pour le moins aussi ancien que le jeu de l'arc.

Ce jeu était affecté aux artisans; ils élisaient leur capitaine et leurs officiers de même que les chevaliers du noble jeu de l'arc; ils n'avaient d'autres armes que l'épée et l'arbalète, qui est un arc d'acier qu'on bande avec effort par le secours d'un fer propre à cet usage; ils s'en servaient pour tirer des traits appelés *matras*, plus courts et plus gros que les flèches des archers. Le lieu de leur exercice était dans le fossé de la porte de Lattes à la porte de la Saunerie.

Leurs exercices et leurs cérémonies étaient les mêmes que ceux du jeu de l'arc.

Au jeux de l'arc et de l'arbalète succéda celui de l'arquebuse.

Chaque sixain (quartier de la ville) formait une compagnie et chacune d'elles allait pendant le mois de mai s'exercer au tir dans le fossé près de la porte du Pila Saint-Gély.

En 1699, pour faire oublier au peuple la disette dont il avait souffert aux mois de juin et juillet, les consuls jugèrent à propos de faire reprendre le jeu de l'arquebuse. Les consuls, selon l'ancienne coutume, donnèrent à chaque sixain dix écus pour le prix qu'ils devaient tirer tour à tour. Ce fut un consul qui s'approcha le plus du but et reçut le rondeau de bois *peinturé*; le tireur qui vint après reçut l'épée, le fusil, avec la mise de tous les tireurs, ayant à sa charge les frais du jeu.

La rue de l'Arquebuse, située au-dessous de l'Esplanade, rappelle le souvenir de l'endroit où avaient lieu les tirs à l'arquebuse.

Le jeu du mail est un des plus anciens jeux établis à Montpellier ; un proverbe ancien disait que les enfants y naissaient un mail à la main. Les habitants passaient autrefois pour les plus habiles joueurs de l'Europe.

Plusieurs souverains étrangers s'adressaient à Montpellier pour se fournir de mails à virole d'argent, avec le manche garni de velours et d'un petit trainon de frange d'or.

Les joueurs de mail sont appelés les chevaliers du bois roulant et les ouvriers en mail *palemardiers*.

De tous les anciens jeux, c'est le seul qui a survécu et les adeptes en sont encore très nombreux.

Le jeu du ballon paraît remonter au milieu du xvie siècle.

Le ballon était en cuir très dur et de petite dimension. On le gonflait en y introduisant du vinaigre avec une seringue ; les joueurs étaient armés d'un brassard en bois. Ce jeu demandait une certaine adresse. Il était très en honneur, il y a un siècle, dans un grand nombre de villages. On le jouait encore à Montpellier, il y a cinquante ans, à l'endroit où se trouve actuellement le square de la gare de Palavas.

L'origine de la danse du chevalet remonte à 1207, année de la naissance du roi Jacques Ier (p. 50). Les habitants, pour fêter l'entrée à Montpellier de Pierre, roi d'Aragon, son père, avec sa mère la reine Marie, prodiguèrent les plus grandes marques de réjouissances autour du cheval qui les portait.

Aussi en 1239, lorsque ce roi vint passer plusieurs mois à Montpellier, « ses vassaux lui firent-ils une grande fête en son château de Lattes. Cette fête ne fut qu'un renouvellement de celle qu'ils avaient faite autrefois lorsque la Reine, sa Mère, revint de Mirevaux avec le Roi son Epoux. Pour en rappeler le souvenir, ils avoient rempli de Paille la Peau d'un Cheval, pour représenter celui sur lequel le Roi Pierre avoit porté la Reine Marie en croupe ; et comme si cette pauvre Bête devoit prendre part à leur joye, ils la faisoient danser de la manière que nous voyons qu'on le fait encore. »

Parmi les réjouissances qui eurent lieu à Paris pour la convalescence du roi Louis XV en 1721, on cite la danse du chevalet.

« Un jeune homme monté sur un petit cheval de carton proprement équipé et semblable à ceux qu'on introduit quelques fois dans les ballets, lui fait faire le manège au son du hautbois et des tambours ; un de ses camarades tourne autour de lui, ayant un tambour de basque, dans lequel il fait semblant de vouloir donner de l'avoine au chevalet. L'adresse consiste en ce que le chevalet doit paroitre éviter l'avoine pour ne point se détourner de son exercice et que l'affectueux donneur de civade doit le suivre dans toutes ses caracoles, sans s'embarrasser avec lui ; ce qui se fait avec beaucoup d'agilité et toujours en cadence. Vingt-quatre danseurs, vêtus à la légère, avec des grelots aux jambes et conduits par deux capitaines, entourent ces deux-ci, et s'entrelacent en plusieurs façons en dansant toujours les mêmes rigodons que le chevalet. »

La danse du chevalet plut si fort aux princes (duc d'Anjou, duc de Bourgogne et duc de Berry), qu'ils voulurent emporter des exemplaires en langage du pays, des chansons, qu'on avait pris soin d'imprimer pour eux.

Des fragments en sont parvenus jusqu'à nous.

> Dounàs de civada au paure chivalet,
> Fasès lou beure, quand a set.
> Lou flatou, lou gratou, lou chivalet s'en ris, etc.
> Dounàs la civada au paure chivalet
> Qu'es mort de fam, qu'es mort de set,
>   L'aflata
>   Lou grata
>   End'un riban vert
>   A la moda de Vauvert.
>   le fai de belesas,
>   E coucardas mesas
>   Sus soun nas que ris
>   A la moda de Paris.

La danse du chevalet a eu lieu la dernière fois pour les fêtes du Centenaire de l'Université (1890).

On n'est pas bien fixé sur l'origine de la danse des treilles (las treilhas).

C'est un vrai ballet populaire, qui, s'il faut en juger par le costume champêtre des danseurs et des danseuses, est un souvenir des fêtes de Bacchus ou des vendangeurs.

Les danseurs et danseuses conduits par des coryphées passent et repassent en cadence sous des cerceaux garnis en mousseline gaufrée et ornée de rubans et de fleurs. La danse des treilles, comme celle du chevalet, a été exécutée à Montpellier lors des passages des personnages remarquables, des souverains et des grandes fêtes locales.

Un hautbois et un tambour de petite dimension jouent un air auquel on a adapté les vers suivants :

> Eh ! ha ! tanlà !
> Passa, se vos passà,
> Passà jouta las trelhas ;
> Eh ! ha ! tanlà !
> Passa, se vos passà,
> Tres cops sans t'arrestà.

Les jeux et les danses dont nous avons parlé étaient plus spéciaux à Montpellier qu'aux autres villes du midi.

Bien des fois des joutes eurent lieu sur le Lez au Pont Juvénal, où la population se rendait en masse, et les hautbois et les petits tambours envoyaient à la foule joyeuse l'air si connu :

> Maridats, tenès-vous ben,
> Qu'aici i'a la jouinessa qu'arriva,
> E poudès creire tant-ben
> Que la lucha n'en serà viva :
> N'en toumbarés dins l'aiga,
> Maridats, de la tintaina ;
> N'en coularés à founs
> Couma una bala de ploumb.

Et sur la tintaine, les marins et pécheurs de Cette et de Palavas se portaient de rudes coups de lance.

De tous les jeux, c'est certainement celui qui demande le plus de sang-froid, de force corporelle et une grande habitude de la mer.

Le peuple lors des fêtes populaires avait encore le jeu des bâtons.

> Ai de que t'ai fach, de que t'ai dich
> Per que me piques ?
> Ai de que t'ai fach, de que t'ai dich
> Per me picà ?
> Aqueste vespre ou dirai à moun paire,
> Que m'as picat
> E ieu t'ai pas res fach.

Des anciens chants parvenus jusqu'à nous *L'Escriveta* remonterait d'après la tradition à l'époque ou les

Sarrazins et les Maures vinrent s'établir dans le pays. *Lou Rei n'a'na fonteta* est aussi très ancien.

I

Lou rei n'a'na fonteta,
Ai! L'aiga ie vai.
Lou rei n'a'na fonteta.
Ai! L'aiga ie vai!
Lou rei n'a'na fonteta!
Ai! L'aiga ie vai!
Ai! Ai! Ai!
L'aiga ie vai!

II

Lous pijouns ie vau beure,
Ai! ieu i'anarai, etc.
Mom galant es cassaire,
Ai! — cassara tout, etc.
Per tira sus la lebre,
Ai! tiret sus ieu, etc.

III

« Ma mia, douça mia,
« Ai! — t'ai-ti fach mau? etc.
« Ben pau ou ben pas gaire,
« Ai! n'en mourirai, etc.
« Un poutou sus ta bouca,
« Ai! garirai! etc. »

La Danse des Treilles par son rythme rappelle les danses champêtres du règne de Louis XV, c'est l'adaptation d'un des anciens airs locaux, autrefois si nombreux.

L'ESCRIVÉTA[1]

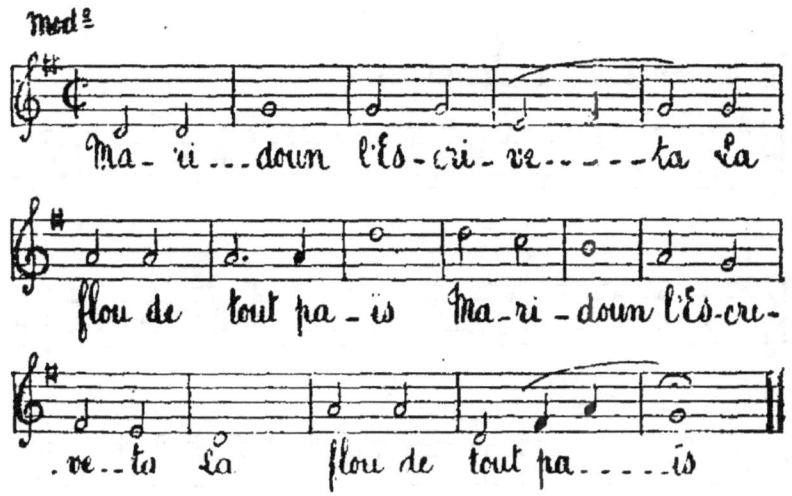

LOU REI N'A'NA FONTETA

[1] Ces chants ont été mis en musique et orchestrés pour harmonies et fanfares par M. Camomille, chef de musique du 142e de ligne (1re et 2e sélection des *Airs Languedociens*, en vente chez l'auteur).

ANCIENS CHANTS

DANSE DES TREILLES

XII

LES DAMES DE MONTPELLIER

Légendes. — Font Putanelle. — Règlement sur leur costume au moyen âge et au xviiie siècle. — Leur dévouement. — Leur patriotisme. — Héroïsme de Francèse dite Constance de Cézelly. — Leur courage pendant les sièges. — Sédition des partisans. — Les Dames du Dimècre. — Séjour de Charles VI. — Passage de l'archiduc Philippe, père de Charles-Quint. — Acte de galantérie du duc d'Ossonne. — Beauté de Catherine de Gaut. — Séjour du fils du roi de Danemarck. — Epoque révolutionnaire. — Dévouement de la femme Bousquet. — Affaire des Galettes. — Fêtes en souvenir de la prise de Toulon — Fête de la Liberté, an IV. — Les portraits des plus belles dames de la ville de Montpellier. — Portraits des grisettes. — Leur beauté d'après les poètes, les voyageurs, les historiens.

Il n'est point de cité dont le nom ait une origine plus agréable et dont la légende se prête mieux à rappeler le souvenir des jeunes filles de Montpellier, alors qu'elles allaient s'ébattre sur le *Mons Puellarum* (montagne des jeunes filles), emplacement actuel de la promenade du Peyrou.

Une autre légende dit qu'une jeune fille, rayonnante de beauté et de gloire, apparut au Comte de Maguelone et qu'à l'endroit même où avait eu lieu cette apparition, il jeta les fondements d'une ville qui fut Montpellier.

La critique historique a détruit ces légendes, mais

la première n'en est pas moins restée vivante dans le souvenir des habitants.

Il est, d'ailleurs, souvent question des jeunes filles dans les annales de notre cité. La *Font Putanella* n'indique-t-elle pas un lieu où elles se donnaient rendez-vous, et ce nom n'est-il pas d'une origine plus ancienne que l'époque où Jacques-Cœur fit réparer cette fontaine?

Au moyen âge on fut bien sévère au sujet de leur costume et l'on ne s'explique pas la sévérité des consuls à leur égard. Nos aïeules durent être très coquettes et très dépensières pour s'attirer ainsi les foudres de l'Eglise, par des règlements approuvés par le pape et sanctionnés de l'excommunication :

« Aucune femme n'a le droit de porter des perles ou des pierreries, si ce n'est aux bourses et ceintures déjà faites et aux anneaux pour les doigts ; aucune broderie de peau ou de drap fin aux habits, ni autour des pieds ; aucuns vêtements ni capuces ou aux habits aucune sorte de boutons dorés ou ouvrés ; mais seulement des boutons plats et blancs. Pas de manteaux ouverts par côté, parce que les femmes ainsi vêtues semblaient être des hommes, mais des manteaux ouverts par devant ; pas de houppelandes, pas de manches pendantes ayant plus de trois doigts de large. — Défense aux hommes comme aux femmes, de mettre au pendant des manches aucune peau en fourrure d'hermine ; de porter des habits plus courts que le dessous du genou, ni aucun habit de soie, ni aux souliers d'été ou bottines, les pointes dites poulaines. — Ordre à chacun d'aller suivant son état et la condition de sa famille. — Défense à tous pelissiers, sabotiers, sartres (tailleurs), juponniers, argentiers et autres, de fabriquer des ornements et objets de luxe pour les habitants de la ville. »

On ne s'explique guère l'arrêt des consuls, de l'année 1714, qui défendait de porter des toiles peintes ou indiennes, avec ordre de les ôter à toutes les personnes qui s'en trouveraient vêtues. Les magistrats s'acquittèrent brutalement de cette mission ; ce qui fit dire aux habitants que l'on aurait mieux fait de défendre les étoffes d'or et d'argent que ces sortes de toiles dont elles pouvaient se parer à bon compte; encore moins devait-on les leur ôter sur le corps ; on se contenta de dresser des procès-verbaux.

La captivité du roi Jean (1354) fut pour elles une occasion de montrer combien était grand leur patriotisme, alors qu'afin d'augmenter la somme nécessaire à sa rançon, elles offrirent leurs bagues et tous leurs bijoux, tant, disent les chroniqueurs, elles avaient été affligées. Le prince, ayant reçu, à Londres, les députés que la communauté lui envoya, leur donna des lettres patentes dans lesquelles il rend témoignage de la bonne affection de ses nouveaux sujets de Montpellier.

Le patriotisme des dames de Montpellier a eu sa plus haute personnification dans Constance (de son véritable nom Francèse) de Cézelli, dont l'héroïsme dans la défense de Leucate jettera un brillant éclat sur sa ville natale le jour où un monument viendra rappeler à ses compatriotes le nom et les vertus de cette guerrière qui, pour d'autres et pour nous, devrait occuper un des premiers rangs dans la liste des femmes illustres de notre patrie.

De nombreux faits glorieux viennent, d'ailleurs, affirmer le courage des dames de Montpellier dans les sièges et les mouvements populaires. Lors du siège de Montpellier par Joyeuse, en 1567, le menu peuple, les enfants, les femmes et les demoiselles, d'après les Mémoires, « s'employaient volontairement à porter des pierres sur les murailles pour faire des canonnières aux arquebusiers et elles ne craignoient point de se mêler dans le camp et d'y apporter du pain, des fruits et des bouteilles de vin pour rafraîchir les combattants. »

Au commencement du siège de Montpellier, en 1622, les femmes et les filles les plus qualifiées de la ville portèrent la hotte pour la construction des bastions autour de la ville. Habillées en hommes, elles auraient combattu très vaillamment. D'Aigrefeuille dément ce fait qui est rapporté par un autre historien. Pendant le siège, les dames ne craignaient pas d'aller se promener jusqu'aux avant-postes et converser avec les gens de de la cour.

La sédition dite des Partisans qui s'éleva, en 1645, à l'occasion des droits du don de joyeux avènement à la couronne du roi Louis XIV, avait produit une grande émotion parmi le peuple qui refusait de payer les fermiers de cet impôt et fut une occasion de montrer quel était le courage des simples femmes du peuple (p. 151).

Le duel qui eut lieu, en 1698, entre la femme d'un conseiller à la Cour et une bourgeoise, à la suite d'une querelle de jeu, ne vient-il pas aussi affirmer le courage des femmes appartenant à toutes les classes de la société ?

Les institutions charitables ont toujours été nombreuses à Montpellier. La plupart même remontent à une époque assez éloignée. Au XIVe siècle, d'excellentes dames consacraient le mercredi de chaque semaine à une œuvre de compassion. Elles allaient visiter les malades dénués de ressources. Les anciens actes leur donnent le nom de Dames du Dimècre (en languedocien *mercredi*).

Pendant l'année 1694, douze dames de la Miséricorde, assistées de douze jeunes demoiselles, apportaient aux malheureux les vivres dont ils manquaient, et d'autres dames les soulageaient en remplissant auprès d'eux les plus basses fonctions.

La bienveillance des rois et des princes envers les dames de Montpellier s'est montrée dans maintes circonstances. Le chroniqueur Froissart nous donne sur le séjour de Charles VI à Montpellier, en 1369, des détails très intéressants sur les *dames* et les *damoiselles* de cette ville :

« Le roi était là à sa nourrisson ; il étoit jeune et léger d'esprit ; si dansoit et caracoloit les fresques dames de Montpellier toute la nuit, etc...... Il revint deux mois après, et les dames et damoiselles lui plaisoient grandement bien... » (p. 93).

On fit de grandes fêtes à Montpellier, en 1503, lors du passage de l'archiduc Philippe, père de Charles-Quint. Il y trouva « les plus apparentes dames et bourgeoises de la ville ornées et parées des meilleurs ornements, robes et joyaux qu'ils eussent. » L'historien d'Aigrefeuille donne un récit très détaillé de ces fêtes ainsi que les noms de plusieurs dames avec leur costume.

Un acte de galanterie du duc d'Ossonne apporte une preuve de plus à l'appui du renom dont jouissaient, au commencement du xvii° siècle, les dames de la ville :

« Le duc d'Ossonne, passant à Montpellier, au retour de sa vice-royauté de Naples, on lui donna un bal, durant lequel il s'attacha plus particulièrement à la conversation d'une dame de la ville, à qui il demanda un épi d'or qu'elle portoit à sa coiffure. On marque qu'il le reçut comme une grande faveur et qu'il le porta à son chapeau tout le reste du bal ; mais que le lendemain il en envoya un autre de diamant à cette même dame, la priant de le porter pour l'amour de lui, à quoi elle ne perdit rien au change. »

La beauté de Mademoiselle Catherine de Gant, qui fut présentée par M. de Saint-Simon à Louis XIII, lui valut la grâce de son frère qui avait suivi le parti de Montmorency dont il avait été page. Le roi ayant appris que cette demoiselle était recherchée en mariage par le baron de Moussolens, lui fit donner dix mille écus en faveur de cette union.

Le séjour à Montpellier du fils du roi de Danemarck, en 1697, fut l'occasion de nombreuses fêtes en son honneur. « Il voulut, à son tour, donner une régale aux dames ; ce qu'il fit avec tant de magnificence qu'on en fit monter la dépense à plus de mille pistoles. Il rendit visite, avant son départ, à toutes les dames qui l'avoient été voir, et partit de Montpellier, après y avoir séjourné plus de six mois. »

Le comte d'Eu fut aussi on ne peut plus galant, lors de sa visite à Montpellier en 1764. Il réunit à sa table jusqu'à 150 dames de la ville à la fois.

Pendant l'époque révolutionnaire, plusieurs femmes payèrent de leur vie leur générosité et leur imprudence. La femme Bousquet fut condamnée à mort pour avoir recélé le prêtre Massilian, ancien aumônier du Bon Pasteur (an II). Dans l'affaire des Galettes, deux femmes, Elisabeth Coste et la veuve Balard, furent aussi condamnées à mort.

Pour effacer ces sanglants souvenirs, les représentants ne manquèrent point de donner aux citoyennes la plus grande place dans les fêtes et les cortèges. En l'an II, le 3 décadi de nivôse, on célébra la prise de Toulon sur les Anglais, avec un grand éclat. Le représentant Rousset y avait tout particulièrement invité les citoyennes, leur disant « qu'elles avaient reçu de la nature les grâces et la beauté qui font l'ornement des triomphes, et que chez tous les peuples libres, leur sexe avait toujours été chargé d'embellir les fêtes et de donner le prix à la valeur. »

Une jeune et belle femme, Julie, dite *la Juive*, ornée de vêtements simples et majestueux, y représentait l'image vivante de la Raison ; quarante femmes vêtues à la romaine embellissaient son cortège. Après la fête, on offrit aux jeunes époux, unis en ce jour de fête, un repas où le représentant Rousset voulut les servir lui-même.

Lors de la fête de la Liberté, en l'an IV, la municipalité invita les citoyennes de Montpellier à y prendre part : « Sexe aimable et sensible, venez aussi participer à l'embellissement de cette fête qui est la vôtre, puisque la liberté ne peut exister sans la vertu ; c'est vous qui la faites aimer. »

Les poètes ont chanté leur grâce et leur beauté, et n'est-ce point pour l'une d'elles que Ranchin, leur compatriote, écrivait, en 1697, le fameux triolet appelé par Ménage le roi des triolets :

> Le premier jour du mois de mai
> Fut le plus heureux de ma vie ;
> Je vous vis et je vous aimai,
> Le premier jour du mois de mai !
> Je vous vis et je vous aimai,
> Si ce dessein vous plut, Sylvie,
> Le premier jour du mois de mai
> Fut le plus beau jour de ma vie.

Roucher, l'auteur du poème des Mois, a tracé de ses compatriotes un portrait des plus charmants :

> ..... Je dirai qu'en tes murs règne un sexe enchanteur,
> Je peindrai son œil vif, son parler séducteur,
> Son front où la gaîté s'unit à la noblesse,
> Ses grâces, son esprit et sa svelte souplesse ;
> Né pour sentir l'amour et par l'amour formé,
> Tendre et constant, il aime ainsi qu'il est aimé.....

On sait que ce poète fut condamné, en 1794, à périr sur l'échafaud révolutionnaire. Il fit faire son portrait et, à la veille de paraître devant le tribunal, il l'envoya à sa fille, avec les vers suivants :

> Ne vous étonnez pas, objets charmants et doux,
> Si quelque air de tristesse obscurcit mon visage ;
> Quand un savant crayon dessinait cette image,
> J'attendais l'échafaud et je pensais à vous.

Les Compagnons du Devoir ont chanté les charmes des jolies filles de Montpellier :

> ... Pézenas, petite ville,
> Y a pas de jolies filles
> Comme dans Montpellier ;
> Faudra s'y marier.
> Montpellier fort affable
> N'est pas comparable
> A Nimes......

Ces vers ont fait, comme les *Compagnons du Devoir*, le tour de France ; ils ont répandu la réputation des jolies filles de Montpellier, et, à ce titre, ils méritaient d'être rappelés.

La renommée dont jouissaient les dames de Montpellier, au milieu du xviie siècle, nous a valu un petit opuscule devenu très rare, intitulé :

Les Portraits des plus belles Dames de la ville de Montpellier, par de Rosset. Paris 1650 (in-12).

« Il faut bien le reconnaître, le style de l'écrivain auquel on doit ces portraits, ne se distingue ni par l'élégance ni par l'harmonie ; il est souvent incorrect.

Les voyageurs et les historiens nous ont laissé des descriptions si charmantes qu'il serait regrettable de ne point les faire connaître. Garonne, dans son *Histoire de Montpellier*, cite le passage suivant, d'après un manuscrit d'un jésuite écrit en 1685 :

« ...Et si l'élégance des manières est aussi remarquable chez les hommes, combien n'admireras-tu pas, étranger, les grâces des femmes de Montpellier. Rien n'est plus aimable en elles que cette douceur de mœurs qu'elles semblent puiser dans la suavité de l'air qu'elles respirent. »

Villaret dit, dans son *Histoire de France* : « Un aspect riant, une situation agréable, la douceur du climat, l'urbanité des habitants, et surtout les charmes du beau sexe, font de cette ville un séjour enchanté. Les attraits des dames de Montpellier ont été célébrés dans tous les temps. »

On trouve dans le *Voyageur français* le passage suivant : « Tout ce que vous avez pu entendre dire à la louange des dames de cette ville, est exactement vrai. Je ne croyais pas qu'elle pût en offrir un si grand nombre d'aimables et de jolies, mais je l'ai vu de mes propres yeux et je ne suis pas surpris que beaucoup d'étrangers assurent qu'on n'en trouve pas en France qui leur soient supérieures à cet égard. »

Dans le *Voyage en France*, Chapelle et Bachaumont

(1751), disent qu'on les présenta dans un hôtel à un grand nombre de « dames qu'on nous a dit être les plus polies, les plus qualifiées et les plus spirituelles de la ville. A leurs petites mignardises, leur parler gras et leurs discours extraordinaires, nous crûmes bientôt que c'étoit une assemblée des précieuses de Montpellier. »

Platters, dans ses *Mémoires* (xvi° siècle), parle souvent des dames de Montpellier.

« En entrant (à Montpellier), nous rencontrâmes un grand nombre d'habitants de la noblesse et autres, enveloppés de longues chemises blanches et parcourant les rues, précédés d'instruments à corde et de bannières. Ils tenaient à la main des coquilles d'argent pleines de dragées et frappant dessus avec des cuillers du même métal, pour offrir leurs sucreries à toutes les jolies filles qu'ils trouvaient sur leur passage. »

D'autres historiens n'ont pu s'empêcher de rendre hommage aux grâces et à la gentillesse de cette partie du beau sexe qui forme ici un intermédiaire entre les premières et les dernières classes de la société et qu'on y désigne sous le nom de grisettes. Vives à l'excès, un peu coquettes et parfois sentimentales, leur physionomie est toujours expressive, leur langage gracieux et leurs manières séduisantes. C'est à elles surtout qu'il appartient de maintenir, dans toute son expression et sa suavité, l'idiome montpelliérain qu'il est impossible de ne pas aimer dans leur bouche.

Vilback, s'exprime ainsi : « Cette douce langue et ses nombreux diminutifs prennent un charme particulier dans la bouche de ces grisettes, à taille svelte, qui brillent plus encore par la grâce que par la beauté. La facilité de leurs mœurs est, dit-on, la sauvegarde de la vertu des dames ; il est au moins certain que Montpellier est la ville de France où l'on parle le moins d'aventures galantes dans les premières classes. Elles sont généralement d'une taille svelte, au-dessus de la moyenne. Nulle part la femme, en toutes classes, n'a plus de grâce et de dignité dans les mœurs. La grisette montre, elle aussi, un souci du qu'en dira-t-on. »

Thomas a tracé des grisettes un portrait très exact : « Le costume favorise singulièrement les agréments que la grisette de Montpellier a déjà reçu de la nature. Sa taille piquante, svelte, voluptueuse même, sa physionomie vive, agaçante, souvent jolie, presque toujours gracieuse, et couronnée d'un bonnet de tulle brodé ou de mousseline bordée de dentelles ; des pendants ornent ses oreilles ; des chaînes d'or circulent plusieurs fois autour du cou, ou bien un collier qui l'entoure présente à sa partie antérieure un gros fermoir ou un autre bijou, une croix, un cœur d'or. La gorge est à demi-couverte d'un petit fichu ordinairement de laine, dont les pointes retombent avec grâce, en forme d'écharpe, sur un tablier de soie. Une robe de mousseline peinte, qui s'élève au-dessus du sein, descend à peine sur la partie moyenne inférieure de la jambe qu'elle laisse entrevoir finement moulée sous un bas blanc qui contraste avec la spirale du ruban de couleur de la chaussure. On assure que le costume intérieur, encore qu'il soit mystérieux, est aussi décent, aussi soigné, aussi élégant que celui qui est exposé aux regards.

Les Montpelliéraines ont la taille svelte et plus petite, et, quoique souvent brunes comme les hommes, elles ont de l'éclat dans la jeunesse, mais plus de grâce que de beauté » (1836).

Les dames de Montpellier ont toujours le même renom de grâce et de beauté que leurs aïeules. On peut s'en convaincre, aux jours de fêtes et de réjouissances publiques, alors que, par nos beaux jours de soleil, nos promenades sont envahies par le sexe aimable et que la joie vient animer et colorer des visages toujours souriants.

XIII

PLACES ET RUES

Notice historique sur les noms des anciennes places et rues. — Anciens quartiers. — Première nomenclature officielle (1788). — Nom rappelant les origines de la ville. — Places. — Anciennes industries et métiers. — Portes, bastions, châteaux, **tours**. — Attributions communales. — Logis, hôtels, auberges, enseignes. — Fours. — Fontaines et puits. — Jeux et tirs. — Désignations diverses. — Ecoles et collèges. — Anciennes familles. — Personnages célèbres. — Amateurs de beaux-arts. — Architectes. — Botanistes. — Ecrivains. — Evêques. — Généraux. — Hommes politiques. — Historiens. — Médecins. — Peintres. — Philosophes. — Poètes. — Savants. — Saints. — Noms religieux. — Souvenirs militaires. — Faubourgs.

Les désignations anciennes rappellent des souvenirs locaux et présentent, pour l'histoire d'une ville, un intérêt tout particulier. L'ouvrage de Duval-Jouve : *Les noms des rues de Montpellier* nous a fourni de très nombreuses indications. Par une classification différente, nous avons cherché à montrer la physionomie générale des anciennes et nouvelles places et rues.

Dès l'origine, les rues furent désignées par le quartier où elles se trouvaient et par le nom d'une personne, d'un logis, d'une boutique renommée, ou la demeure de certains particuliers.

La ville comprenait autrefois huit quartiers ;

Quartier de la Grand rue.   Quartier de l'Intendance.
— de la Triperie.   — de Saint-Pierre.
— de la Valfère.   — de St-Mathieu.
— de Saint-Firmin.   — de l'Esplanade.

La première nomenclature officielle fixant le nom des rues, des îles et impasses fut établie en 1788 par Flandio de la Combe. La ville fut divisée en 6 sixains portant chacun le nom d'une église : Sainte-Foy, Saint-Paul, Saint-Firmin, Sainte-Anne, Sainte-Croix, Saint-Mathieu. Ce guide laissait de côté toutes les rues des faubourgs ; il ne fait pas connaître les motifs de la substitution des noms nouveaux aux anciens noms des îles et des rues.

En 1829, on procéda de nouveau au numérotage des maisons et on changea quelques noms de rues.

En 1849, le conseil changea cinq noms et imposa quinze noms à des rues nouvellement ouvertes.

En 1851, une commission fut chargée de revoir et de modifier le nom des rues et places de la ville; 89 noms furent changés et 26 noms furent imposés à de nouvelles rues.

On doit à la publication de l'ouvrage de Duval-Jouve et à sa présence au conseil municipal de 1879 à 1882, d'avoir contribué, pour une très large part, aux changements des noms, en les faisant attribuer à des personnages illustres, nés à Montpellier.

ORIGINES DE LA VILLE

Maguelone (Rue). — Les habitants de cette ville, dont il ne reste que les ruines de son église, chassés par Charles Martel, en 737, vinrent s'établir sur les deux versants de la colline de Montpellier.

Substantion (Rue). — Ancien nom du village de Castelnau, pendant l'époque romaine. L'abandon de ce lieu augmenta la population de la ville.

Montpelliéret (Rue). — Rappelle le bourg qui, dans

l'ancienne ville, appartenait à la seigneurie des évêques de Maguelone. Dans cette rue se trouve le Musée.

PLACES

Agde (Plan d'). — Le roi Jacques Ier, seigneur de Montpellier, l'inféoda aux évêques d'Agde. Ce privilège a existé jusqu'à la fin du régime féodal.

Cabanes (Plan). — Pons de Cabanes était consul en 1777; sur cette place se trouve une croix plantée en 1816.

Canourgue (Place et Rue). — Canourgo, église de chanoines, ou toute autre construction faite par eux. Aux abords de cette place se trouvaient les habitations de plusieurs chanoines du chapitre de Maguelone. A l'ouest, s'élevait la chapelle de Sainte-Croix. La croix qui se trouve à l'extrémité fut plantée par les Pénitents en 1625. Démolie en 1791, elle fut réédifiée en 1848. Sur un des côtés se trouve l'Hôtel de Ville. L'évêque Pierre de Fenouillet, après le siège de 1622, forma le projet de construire sur son emplacement une nouvelle cathédrale ; on en voit encore les fondements le long de la rue Saint-Pierre. Le cardinal de Richelieu suspendit les travaux. La fontaine des Licornes se trouve à l'extrémité nord de cette place ; elle y a été transportée en 1863.

Carnot (Place). — Devant l'église Saint-François; désignée ainsi lors du passage, à Montpellier, de Carnot, président de la République, en 1890.

Castellane (Place). — Ainsi nommée pour perpétuer le souvenir de la pose de la première pierre de la Halle-Neuve par le général Castellane, en 1860.

Castries (Place). — Très ancienne famille du pays. Ce nom figure constamment dans la liste des consuls du xiiie siècle.

Cévenols (Place des). — A disparu lors de l'établissement de la grande place de la Préfecture. Elle servait autrefois de point de réunion aux habitants des Cévennes qui venaient se louer à Montpellier pour la moisson ou les vendanges. Les journaliers s'y réunissent encore le dimanche matin. C'est du côté de la façade ouest de la Préfecture que se trouvait autrefois la fameuse maison de la Cour du Bayle ; en 1583, on y construisit le Grand Temple protestant, qui passait alors pour le plus beau de l'Europe. Sur la place, au milieu d'un petit square, on voit aujourd'hui une fontaine avec une statue de Cybèle, due à Journet, du Vigan.

Etats du Languedoc (Place des). — Précédemment Place des Licornes, parce que l'on y voyait la fontaine des Licornes qui, actuellement, est sur la place de la Canourgue. Le nom actuel rappelle le souvenir des Etats du Languedoc qui se tenaient à l'ancien hôtel de ville, et qui s'assemblèrent à Montpellier sans interruption, depuis 1738 jusqu'à leur extinction en 1789. Sur cette place se voit la halle couverte, élevée en 1806, sur l'emplacement de Notre-Dame-des-Tables. C'est à l'endroit où se trouve la croix de la pharmacie Gély que les exécutions capitales avaient lieu.

Jacques-Cœur (Place), autrefois place Brandille. — — Afin de donner plus de clarté à la rue de l'Eguilerie, on proposa de faire une place et de lui donner le sobriquet du personnage qui avait été des plus zélés à faire réussir le projet.

Farges (Pont et Rue de). — Jacques de Farges, parfumeur renommé, eut l'honneur de recevoir chez lui Charles IX. Quelques années après, on trouva dans sa maison des armes et de la poudre (il était protestant). Il fut arrêté en 1569, mais le peuple courant à l'hôtel de ville, le prit et le pendit aux plus hautes fenêtres de sa maison à laquelle on mit le feu.

Marché aux Fleurs (Place du). — Elle portait primitivement le nom de Place des Capucins. Les

Capucins avaient, en effet, leur couvent au nord-est de cette place. En 1814, elle fut dénommée **Place Louis XVI**. La statue de ce roi, qui y fut élevée le 19 août 1829, fut abattue en 1830.

Richelieu (Place et Rue de). — Le Conseil de ville décida, en 1757, que le nom de Richelieu serait donné à une rue pour rappeler le souvenir du maréchal de Richelieu, gouverneur de la province.

Palais (Plan et Rue du). — Ainsi nommés, non parce qu'ils conduisent au Palais de Justice actuel, mais parce qu'ils aboutissaient autrefois au palais des Guillems, habité aussi par les rois d'Aragon et situé presque sur le même emplacement.

Saunerie (Place et Rue de la). — Le nom latin inscrit sur les plus anciens actes est *Salnaria*. C'est dans ce quartier qu'étaient autrefois établis les greniers à sel, « où les voitures venoient se décharger du sel qu'elles avoient pris aux salines de Pérols et de Maguelone. »

RUES
ANCIENNES INDUSTRIES ET MÉTIERS

Les industries ou métiers du moyen âge étaient cantonnés dans les mêmes lieux.

Aiguillerie (Rue de l'). — Eguilerie. Cette rue part de la rue du Pila Saint-Gély et se termine aux halles. Les fabricants et les marchands d'aiguilles et autres menus objets y étaient cantonnés.

Vers le milieu se trouvaient le château des vicaires (seigneuriaux) de Montpellier et leur petite église Saint-Nicolas, suspendue au-dessus de la rue qu'elle traversait par un arceau. Elle fut détruite en 1568.

Sur son parcours, on trouve l'église Notre-Dame, la rue Montpelliéret, et vis-à-vis, l'ancien Hôtel des sciences. La percée de la rue Nationale permet de voir la Préfecture et, dans le fond, la porte du Peyrou, la statue de Louis XIV et le Château d'Eau.

Argenterie (Rue de l'). — L'industrie des argentiers, appelés aussi *daurados, dauraires* et *anneliers*, était autrefois très importante ; ses produits avaient un grand renom de pureté et de finesse.

La rue a conservé jusqu'à nos jours son ancienne physionomie. Sa situation au milieu de la ville, son tracé anguleux et ses débouchés à la Grand'Rue et au Marché en font un des endroits les plus fréquentés par les acheteurs et surtout par les habitants des communes voisines.

Vers le haut de cette rue se trouvait la maison des rois de Majorque, reconnaissable par sa porte ogivale.

Balances (Rue des). — Cette dénomination ancienne et populaire permet de supposer que le commerce de ces objets était dans cette rue ou qu'il y avait un hôtel portant, en guise d'enseigne, une balance.

Barralerie (Rue de la). — Ainsi désignée à cause de l'industrie des *barraliers* ou tonneliers (barral, en patois, petit tonneau). Elle fut ensuite dévolue aux cordonniers et aux juifs. Dans un acte de 1497 elle est nommée rue de la *Saboterie neuve*, pour être différenciée de l'ancienne rue de la Saboterie, devenue la rue du Palais. L'ouverture de la rue Nationale a fait disparaître une grande partie de cette rue.

Blanquerie (Boulevard et ancienne Rue de la Blanquerie, actuellement rue de l'Université, une des plus vieilles rues de Montpellier). — Ancien quartier des blanquiers ou mégissiers (tanneurs préparant les peaux blanches). Ils y avaient élu domicile à l'époque où le Merdanson promenait à découvert, aux pieds des murs, ses eaux fétides.

Sur le boulevard se trouve la Maison centrale de force et de correction, pouvant recevoir 550 femmes.

Le principal établissement de la rue est l'Hôtel des Facultés, ancien hôpital Saint-Eloi, fondé vers la fin du XIIe siècle.

Canabasserie (Rue de la). — On y trouvait les marchands de chanvre (en latin *canabis*, en patois canabas, canobe et canibe), ou de toile de chanvre (d'où le mot français canevas). Cette rue n'existe plus ; elle allait de la place de la Préfecture à la place des Cévenols.

Carbonnerie (Rue de la). — On y voyait les marchands de charbon.

Corraterie (rue de la). — Cette rue n'existe plus. Elle allait de la place de la Préfecture au plan d'Arènes ; et ce nom lui venait de ce que l'on avait assigné cette rue à ceux qui exerçaient le métier de la *corraterie* et qu'en patois on appelait *courratiés* ou *courretiés*, d'où courretiers et courtiers.

Draperie-Rouge (Rue de la). — Cette rue a disparu en 1851 et a été absorbée par la place de l'Herberie. Son nom était un des plus anciens de Montpellier, car il figure dans un acte de vente de 1194. Il faisait allusion à l'ancienne industrie de la teinturerie écarlate, cantonnée dans cette rue et si renommée à Montpellier.

Draperie-Saint-Firmin (Rue de la). — Le commerce de la draperie rouge était aussi confiné dans cette rue.

Etuves (Rue des). — Les étuves ou bains de Montpellier se trouvaient dans cette rue ; d'où vient que les anciens documents l'appellent souvent « rue des Bains ».

Fournarié (Rue). — Ce nom rappelle l'industrie des boulangers et parait provenir de ce qu'il existait plusieurs fours dans cette rue.

Friperie (Rue de la). — Ce nom vient de l'industrie qui s'y exerçait. Au moyen âge les fripiers s'appelaient *peillers* ; de là s'est conservé ce cri de *peille, ferré biel* (chiffons, fer vieux), que les marchands de chiffons font encore entendre. Leur quartier s'appelait la Peillarié.

GAGNE-PETIT.(Rue des). — Vieux nom faisant allusion soit à une localisation de métiers, soit plutôt à une enseigne dont le souvenir est effacé.

GROULARIÉ (Rue). — D'un vieux mot, qui signifie savetier.

HERBERIE (Rue et Place). — Là se tient le marché des herbes.

HUILE (Rue de l'). — Nom populaire très anciennement donné à une rue conduisant à une place située devant l'église Sainte-Anne, appelé Plan de l'Huile.

JUIVERIE (Rue et Impasse de la). — A Montpellier, comme ailleurs, les Juifs étaient parqués dans certains quartiers. Cette rue et cette impasse ont disparu, lors de l'agrandissement de la Préfecture.

MARBRIERS (Rue des). — Cette rue n'existe plus.

PELLETERIE (Rue de la). — La vente des objets de cette industrie y était autrefois cantonnée.

TANNEURS (Quai et Impasse des). — L'industrie de la tannerie si importante autrefois, n'existe plus aujourdh'ui.

TEISSIERS (Rue des).— C'est l'ancien nom patois des tisserands, qui habitaient ce quartier.

TONDEURS (Rue des). — Occupée autrefois par les ouvriers de cette industrie.

TRIPERIE-NEUVE (Rue de la). — Autrefois rue de *la Vacarié*, à cause de l'industrie anciennement cantonnée dans ce quartier. En 1882, on a donné à cette rue le nom du peintre Alexandre Cabanel.

TRIPERIE-VIEILLE (Rue de la).— En 1250, Jacques Ier fit construire un vaste emplacement destiné à recevoir les marchands de « testes, pieds et tripes, apareillées des bœufs, des vaches et autres bestes. » Cet emplacement se trouvait dans cette rue qui, depuis 1882, porte le nom du poète Roucher.

Verrerie (Rue de la). — Ainsi nommée, plutôt pour la vente du verre que pour sa fabrication. Les verriers étaient nombreux à Montpellier et formaient une corporation dont les statuts, fort anciens, remontaient à l'année 1365.

Vielle-Aiguillerie (Rue de la). — Dans cette rue avait d'abord été cantonnée l'industrie qui s'établit ensuite dans la rue de l'Aiguillerie.

Vieille-Boucherie (Rue de la). — Autrefois rue des Moulins-l'Evêque, parce qu'elle y conduisait. Vers 1600 fut établi à Montpellier un impôt appelé : le denier de la Chair, qui consistait en un sol sur chaque livre de viande de boucherie.

ANCIENNES PORTES, BASTIONS CHATEAUX, TOURS

Obilion (Rue d'). — Précédemment rue Traversière. Tout près de là se trouvait la porte de Lattes, dite plus souvent Porte d'Obilion, du nom d'une ancienne famille du pays. En 1125, figurent comme témoins Pons d'Obilion et Hugues d'Obilion.

Pila-Saint-Gély (Rue du). — Cette rue conduisait à une ancienne porte où aboutissait le chemin de Saint-Gilles.

Palissade (Rue de la). — Cette rue occupe à peu près l'emplacement de l'ancienne palissade élevée, après la prise du roi Jean, autour des faubourgs de Montpellier pour garantir cette ville des troupes de soldats congédiés, qui parcouraient tout le Languedoc. Ce n'était qu'un mur en pierres, à hauteur d'homme, pour empêcher un coup de main.

Portalière des Masques (Chemin de la). — On appelait *portalières* (diminutif de portail) les portes ouvertes, aux avenues des grands chemins, dans la palissade. Le mot masques (en patois masco), signifie sorcier.

Bastion (Rue du). — Occupe l'emplacement du bastion de la Saunerie, élevé, lors du siège de 1622, par Louis XIII. Avant l'année 1852, cette rue s'appelait rue de la Croix-de-Fer.

Château (Place du). — Ainsi nommée pour rappeler l'emplacement de l'ancien château des Guillem, devenu plus tard celui des rois d'Aragon, et occupé actuellement par les bâtiments du Palais de justice et de la prison.

Babotte (Ile de la). — En souvenir de la tour des remparts, sur laquelle on construisit un observatoire qui a fonctionné plus d'un siècle. Ce monument est encore, de nos jours, désigné sous ce nom.

Tour-Sainte-Eulalie (Rue de la). — Le nom actuel a été choisi en souvenir du premier édifice destiné à l'enseignement du Droit, fondé par Placentin vers 1160. L'emplacement de cette tour n'est pas exactement connu.

Tour-d'En-Canet (Impasse de la). — Ainsi nommée d'une tour élevée sur la maison de la famille Canet.

Douze-Pans (Ile des). — En 1363, il fut décidé que pour assurer plus efficacement la défense de la ville, on agrandirait les fossés et l'on ferait un chemin de ronde tout autour et en deçà des murs d'enceinte ; toutes les maisons qui n'en étaient pas à une distance de douze pans, durent être impitoyablement rasées.

ATTRIBUTIONS COMMUNALES

Bayle (Rue du). — Baile, en patois maitre-valet : *bayle* ou *bailli*, chef d'un tribunal appelé *baylic*, auquel, dans tout le ressort de la seigneurie de Montpellier, étaient délégués des attributions très étendues.

Consulat (Rue du). — Ainsi nommée à cause de son voisinage avec l'ancien Hôtel de ville ou *Consulat*, où siègeaient les consuls.

Loge (Rue de la). — Ancienne rue du Gouvernement, du Cardinal et de la Loge. En souvenir d'un ancien édifice qui répondait à peu près à notre bourse et tribunal de commerce. La Loge était située à l'angle de la place actuelle de l'Herberie et de la rue de l'Aiguillerie. Cet édifice a subsisté jusqu'à une époque voisine de la nôtre ; il n'en reste plus aujourd'hui aucune trace.

Petite-Loge (Rue de la). — Avant l'établissement des Consuls de mer, cette maison appartenait aux poivriers.

Salle-l'Evêque (Rue de la). — Dans le latin du moyen âge le mot *sala* signifiait *maison*. Il existait dans cette rue une maison épiscopale dite la Salle-l'Evêque, qui fut incendiée pendant les troubles religieux de 1562.

Orgerie (Ile de l'). — Ainsi appelée du voisinage de l'ancien marché aux grains, dit *Orgerie* : les marchands de grains s'appelaient *orgiers*.

Petit-Scel (Place du). — En souvenir du local occupé, jusqu'en 1749, par la Cour du Petit-Scel. Ses attributions furent toujours de juger en matière de dettes.

LOGIS, HOTELS, AUBERGES, ENSEIGNES

Castel-Moton (Rue). — Nom populaire dont l'origine paraît se rapporter à un ancien hôtel. Il en est question dans la seconde moitié du XIIIe siècle.

Chapeau-Rouge (Impasse et Rue du). — Ce nom était sur l'enseigne d'un ancien logis très connu.

Cheval-Blanc (Rue du). — Nom d'un hôtel qui s'y trouve depuis fort longtemps, car d'Aigrefeuille le cite, à chaque instant, comme logis des étrangers de qualité.

Cheval-Vert (Rue du). — Nom rappelant aussi un hôtel très ancien, qui existe encore.

Coupe (Ile de la). — Ainsi nommée en souvenir d'un ancien logis ou hôtel très connu au xviie siècle.

Croix-d'Or (Rue de la). — Nom populaire d'une auberge ou hôtellerie existant déjà dans la première moitié du xvie siècle ; elle servait fréquemment aux étudiants pour leur banquet ou collation des Rois.

Croix-Blanche (Ile de la). — Contenait un logis de ce nom.

Cygne (Rue du). — En souvenir d'un hôtel ou logis de ce nom mentionné au xvie siècle.

Grand-Galion (Rue du). — Ce nom est celui d'une ancienne maison de roulage. Elle fut détruite par un incendie le 2 mai 1876. Trois personnes y furent brûlées.

Logis-Saint-Paul (Rue du). — Nom d'un ancien logis ou hôtel. Dénommée rue Latreilhe par une délibération du conseil municipal du 22 Janvier 1897, en reconnaissance des donations faites par M. Latreilhe (décédé le 30 décembre 1896), aux Hospices, aux Sociétés de Secours Mutuels et à la ville de Montpellier.

Louvre (Ile du). — Nom de l'enseigne d'un logis ; le devis de 1700 porte : *Ile du Logis du Louvre*.

Pistolet (Rue du). — Ce nom pourrait provenir d'une ancienne enseigne ou d'un nom propre.

Plan du Parc (Rue du). — Du nom d'une ancienne auberge très connue.

Petit-Paris (Rue du). — Il y existait autrefois un hôtel très connu, à l'enseigne du *Petit-Paris*.

Rochelle (Rue et Impasse de la). — C'est le nom d'une auberge autrefois bien connue et qui existe encore.

Vieille (Rue de la). — Ce nom vient d'une ancienne auberge que l'on appelait *Auberge de la Vieille*, parce qu'il y avait près de la porte une console de pierre figurant un moine que le peuple, à cause de sa robe, appelait *la vieille*.

Alouette (Rue de l'). — Ce vieux nom, rappelant une ancienne enseigne, a été remplacé par celui de rue Henri iv.

Bras-de-Fer (Rue). — Nom populaire; paraît être dû à une ancienne enseigne. La moitié supérieure de la rue qui débouche actuellement Place Castellane était appelée le *Pas étroit*, en raison de son étroitesse et l'angle de la rue était dit *Coin du Salut*.

Charrue (Rue de la). — Nom provenant aussi d'une vieille enseigne.

Merle-Blanc (Impasse du). — Nom populaire rappelant l'enseigne d'un ancien bal.

FOURS

Four-Cremat (Ile du). — En languedocien cremat vient du latin *cremare*, brûler.

Four-des-Flammes (Rue du). — Ce nom figure dans un acte de 1353 : *Careria furni vocati de las flamas*.

Four-Saint-Eloi (Rue du). — Longe l'hôtel de l'Université.

FONTAINES ET PUITS

Fontaine (Rue de la). — Dans cette rue aboutissait le conduit des eaux de la fontaine de Lattes, une des très rares fontaines naturelles pendant le moyen âge, à Montpellier.

Fontaine du Pila-Saint-Gély (Rue de la). — On appelait aussi cette source la Font de l'Hôpital-de-Saint-Esprit. Elle ne fut découverte qu'en 1465 et fut détruite lors de la construction du pont conduisant à l'abattoir.

Font-Saint-Berthomieu (Rue de la). — Nom languedocien de la fontaine Saint-Barthélemy, vers laquelle se dirige cette rue.

Font-Putanelle (Rue de la). — Cette fontaine a été

construite, en 1444, par Jacques-Cœur, l'argentier du roi Charles VII ; dans quelques anciens actes elle est désignée sous le nom de *Fons Argentarii* (fontaine de l'Argentier).

Puits des Esquilles (Rue du). — Le puits qui a valu ce nom à la rue existe encore dans la maison et dans la boutique même du boulanger qui fait face à l'ancienne Faculté des Sciences et au coin de l'Hôtel-de-Ville. Suivant Garonne, cette maison était autrefois une auberge de muletiers. Le puits s'appelait *puits des Esquilles* à cause des esquilles (clochettes), suspendues au cou des mulets que les paysans venus au marché faisaient reposer aux alentours.

Suivant une autre version, la corde de ce puits était disposée de telle façon que l'on ne pouvait y puiser de l'eau sans faire résonner des *esquilles* qui avertissaient de venir percevoir ce qui était dû. En tout cas, les revenus de ce puits étaient fort considérables et appartenaient à Vestiaire, un des grands dignitaires du Chapitre de Maguelone (Voir rue du Vestiaire). Sur ces revenus, il devait fournir au réfectoire le tour du régal (qui était le jour de Saint-Gervais), huit moutons, sept chevreaux, trois jambons, deux quintaux et demi de farine et quatre setiers de blé.

Puits Douachy (Ile du).

Puits Douzils (Ile du).

Puits Espinas (Ile du). — Noms d'anciens propriétaires.

Puits du Palais (Rue du). — Conduisait au puits de l'ancien palais seigneurial.

Puits du Temple (Rue du). — Le puits de ce nom était situé dans le voisinage de la maison des Chevaliers du Temple, appelée aussi le Petit-Saint-Jean.

Puits Valfère (Rue du). — Le puits où elle conduit porte lui-même le nom du quartier.

JEUX ET TIRS

Arquebuse (Rue de l'). — On avait établi en cet endroit un tir d'arquebuse pour exercer les gens d'armes et la jeunesse.

Jeu-de-Ballon (Rue du). — Au jeu de l'arc a succédé « celui du ballon, qui est maintenant plus en usage à Montpellier, dit d'Aigrefeuille, qu'il n'était il y a soixante ans. Les particuliers vont s'y exercer, dans le grand fossé, au noble Jeu de l'Arc. »

Jeu-de-l'Arc (Rue du). — Précédemment rue du Jeu-de-Boules.

Jeu-de-Paume (Boulevard et Rue du). — C'est dans ce quartier que l'on se livrait, de préférence, à ce jeu salutaire.

Jeu-de-Mail (Chemin du). — Rappelle le souvenir du noble jeu de Mail.

Prix (Rue du). — Cette rue est située en partie sur l'emplacement du fossé où les gens de Montpellier, préposés à la garde des portes, allaient s'exercer au tir de l'arquebuse.

DÉSIGNATIONS DIVERSES

Ancien-Courrier (Rue de l'). — La poste s'y trouvait autrefois ; on l'appelait rue des Messagers avant 1760 et rue du Courrier de 1760 à 1852.

Ancienne-Poste (Rue de l'). — La poste aux chevaux était dans cette rue avant l'établissement des chemins de fer.

Arc-des-Mourgues (Rue de l'). — Au-dessus de cette rue était autrefois un arceau servant de communication entre deux maisons d'un même ordre de religieuses. La communication se fait maintenant au-dessous du sol. (Mourgue, en languedocien mourgo).

Berger (Rue du). — Ancien nom populaire dont l'origine est oubliée.

Bonnes-Nouvelles (Boulevard des). — Le courrier

qui apportait la nouvelle de la délivrance d'Orléans, s'arrêta dans le faubourg Saint-Denis, en attendant qu'on ouvrît les portes de la ville. On construisit une chapelle sous le nom de *Notre-Dame-de-Bonnes-Nouvelles*, à l'endroit où le courrier s'était arrêté.

Cannau (Rue du). — Astruc et les vieilles Chartes écrivent *Campnau, Campus novus*.

Carré-du-Roi (Rue du). — Le jardin des Plantes, lors de sa fondation (1593), comprenait toute la pente qui s'étend depuis la route de Ganges jusqu'à la colline du Peyrou. L'emplacement du jardin actuel était une pépinière (*seminarium*) ; le jardin aujourd'hui réservé au rectorat était appelé Carré-de-la-Reine et la partie méridionale Carré-du-Roi.

Coquille (Rue de la). — Ainsi nommée par allusion à la burlongue en forme de coquille placée à un des coins de cette rue. Œuvre hardie de l'architecte D'Aviler, une des curiosités de la ville. On l'appelait autrefois Coquille-de-Sarret, du nom du propriétaire.

Coste-Frège (Rue). — Cette rue s'appelait, avant 1788, rue la Teinture-Vieille. *Coste Frège* signifie quartier froid, et ce nom s'applique bien à cette rue et à ce quartier, exposés à recevoir le vent du nord. Ce fut un des derniers peuplés de Montpellier.

Cope-Cambes (Impasse et Rue). — Nom populaire dont l'origine est oubliée. Son étymologie paraît indiquer un endroit dangereux pour les passants pendant la nuit.

Cros-d'aou-biou (Rue du). — Désignée aujourd'hui sous le nom de *Creux-du-Bœuf* (Cros en patois, Creux, fossé) ; cette rue, plutôt rurale qu'urbaine, était autrefois un dépôt de fumier. Son nom est mentionné dans les actes.

Embouque-d'Or (Rue). — D'Aigrefeuille appelle cette rue *Bouques d'Or* et encore plus simplement *Bouque d'Or*. Un Jean Bocador (Johannes Bucha Ossis), connu en 1207, aurait préparé l'entrevue du roi Pierre d'Aragon avec la reine Marie, et la conception de son fils.

Etuves (Rue des). — Les Etuves (ou Bains de Montpellier) se trouvaient dans cette rue : d'où vient que les anciens documents l'appellent souvent *rue des Bains*. Les étuves avaient été établies par Guillem VII en 1156. Elles furent agrandies par les rois d'Aragon. « On y voyait, dit d'Aigrefeuille, un grand puits-à-roue, avec des canaux pour porter l'eau dans les cuves ; des fourneaux pour échauffer les bains, et des belles chambres. Les femmes qui sortaient de couches, et ceux qui avaient des douleurs s'y faisaient porter jusqu'au temps de Rondelet qui mit en vogue les bains de Balaruc. »

Grand'Rue. — Ce fut toujours une des plus grandes artères de Montpellier. Au xive siècle, ou même avant, elle portait le nom de *Trépassens (Carriera Trespassantis)*, non, comme on pourrait le croire, pour marquer qu'il y passait beaucoup de monde, mais parce qu'il y habitait une famille de ce nom, famille ancienne et considérable, dont les membres avaient été souvent appelés au consulat. Vers 1700 elle reçut le nom de Grand'Rue, puis reprit celui de Trépassens jusqu'en 1788. Dans sa partie inférieure jusqu'à la rue de l'Argenterie, elle est désignée, dans d'Aigrefeuille, sous le nom de rue de la Saunerie, puis rue du Cygne à partir du logis de ce nom, lequel occupait l'emplacement du numéro 27 actuel, ou encore rue de la Coutellerie jusqu'à son extrémité.

L'espèce de carrefour formé par la jonction de cette rue avec les rues de Sainte-Foy, du Gouvernement et du Cardinal s'appelait autrefois Carrefour de la Pierre, et c'est là que les étudiants du xvie siècle établissaient en plein air le théâtre où ils jouaient leurs pièces avant le banquet des Rois.

Fourfouillère (Rue). — *Fourfouliéro*, en languedocien, signifie embarras, trouble, remue-ménage.

Jardin de la Reine (Rue du). — (Voir rue du Carré-du-Roi).

Maréchaussée (Rue de la). — La maréchaussée s'y trouvait autrefois.

Monnaie (Rue de la). — S'est appelée aussi rue de la Ferraterie. C'est dans cette rue et à peu près à l'endroit où se trouvent les bâtiments de la Miséricorde qu'était situé l'établissement monétaire des rois de France, de 1340 à 1704.

Multipliants (Rue des). — C'est dans cette rue que se réunissait la secte des Multipliants.

Observatoire (Boulevard et Place de l'). — Nom tiré du voisinage de l'ancien Observatoire. La place a reçu successivement les noms de Plan de la Croix-de-Fer, de la Saunerie, du Parc.

Om (Plan de l'). — Ce nom vient-il de ce qu'il y avait un Om (ormeau), sur cette place, ou bien de l'ancienne famille des Om, de *Ulmo* ?

Pastourel (Plan). — Nom d'une ancienne famille. Sur cette petite place s'élevait, au XIIIe siècle, le palais de Tournemire, où, le 1er janvier 1208, naquit Jacques, le fils de Pierre d'Aragon et de Marie, héritière des Guillem.

Perruque (Rue de la). — Cette rue s'appelait autrefois chemin de la Perruque.

Plan de l'Olivier (Rue du). — Très probablement ainsi désignée parce qu'il y avait un olivier sur cette place. En 1690, on y pendit un enfant de 18 ans, nommé Olivier, accusé d'avoir prêché, baptisé et imposé des ministres dans les Cévennes.

Puech-Pinson (Rue). — Ce nom, à moitié français, altère le nom languedocien qui est Puech-Pinsou : Pinsou, en languedocien, signifie filou et non pinson.

Raffinerie (Rue de la). — Cette rue conduit à une ancienne raffinerie.

Trésoriers-de-France (Rue des). — Le bureau des

Trésoriers de France était situé dans cette rue depuis 1632 (n° 10).

Trésoriers-de-la-Bourse (Rue des). — Les Trésoriers de la Bourse des Etats de Languedoc logeaient dans cette rue et dans la maison qui porte aujourd'hui le n° 4.

Valfère (Rue de la). — On n'est point fixé sur l'origine et la signification de ce nom, qui est celui d'une des plus anciennes rues de Montpellier.

Vieille-Intendance (Rue de la). — Dans cette rue logeaient les Intendants de la Province, avant d'habiter l'hôtel de la Préfecture, où ils furent transférés vers 1700.

Villefranche (Rue de). — Sur ce point existait, dès le xiie siècle, un quartier ou faubourg, appelé Villefranche, compris entre la porte du Pila-Saint-Gély et la porte de la Blanquerie.

ECOLES, COLLEGES

Université (Rue de l'). — Lors du transfert des Facultés dans l'ancien hôpital St-Eloi, on a débaptisé la rue de la Blanquerie pour lui donner le nom de rue de l'Université.

Ecole-de-Droit (Rue de l'). — Le nom actuel est destiné à rappeler le souvenir de l'ancienne Ecole de Droit.

Ecole-Mage (Rue de l'). — Sous ce nom ont été réunies, en 1852, l'ancienne rue de l'Ecole Mage et celle du Bon-Pasteur.

Ecoles-Pies (Rue des). — Après la révocation de l'Edit de Nantes, on établit dans cette rue les écoles destinées à la conversion des enfants de certaines familles. Les Frères des Ecoles chrétiennes y furent appelés en 1743 et y restèrent jusqu'à la révolution de 1789.

Collège (Rue du). — Les Consuls protestants achetèrent les bâtiments de cette rue pour y établir leur collège, mais, en 1629, l'évêque Fenouillet les fit déposséder par le roi Louis XIII, qui en gratifia les Jésuites. Ces derniers firent bâtir l'établissement qui est devenu le Lycée actuel.

Collège-du-Vergier (Rue du). — Précédemment rue du Four-qui-Passe. En souvenir de Jean du Vergier, président au Parlement de Toulouse, qui fonda deux bourses pour deux étudiants en droit. Sa maison prit le nom de Collège du Vergier, quelquefois aussi celui de Chapelle-Neuve.

Chapelle-Neuve (Rue de la). — Jean du Vergier, président au Parlement de Toulouse, donna sa maison pour la chapelle de la double fondation du collège par Jean Bruguière et lui-même ; et la rue prit le nom de Chapelle-Neuve et parfois celui de Chapelle-du-Vergier.

Girone (Rue de). — En souvenir du collège fondé par La Brugerie, de la ville de Girone, médecin à Montpellier, pour y recevoir deux étudiants en médecine natifs de Girone ou, à défaut, de Catalogne.

NOMS D'ANCIENNES FAMILLES

(Rues). — D'Alméras. — Bazille. — Bocaud. — Boussairolles. — Castelnau. — Causit. — Dardé. — Duché (Plan), avant 1788 Plan d'Enfumat. — En Barrat. — En Gondeau. — Durand. — En Rouan. — Fizes. — Girard. — Levat. — Loys. — Massane. — Massilian. — Montcalm. — Montels. — Montferrier. — Philippy. — Saint-Priest. — Saint-Ravy. — Tandon. — Terral. — Teule. — Rigaud. — Toiras.

PERSONNAGES CÉLÈBRES [1]

Constance de Cezelly (Rue).

Henri-IV (Boulevard). — On a voulu rappeler la

---

[1] Le nom de plusieurs personnages célèbres étant originaires de Montpellier, leurs biographies sont dans le chapitre x, à l'exception de ceux qui ont vécu pendant le XIXe siècle.

fondation du Jardin des plantes par ce roi. Ce boulevard est situé entre le jardin et la Faculté de Médecine.

Urbain-V (Rue). — Pape.

Jacques-Cœur (Rue). — Argentier de Charles VII.

Rabelais (Boulevard). — Auteur de *Pantagruel*.

Molière (Rue). — Auteur dramatique.

Voltaire (Rue). — Philosophe, poète et littérateur.

Diderot (Rue). — Célèbre écrivain et philosophe.

Jean-Jacques-Rousseau (Rue). — Au numéro 26 de cette rue on voit une inscription ainsi conçue : Maison habitée par J.-J. Rousseau en 1737.

Lamartine (Rue). — Homme politique, poète et littérateur.

Victor-Hugo (Boulevard). — Poète et littérateur.

Ledru-Rollin (Boulevard). — Ministre en 1848. Partie de l'ancien boulevard Jeu-de-Paume établi sur les fossés des anciens remparts et qui s'étendait de la place de la Saunerie à la place du Peyrou.

Gambetta (Léon) (Boulevard). — Président de la Défense nationale en 1870. Ce nom a été substitué à celui des Casernes.

Achille-Bégé (Rue). — Ancien préfet de l'Hérault de 1838 à 1841 ; donna une somme importante aux écoles.

Lisbonne (Eugène) (Rue). — Député, puis sénateur. Président du Conseil général de 1871 à 1889.

AMATEURS DE BEAUX-ARTS

Bruyas (Rue et Passage).
Collot (Rue).

ARCHITECTES ET INGÉNIEURS

D'Aviler (Place).
Giral (Place).
Hilaire-Ricard (Rue).
Pitot (Rue).

Donnat (Rue), autrefois rue Bona-Nioch. — Ce nom rappelle le drame sanglant dont cette rue fut le théâtre au xive siècle. Les étudiants de l'Ecole de droit, située près de cette rue, s'avisèrent de faire tapage dans le quartier et blessèrent même quelques personnes. Les habitants voulurent prendre leur revanche, et, le lendemain au soir, ils guettèrent les tapageurs, à leur sortie de l'école, et barrèrent cette rue étroite de telle façon qu'un seul pût passer à la fois ; et alors, afin de pouvoir distinguer les étrangers de ceux qui étaient du pays, ils les obligeaient à dire au passage : *Dicou vous doint bona nioch.* Or, comme les étrangers ne pouvaient ni bien entendre, ni bien prononcer ces mots patois, on les assomma et on jeta leurs corps dans le puits du voisinage.

BOTANISTES

Broussonnet Auguste (Rue). — Candolle (Rue de). — Gouan (Rue). — Magnol (Rue). — Nissole (Rue). — Richer de Belleval (Rue).

ECRIVAINS

Brueys (Rue).
Louis Figuier (Rue).

ÉVÊQUES

Bernard-de-Tréviers (Rue). — Chanoine de Maguelone ; vécut dans le xiie siècle ; auteur de l'inscription qu'on lit sur la porte de l'église de Maguelone.

Charancy (Rue de). — Evêque de Montpellier de 1738 à 1748.

Fenouillet (Rue). — Evêque de Montpellier de 1607 à 1653.

Guillaume-Pellicier (Rue).

Joachim Colbert (Rue). — Evêque de Montpellier pendant 42 ans, de 1696 à 1738.

Pradel (Rue). — Précédemment rue du Four-Saint-Eloi. — Charles de Pradel, évêque de Montpellier de 1677 à 1697.

Renaud de Villeneuve (Rue). — Occupa le siège de Montpellier de 1748 à 1766.

Verdale (Rue). — Arnaud de Verdale, évêque de Montpellier de 1339 à 1352.

GÉNÉRAUX

Balainvilliers (Rue). — Intendant de la province de Languedoc, de 1786 à la Révolution. Emigré, devint général de l'armée des princes.

Général Campredon (Rue).
Général Claparède (Rue).
Général Lafon (Rue).
Général Lepic (Rue).
Général Mathieu-Dumas (Rue).
Général Maureilhan (Rue).
Général Maurin (Rue).
Général René (Rue).
Général Riu (Rue), né à Montpellier.
Général Vincent (Rue).
Marceau (Rue). — Général de la Révolution.

HOMMES POLITIQUES

Bonnier d'Alco (Rue).
Cambon (Rue).
Cambacérès (Rue).
Durand (Rue).

HISTORIENS

d'Aigrefeuille (Rue).
Delort (Impasse).
Dom Vaissette (Rue). — (Joseph), bénédictin, né à Gailhac en 1685, mort à Paris en 1756, auteur de l'*Histoire de Languedoc*.

Duval-Jouve (Rue).
Gariel (Rue).
Germain (Rue).

MÉDECINS

Assas (Rue d').
Astruc (Rue).
Barthez (Rue).
Baumes (Rue).
Bouisson-Bertrand (Avenue).
Chrestien (Rue).
Delpech (Rue).
Fontanon (Rue).
Fouquet (Rue).
Grimaud (Impasse).
Guy de Chauliac (Rue).
La Peyronie (Rue).
Rondelet (Rue).

PEINTRES

Cabanel Alexandre (Rue).
Coustou (Impasse). — Ce nom rappelle la grande famille des sculpteurs et du peintre Jean Coustou.
Fabre (François-Xavier) (Rue).
Ranc (Ile).
Raoux (Rue).
Sébastien Bourdon (Rue).
Verdier (Ile).
Vien (Rue).

PHILOSOPHES

Comte (Auguste) (Rue et Boulevard). — Fondateur de l'Ecole positiviste.
Flotte (Rue).

SAVANTS

Chancel (Avenue).
Chaptal (Rue et Impasse).
Clapiès (Rue).
Claude-Serres (1695-1768, Rue).
Condorcet (Rue).
Renouvier (Rue).
Edouard Adam (Rue). — Le conseil municipal de Montpellier décida en 1838, qu'un nom de rue rappellerait sa mémoire, ce qui fut fait en 1843. On lui a élevé, en outre, une statue au carrefour de la Grand'Rue et du boulevard du Jeu-de-Paume.
Placentin (Rue).
Vallat (Rue).

POÈTES

Ranchin Jacques (Rue).
Rosset (Rue).
Roucher (Rue).
Verdier-Allut (Rue).
Roudil (Rue).
Fabre (Rue) Curé de Celleneuve.

SAINTS

Saint-Acace (Rue). — Vers le bout de cette rue existait, sous le vocable de l'ancien évêque d'Antioche, une église actuellement détruite.

Saint-Antonin (Ile). — En souvenir d'un hôpital de ce nom, dont il ne reste plus aucune trace et que le roi Sanche fonda, en 1320, sur les bords du Merdanson, entre les portes de la Blanquerie et du Pila Saint-Gély, pour y recevoir les malades atteints du mal des ardents, du feu sacré.

Saint-Barthélemy (Ile et Rue). — C'est à peu près sur cet emplacement qu'étaient situés l'ancienne église et le cimetière Saint-Barthélemy, fondés par l'évêque Arnaud au xi⁰ siècle. Ce cimetière devint, par la suite, fort connu par les visites que les savants de passage à Montpellier faisaient à la tombe de Placentin.

Saint-Benoit (Rue). — Saint-Benoit, fils d'Aigulfe, comte de Maguelone, fonda, au commencement du xi⁰ siècle, le monastère d'Aniane. C'est aujourd'hui la rue Auguste-Comte.

Saint-Charles (Ile et Rue). — L'évêque Charles de Pradel appela à Montpellier, en 1679, les Ursulines de Lunel, qu'il installa près de Saint-Pierre, sous le nom de Saint-Charles, son patron.

Saint-Claude (Rue). — Ainsi nommée d'une ancienne confrérie, instituée pour prier en faveur de ceux qui étaient inhumés dans le cimetière de Saint-Barthélemy, ce qui explique qu'on l'appelât quelquefois la *Confrérie de Saint-Claude-du-Charnier*.

Saint-Come (Place et Rue). — Il y avait à Montpallier, en 1681, une famille de ce nom.

Saint-Denis (Ile et Rue). — Ainsi nommées à cause de l'église actuelle de ce nom, bâtie en 1699.

Saint-Esprit (Ile et Impasse). — En souvenir d'un hôpital de ce nom qui occupait, au faubourg du Pila Saint-Gély, l'espace compris entre la rue qui mène à la fontaine de ce nom, le chemin de Nîmes et le Merdanson. Il avait été fondé en 1144 ou 1190.

Saint-Firmin (Ile et Rue). — L'ancienne église Saint-Firmin occupait le sol de l'île dite encore de Saint-Firmin.

Saint-Georges (Ile). — Là se trouvait autrefois une petite église sous le vocable de Saint-Georges.

Saint-Guilhem (Rue). — Une des rues les plus anciennes de Montpellier.

Saint-Louis (Rue). — En souvenir de l'hôpital de ce nom, destiné aux vénériens, avant 1789.

Saint-Martin-de-Prunet (Chemin de). — Ce chemin conduisait à une ancienne église, bâtie, au midi de

Montpellier, sur une hauteur d'où l'on voit très bien la ville.

Saint-Paul (Rue). — Nom destiné à rappeler une ancienne église de ce nom, rasée en 1870.

Saint-Pierre (Rue). — Cette rue descend vers l'église cathédrale de ce nom.

Saint-Ruf (Rue). — Le monastère et l'église de Saint-Ruf furent détruits par les protestants en 1568.

Saint-Sauveur (Impasse). — Tout près de là s'élevait l'hôpital de Saint-Sauveur, fondé vers 1340.

Saint-Sépulcre (Rue). — Une fondation en l'honneur du Saint-Sépulcre existait dans cette rue.

Saint-Thomas (Impasse). — Une église, dont il ne reste plus aucun vestige, était située près de cet endroit, en dehors de la porte de la Saunerie, à l'angle gauche du boulevard et de la rue qui conduisait au Grand-Saint-Jean.

Sainte-Catherine (Rue). — Dans la maison de cette rue qui fait le coin du boulevard et de la rue du Courreau, se trouvait, avant la Révolution, le couvent des religieuses de Sainte-Catherine.

Sainte-Claire (Ile). — Occupe à peu près l'emplacement de l'abbaye de Sainte-Claire, fondée vers 1250, à l'extrémité du faubourg de la Saunerie, et qui y subsista jusqu'en l'année 1562.

Sainte-Croix (Rue). — Guilhem VI fonda l'église Sainte-Croix en 1200, destinée à recevoir un morceau de la vraie croix, rapporté par ce seigneur de la Terre-Sainte.

Sainte-Marie (Ile). — Renferme le couvent de ce nom.

Sainte-Marthe (Rue). — Des légendes affirment qu'elle aborda à Maguelone.

Sainte-Ursule (Rue). — En souvenir du couvent fondé, en 1641, par l'évêque Fenouillet. La maison centrale de détention est bâtie sur les fondements de l'ancien monastère.

NOMS RELIGIEUX

Ancien Evêché (Rue de l'). — Le nom de cette rue indique le séjour des évêques de Montpellier dans le bâtiment de la Faculté de Médecine qui était autrefois le monastère de Saint-Germain.

Carmes (Rue des). — L'établissement primitif des Carmes était situé, depuis le xiii° siècle, sur l'emplacement de l'hôpital général actuel, vers lequel conduit cette rue.

Carmes-du-Palais (Rue des). — En souvenir de l'ancienne église de ce nom.

Charité (Rue de la). — En souvenir de l'hôpital de ce nom, qui occupait autrefois l'emplacement de l'établissement des bains et lavoirs du faubourg de Nîmes.

Confrérie (Rue de la). — Les confréries les plus importantes de Montpellier étaient : celle de la Vraie-Croix, composée des artisans et travailleurs de la terre ; celle de Saint-Claude qui priait pour les trépassés ; enfin celle des Pénitents, la plus nombreuse et composée de presque toutes les riches et honorables familles de Montpellier.

Grand-Saint-Jean (Rue du). — En souvenir de la maison des Templiers, située dans le voisinage. Ils s'y établirent dès le xii° siècle.

Marie Caizergues (Rue). — En 1850, une religieuse de ce nom a donné son jardin et une somme importante pour fonder la maison des orphelins située dans cette rue.

Merci (Rue de la). — En mémoire de la liberté qu'il avait recouvrée après la triste mort du roi Pierre, son père, Jacques, roi d'Aragon, fonda, en Espagne, l'ordre de la Merci en 1218. Cet ordre vint bientôt s'installer à Montpellier et y fonda une maison qui fut florissante.

Petit-Saint-Jean (Rue). — C'est dans cette rue que

se trouvait la première maison de l'Ordre des Chevaliers de Saint-Jean-de-Jérusalem.

Providence (Rue de la). — Ainsi nommée en souvenir de l'ancienne maison de sœurs de ce nom, fondée par l'évêque François Bosquet pour l'instruction des filles nouvellement converties à la religion catholique.

Refuge (Rue du). — En souvenir d'une maison de l'ordre de Notre-Dame-du-Refuge, fondée, en 1677, par l'évêque Charles de Pradel.

Sacristie (Rue de la). — A tiré son nom d'une maison possédée par le Sacriste ou Sacristain de l'église de Maguelone.

Sœurs-Noires (Rue des). — Ces sœurs avaient leur maison dans cette rue avant 1789.

Trois-Couronnes (Ile des). — Nom d'un ancien hôpital dont cette île occupe à peu près l'emplacement ; il s'appela plus tard l'Hôpital de la Charité (Voir ce nom).

Vestiaire (Rue du). — Ce nom rappelle celui d'un grand dignitaire du chapitre de Maguelone qui avait sa maison dans cette rue. D'après d'Aigrefeuille, cette maison serait la même qui appartint plus tard à la famille Richer de Belleval et qui devint l'hôtel de ville actuel.

Vieille-des-Pénitents-Bleus (Rue). — C'est dans cette rue que se trouvait la chapelle des Pénitents-Bleus, actuellement dans la rue des Etuves.

Observance (Rue de l'). — Dans cette rue existait le couvent des Cordeliers de l'Observance, fondé en 1210 par le roi Jacques.

SOUVENIRS MILITAIRES

République (Rue de la).
Gambetta (Boulevard).
Alger (Rue d').
Grenadiers (Rue des).

32º (Rue de la).
Soldats (Rue des).
Volontaires (Rue des).

Les boulevards et les rues ci-après viennent rappeler les souvenirs douloureux ou glorieux de la guerre de 1870 :

Le boulevard de Strabourg. — Alsace (Rue d'). — Lorraine (Rue de). — Belfort (Rue). — Metz (Rue de).

FAUBOURGS

Faubourg-Boutonnet (Rue du). — Le nom de ce faubourg est très ancien et se trouve écrit *Botonet* dans les actes du douzième siècle et dans les actes antérieurs. On en ignore l'origine. Il y avait cependant une famille et une terre de ce nom, qui a pu être donné au faubourg.

Faubourg-du-Courreau (Rue du). — Nom également très ancien dont l'origine est inconnue. On disait dans les anciens actes : *Vicus corrates.*

Faubourg-Figuerolles ou Figairolles (Rue du). — Figas, figuier. On devait dire autrefois : un camp de figairollas.

Faubourg Saint-Jaumes (Rue du). — En cet endroit existait un hôpital très considérable, fondé, en 1220, par Guillaume de Pierrefixe, destiné aux pèlerins et dédié à Saint-Jacques (Jacme, Jayme, Jaume), de **Compostelle.**

XIV

PROMENADES ET JARDINS

Le Jardin des Plantes. — Légende de Narcissa. — Le Peyrou. — L'Esplanade.

Le Jardin des Plantes fondé par un édit rendu à Vernon par Henri IV, à la date du 8 décembre 1593, est le plus ancien de la France. Celui de Paris ne fut créé que quarante ans après.

Rondelet avait, depuis longtemps déjà, propagé par son enseignement l'étude des plantes, et, par ses leçons, avait formé les grands botanistes du xvie siècle.

Richer de Belleval avait déjà réuni au Jardin du Roi 1332 espèces lorsque le siège de Montpellier, en 1622, vint le détruire presque entièrement. Ce savant ne put sauver que les plantes qu'il put transporter dans le jardin de l'Académie (actuellement Ecole de Pharmacie).

Le vrai créateur de ce superbe établissement, le fondateur réel, dont l histoire aura à se rappeler le nom, est Pierre de Belleval, qui consacra aux études des sciences naturelles son temps, ses voyages, sa fortune. C'est lui qui, le premier, professa la botanique dans le Jardin ; c'est lui qui en fit la première disposition et qui prépara les diverses expositions des terrains propres à recevoir les plantes qu'il avait recueillies dans ses nombreuses courses scientifiques, et notamment les plantes alpestres et les végétaux des Cévennes et des Pyrénées.

Le Jardin des Plantes, lors de sa fondation, comprenait toute la pente qui s'étend de la route de Ganges à la colline du Peyrou. L'emplacement actuel du Jardin était une pépinière (seminarium). Le Jardin aujourd'hui réservé au Rectorat était appelé Carré de la Reine et la partie méridionale Carré du Roi.

« Le Jardin du Roi était coupé en deux parties ; l'une appelée le Jardin médical, l'autre la Pépinière. La première était destinée aux démonstrations des plantes et consacrée à l'Université ; l'autre était remplie de plantes étrangères qui, pour la plupart, étaient montagneuses, destinées plutôt à la curiosité qu'à la nécessité, afin que ceux qui accouraient des provinces et des nations étrangères y reconnussent leurs richesses. A cet usage était consacré un terrain en pente, au-dessus duquel était construit un grand portique, orné d'animaux desséchés les plus rares et de dépouilles de monstres terrestres et marins, ainsi que divers objets merveilleux d'histoire naturelle qui, piquant la curiosité du voyageur, ajoutaient encore à l'opinion qu'ils avaient conçue du Jardin du Roi. »

Michel Chicoyneau succéda (1664), comme chancelier et comme intendant du Jardin, à Martin Richer de Belleval, son oncle, de même que celui-ci, neveu de Pierre Richer, lui avait succédé dans sa charge en 1623.

La chaire de botanique et la direction du Jardin des Plantes furent confiées à Pierre Magnol en 1694 ; il avait concouru, en 1667, pour cette chaire et avait été classé premier, mais il était protestant et sa nomination ne fut ratifiée par le roi qu'en 1694, époque de son abjuration.

Puis apparaissent jusqu'à la fin du xviiie siècle les noms d'Aymé-François Chicogneau (1723), de Boissier de Sauvages (1740), de Jean-François Chicoyneau (1758), d'Imbert (1760), et surtout de ses suppléants Claude Chaptal, père du célèbre chimiste, et Pierre Cusson; d'Antoine Gouan (1771), le correspondant et l'ami de Jean-Jacques Rousseau.

Sous une modeste voûte couronnée d'arbres et d'arbustes une tradition fait dormir plus d'un siècle et demi la tendre fille adoptive d'Young, Narcissa, tant pleurée par ce poëte.

Dans son poëme *Les Nuits*, Young a déploré amèrement la mort d'Elisa sous le nom de Narcissa. Un traducteur, ou plutôt un commentateur, François Le Tourneur, publia les poëmes d'Young en défigurant le texte, et pensa que la phrase suivante : *Ses bras paternels portèrent sa fille plus près du soleil*, devait vouloir dire à Montpellier. Ce mot devait être l'origine d'un débat séculaire.

Le bruit de cette découverte se répandit bientôt et l'on accourut vers la tombe de Narcissa. Les fréquents voyages des Anglais à Montpellier ne pouvaient d'ailleurs que rendre la légende plus vivace.

Toutes les personnes de qualité passant à Montpellier ne manquaient pas d'aller voir cette tombe. Talma ne fut pas le dernier à s'associer à la douleur du poëte. Le célèbre de Candolle aimait le souvenir d'une jeune fille qui mettait de la poésie dans son Jardin et donnait du sentiment à toutes ses fleurs. L'ingénieur Prunelle voulut poétiser la mort de cette fille chérie, et, pour en perpétuer la mémoire, il fit pour la grotte une courte inscription.

Le Peyrou. — Cette promenade est aujourd'hui une des plus belles de l'Europe, soit par l'ordonnancement de ses lignes architecturales, soit par sa situation élevée qui permet à l'œil d'embrasser une grande partie de l'horizon.

Le Peyrou, en languedocien lieu pierreux, servait, au milieu du XIIe siècle, à une foire ou à un marché. Durant le siège de Montpellier par Louis XIII, les assiégés y établirent une batterie. Depuis, le Peyrou devint une aire à battre le blé.

Par un temps serein, on découvre les **Alpes**, le Canigou, les Pyrénées, le mont Ventoux du côté de la Savoie, un arc immense de la Méditerranée au milieu duquel surgit Maguelone.

Le premier projet de transformation du Peyrou en promenade est dû au marquis de la Trousse, gouverneur, en 1686, de la Province.

La même année, on confia la direction des travaux à l'architecte d'Aviler, et il est juste de rappeler que c'est lui qui fit construire la vaste terrasse ayant 260 mètres de longueur sur 84 de largeur.

Les Etats de la Province avaient décidé, en 1685, de faire ériger à Montpellier la statue équestre de Louis XIV. Elle fut posée sur la place du Peyrou le 10 février 1718.

Fondue à Paris, elle avait été embarquée à destination de Bordeaux, où elle était tombée dans la Garonne. On l'avait repêchée avec beaucoup de peine et elle avait été conduite par le canal jusqu'au Port Juvénal. La dépense totale, pour cette statue, avait été de 250.733 livres.

Le 2 octobre 1792, la statue fut transformée en canons. En 1817, le Conseil général de l'Hérault en vota le rétablissement. La nouvelle statue, due au sculpteur Debay, fut mise en place le 7 août 1838.

En 1766, on entreprit l'agrandissement et l'ornement de la place du Peyrou. La première pierre fut posée en présence des Etats de Languedoc, le 29 décembre. Les travaux furent exécutés d'après les plans et devis de Giral et de Doumet, son élève. Ces travaux, auxquels furent rattachés ceux de l'aqueduc de Saint-Clément, durèrent plus de huit ans et coûtèrent 1.172.667 livres.

L'ensemble de l'ouvrage comprend 53 arceaux de 8 mètres d'ouverture et 4 mètres d'épaisseur. Il y a au-dessus, 108 arceaux ; 24 d'entr'eux sont échelonnés sur la pente au sommet de laquelle se trouve le réservoir du Chatelet. La hauteur moyenne des arceaux est de 21 m. 68.

Le Peyrou, qu'on appelait Place Royale, a la forme d'un rectangle à pans coupés, ayant 175 mètres de longueur et 125 mètres de largeur.

Cette promenade est enceinte, de trois côtés, par un mur de terrasse, couronné d'une balustrade en pierre, interrompue par dix piédestaux. Autour de la place, intérieurement, est un trottoir de dix mètres de largeur, où l'on arrive par trois marches.

On monte sur une terrasse dite des Eaux de 102 mètres de longueur sur 47 de largeur. Aux deux côtés et au fond de la terrasse sont quatre plates-formes renfoncées, avec des escaliers à droite et à gauche, pour descendre dans les promenades basses.

Sur cette terrasse, devant le château, se trouve une grande pièce d'eau. Le château d'eau est un hexagone régulier, aux portiques couronnés d'un large entablement supporté par douze colonnes isolées et accouplées de chaque côté du portique qu'elles décorent. Des attributs de chasse et de pêche sont sculptés dans les tympans. Le château d'eau renferme un réservoir circulaire de 9 mètres de diamètre. On arrive à la plate-forme par un large escalier décoré de balustrades en fer et de balcons en pierre. Une grille en fer, au milieu de la banquette de la plate-forme, sert de porte pour aller au-dessus des trois dernières arcades du grand aqueduc, qui séparent les deux promenades basses.

Ces dernières, qui contournent la promenade haute, ont seize mètres de largeur. Cette largeur devient plus grande à la partie postérieure. C'est là que se trouvent les trottoirs et les escaliers qui aboutissent aux plates-formes de la terrasse des eaux.

La partie postérieure des deux promenades basses est décorée de jardins, de bassins avec des jets d'eau.

Les murs de soutènement de la promenade haute portent des ornements de sculpture.

Les portes d'entrée des promenades basses ont des grilles en fer, surmontées de trophées.

Pendant la Révolution, cette place fut désignée sous le nom de Place de la Révolution. En 1794, on avait commencé de démolir le château d'eau, et l'on se proposait d'établir, sur l'emplacement où se trouve la statue de Louis XIV, un temple à la Raison.

L'Esplanade. — Cette belle et vaste promenade fut commencée vers l'année 1721, par les soins du duc de Roquelaure, alors commandant de la province de Languedoc; elle fut même appelée, pendant longtemps, la Roquelaure.

L'Esplanade a près de 520 mètres de longueur; elle se compose de deux allées de 18 mètres de largeur chacune et d'une troisième placée au milieu des deux autres, ayant 21 mètres de large, ce qui fait en tout 57 mètres de largeur.

Cette promenade fut d'abord plantée de marronniers et, plus tard, de mûriers à papier, en l'honneur d'Auguste Broussonnet qui, le premier, avait apporté cet arbre à Montpellier. Sur l'emplacement de l'escalier qui se trouve à l'extrémité nord existait un château d'eau qui fut démoli en l'année 1782.

Au milieu de la grande allée, on érigea, le 3 janvier 1791, une colonne à la Liberté et à la Concorde.

Le Champ de Mars sépare l'Esplanade de la Citadelle. Sa largeur moyenne est de 108 mètres et sa longueur de 475 mètres.

Montpellier possède encore le Square de la Gare, entre la rue Maguelone et la rue de la République, et le Square de la Gare de Palavas.

XV

ARCHÉOLOGIE [1]

Les artistes gothiques de Montpellier. — Enceinte. — Tour des Pins. — Tour de la Babotte. — Portes — Les premières maisons. — Epoque romane et ogivale. — Tour de Jacques-Cœur. — Renaissance. — Escaliers. — Epoque Louis XIII. — Louis XIV. — Louis XV. — Louis XVI. — Font Putanelle. Eglise Saint-Pierre. — Observatoire. — La Citadelle. — Hôtel Saint-Côme. — Arc-de-triomphe du Peyrou. — Le Lycée. — Le Théâtre. — Fontaines des Licornes, de Cybèle, des Trois Grâces.

Les artistes gothiques de Montpellier. — Les recherches dans les archives de la commune de Montpellier ont fait connaître le nom d'un grand nombre d'artistes, maîtres de pierres, fustiers, argentiers, peintres, verriers, etc., du moyen âge.

Leur influence fut considérable dans l'art de cette époque ; il ne reste que de très rares spécimens de leurs travaux et la description que l'on trouve de quelques-uns de ces derniers, dans les documents manuscrits, permettent d'avoir une idée de la valeur historique des anciens édifices communaux ou religieux de Montpellier pendant le moyen âge.

Les ouvriers organisés en corps de métiers avaient leurs prud'hommes, leurs consuls, leurs statuts.

---

[1] Les monuments édifiés pendant le XIXe siècle ne sont point décrits dans cet ouvrage.

Les artistes et les ouvriers construisant en pierre sont désignés à Montpellier sous les noms de *Maître de peyra* ou *peyriers*, dans les textes vulgaires, et sont appelés plus tard maçons et architectes. Ils occupent une place considérable dans les registres consulaires; les commandes qu'ils obtinrent des consulats indiquent que ce n'était pas de simples ouvriers, mais des maîtres, des chefs d'atelier, les créateurs et les exécutants de ces édifices gothiques dont la hardiesse et la grâce sont comme des secrets aujourd'hui perdus. Un grand nombre d'entre eux furent consuls et quelques-uns plusieurs fois.

La corporation des maîtres tailleurs de pierre fut très puissante et contribua à la construction des nombreux monuments de la ville et à l'entretien de ses remparts dont les quelques fragments encore debout affirment le soin avec lequel ils avaient été construits.

Les fustiers ou charpentiers comprenaient aussi les artisans chargés des sculptures sur bois des maisons, huches, bahuts, si recherchés aujourd'hui. Cette corporation très considérable comprenait plusieurs confréries habitant principalement près de la porte du Peyrou et de la porte d'Obilion ou de Lattes, profitant des fossés pour l'entrepôt de leurs bois de construction. C'est aussi par ces portes qu'arrivaient les bois des Cévennes ou de Lattes.

Les statuts des *veyriers* sont de 1536. Il est probable que les relations de Montpellier avec Venise permirent à nos ouvriers de connaître les procédés de la fabrication si intéressante des objets en verre qui sont désignés dans les leudes ou péages des XIIIe et XIVe siècles *veyre olerot*, *veyre de murallis*, etc.

Les statuts des *peintres* et des *vitriers* furent rédigés en 1400.

En 1443, Guillaume Bladuviel, *scriptour de lettra formada* (écrivain de lettre formée), fut chargé d'exécuter les armes du consulat. Cette jolie miniature existe dans le *Mémorial des nobles*, aux archives de la commune.

Les *argentiers* comprenaient les artistes travaillant l'or et l'argent. Il ne peut être question que des artistes appelés d'abord *dauradors*, *anclicrs* et plus tard *argentiers*. La fabrication des argentiers de Montpellier était célèbre dans le Midi. Le maître général des monnaies sous Charles V, par une ordonnance de 1365, dispensa les argentiers de Montpellier de la taxe imposée par ordonnance royale aux argentiers des autres villes.

Les fondeurs appelés *Scuherrs*, *cenerii* dans l'idiome roman n'ont jamais eu beaucoup d'ouvriers à Montpellier.

Le *Thalamus* renferme un grand nombre de renseignements sur ces artisans, et il nous a paru utile de donner ces indications, trop sommaires peut-être, avant l'étude sur les anciens monuments de leur ville, afin de montrer qu'elle en était leur valeur, tout en regrettant que les révolutions, les changements successifs et les reconstructions aient fait disparaître des œuvres d'une réelle valeur artistique.

ENCEINTE. — L'existence d'une première enceinte antérieure à celle dont nos boulevards marquent le tracé et qui fut construite au XIIIe siècle vient d'être établie dans une publication récente (1).

Elle avait pour point de départ le Porche d'Obilion, située au carrefour de la Grand'Rue et de la rue de la Loge, suivant ensuite la rue Jacques-Cœur, la rue de la Monnaie, une partie de la rue de l'Aiguillerie, jusqu'à son intersection avec la rue neuve de la Corraterie, la rue Fournarié, la rue de la Vieille-Intendance, contournant la place de la Canourgue ; de cet endroit au Porche d'Obilion, les jalons font défaut.

La seconde enceinte fut construite sous les Guillems, dans les commencements du XIIIe siècle. Les

---

(1) *Recherches topographiques sur Montpellier*, par L. Guiraud.

assisses se composaient de blocs de pierre de taille en bossage.

Le mur d'enceinte en 1411, avait 1.757 créneaux 11 portes, 25 tours rondes ou carrées; sa longueur était de 3.888 mètres. Les rues étaient fermées par des chaînes en fer; l'une d'entr'elles a conservé jusqu'en 1853 le nom de la rue de la Cadène (actuellement rue Montels).

C'est surtout à la Tour des Pins que l'on peut examiner les époques différentes, faciles à reconnaître à la disposition de l'appareil.

Ce n'est qu'en 1363 que l'on agrandit les fossés; on fit pratiquer un mur de ronde tout autour et en deçà des murs d'enceinte. Les démolitions toutes récentes des maisons de la rue des Carmes, pour l'agrandissement de l'Institut de physique, ont mis à découvert une étendue de remparts sur lesquels reposaient les murs des façades postérieures des maisons bordant le boulevard Henri IV.

Dans la remise de l'auberge de la Rochelle, au boulevard Ledru-Rollin, l'épaisseur du rempart est de deux mètres.

Sur la droite de la porte de la Blanquerie, au-dessus d'une maison, apparait un fragment des remparts, dans lequel est encastrée une sculpture représentant, dit-on, les armoiries de la commune cloture.

On voit encore quelques fragments des remparts dans la cour de l'auberge du Chapeau-Rouge.

LA TOUR DES PINS. — Était désignée autrefois sous le nom de Tour des Cochons. Elle est située sur le boulevard Henri-IV, en face de l'une des portes d'entrée du Jardin des Plantes. Elle sert aujourd'hui de dépôt aux riches archives de la ville. Son isolement des autres constructions et le square qui l'entoure augmentent encore la curiosité qui s'attache à ce monument du moyen âge, intéressant spécimen de cette époque à Montpellier.

Au-dessus de l'inscription, qui rappelle le souvenir de Jayme I^(er), l'appareil est moins haut et alterne avec des assises encore moins larges, type assez général dans un grand nombre de constructions de Montpellier. Des arcs ogivaux en encorbellement couronnent l'édifice.

Les salles intérieures sont voûtées, ce qui a permis, de temps immémorial, aux arbustes de prendre pied et de montrer leurs rameaux verdoyants au-dessus des créneaux. Une légende dit que, lorsque les pins de cette tour mourront, Montpellier périra. Or, depuis bien longtemps déjà deux cyprès ont remplacé les pins, mais la similitude du feuillage fait espérer que dans l'esprit public cette tour conservera le nom sous lequel on la désigne encore.

La tour de la Babotte. — Aujourd'hui tour de l'Observatoire. Elle a joué un rôle considérable dans l'histoire de Montpellier. Son nom très significatif indiquait une construction massive. Reconstruite en 1363, elle n'a conservé de nos jours que la partie inférieure. Quelques pierres en saillie indiquent encore les encorbellements d'arcs ogivaux.

Portes. — Onze portes donnaient accès dans la ville.

La porte du Pila Saint-Gély, située à l'entrée de la rue de ce nom, mettait la ville en communication avec la route de Nimes. Son nom doit provenir de grandes piles, ou vases de pierre, qui existaient en 1740, à l'endroit où l'on allait abreuver les bestiaux. La ville de Saint-Gilles, dont les habitants arrivaient par cette porte, peut bien lui avoir donné son nom. Deux tours défendaient son approche. Cette porte fut démolie vers 1810.

La porte de la Blanquerie, à l'entrée de la rue de l'Université ;

La porte des Carmes ou de Legassieu, au bout de la rue des Carmes ;

La porte Saint-Germain, à l'extrémité actuelle de l'ancienne rue Saint-Ruf ;

La porte Saint-Jacques, au commencement de la rue Jean-Jacques-Rousseau ;

La porte du Peyrou ;

La porte Saint-Guilhem, à l'extrémité de la rue de ce nom ;

La porte de la Saunerie, au commencement de la Grand'Rue ;

La porte de Lattes, dite aussi porte d'Obilion, à peu près sur l'emplacement de l'ancienne fontaine des Trois-Grâces, qui formait un demi-cercle ayant ses points d'attache, d'un côté à la façade du théâtre de l'autre aux murs de l'hôtel du Gouvernement, et avait deux entrées distinctes, l'une vers l'Esplanade, l'autre sur le faubourg ;

La porte de Montpelliéret, au bout de la rue de ce nom ;

La porte de l'Evêque, au commencement de la rue appelée aujourd'hui rue Girard.

Une deuxième ceinture de murailles, dont il ne reste aucun vestige, entrecoupée de portalières, protégeait de vastes faubourgs. Il existait un chemin de ronde en deça et au-delà des remparts ; il avait trois mètres de largeur.

Les remparts furent démolis, après le siège de 1622, par Louis XIII. On en conserva cependant quelques parties. Des dessins du siècle dernier nous montrent la partie de l'enceinte qui s'étendait de la porte du Pila Saint-Gély à la Tour des Pins et de cette tour à la porte du Peyrou.

Les guerres de religion des xvie et xviie siècles ont amené la destruction d'un grand nombre d'édifices religieux. Les édifices publics et privés du moyen âge ont disparu à la suite de remaniements successifs. Les châteaux des Guilhem, les maisons consulaires, la loge des marchands, les maisons de Jacques Cœur n'existent plus. Il ne reste que des débris dont l'origine est inconnue.

A la fin du xviiie siècle les murailles, portes, tours,

restes de l'ancien appareil de défense, étaient encore reconnaissables.

Les monuments de l'époque de Louis XIV et les constructions de d'Aviler donnent cependant un sujet d'études des plus intéressants, et peu de villes, en France, peuvent revendiquer des constructions aussi remarquables que la promenade du Peyrou et les escaliers de certains hôtels.

Les premières Maisons. — Dans les anciennes rues on remarque encore des portes à plein cintre des xii° et xiii° siècles ; si elles n'offrent aucun intérêt architectural, elles permettent du moins de rappeler le souvenir de l'époque la plus florissante de Montpellier ; ce sont des jalons précieux pour l'historien.

Sur la porte d'une vieille maison de la rue Rey, quartier de la Valfère, une sculpture représentant un bœuf attaché à un arbre n'indique-t-elle pas qu'en cet endroit se trouvait une boucherie ? Et les habitants du quartier, par tradition, affirment que c'était bien là que l'on abattait ces animaux.

On remarque encore, au premier étage d'anciennes maisons, des encorbellements en pierre de taille, percés d'une petite ouverture ; c'était l'usage alors de construire ainsi les éviers.

Il existe dans un grand nombre de rues tortueuses et étroites des salles voûtées avec des clefs de voûte armées à écussons ou à lettres. La plus intéressante de toutes est la maison de la rue de la Vieille, ayant appartenu, dit-on, aux rois de Majorque, seigneurs de Montpellier. Des remaniements divers en ont changé la destination. Une porte de style Louis XIII est accolée à cette construction. Sous ces voûtes reposant sur des piliers à moitié enfoncés dans le sol, se trouvent un puits en pierre, un escalier en colimaçon, avec ses étroites ouvertures donnant sur une petite cour. On sent revivre en ces lieux le souvenir de ces époques lointaines où les plus grands seigneurs étaient logés bien plus à l'étroit que les riches bourgeois de nos jours.

Vis-à-vis la porte de cette demeure, on aperçoit sur la muraille plusieurs arcatures ogivales, aujourd'hui fermées, et dont les nervures antérieures ont été taillées au niveau du mur. C'étaient probablement les portes d'une galerie donnant accès à des salles voûtées dont les arcs ogivaux se voient encore dans l'intérieur de la maison.

La porte ogivale du n° 10 de la rue de l'Argenterie mérite d'être signalée ; c'était la maison des rois de Majorque.

Ce quartier est celui où se trouvent le plus grand nombre de voûtes appartenant aux xive et xve siècles.

D'après Renouvier, les plus anciennes constructions se voyaient autrefois dans la partie comprise entre l'église Notre-Dame des Tables et la rue de la Monnaie. C'est là que s'est trouvée pendant longtemps la Part Antique et que, selon toutes probabilités, auraient été les premiers foyers de la population de la ville.

Dans la maison de M. de Lunaret, rue des Trésoriers-de-France, s'élève une tour rectangulaire, de l'époque de Charles VII, construite probablement par Jacques-Cœur.

Dans la rue Embouque-d'Or, on voit un pilier dont le chapiteau à feuillages est bien aussi de la même époque.

L'ancien monastère Saint-Germain, occupé actuellement par la Faculté de Médecine, nous présente, dans l'intérieur des cours, des fragments de l'ancien cloître. Ce ne sont que des arcatures dans les murs de la cathédrale. Les bâtiments extérieurs sont couronnés par les pendentifs des créneaux qui dominaient les murs épais dans lesquels on a, dans la suite, percé de nombreuses ouvertures.

ÉPOQUE RENAISSANCE. — Il y a quelques années, on pouvait encore voir, dans la rue du Bayle, deux fenêtres dont le souvenir nous a été conservé par la gravure. Il est bien regrettable qu'un riche amateur n'ait point fait l'achat des matériaux, tant il est vrai aussi de dire que l'on n'apprend ces démolitions que lorsqu'il n'est plus temps d'en sauver les débris.

Escaliers. — De l'époque de la Renaissance, il reste de nombreux escaliers dont le plus remarquable est celui de l'hôtel de M. de Saint-André, rue Embouque-d'Or, n° 4. S'ouvrant dans une cour, il est éclairé par trois grandes ouvertures au rez-de-chaussée et trois autres au premier étage. Au milieu de celles-ci sont deux grands vases avec figures. Dans l'attique sont des bas-reliefs et la partie supérieure du mur est couronnée de bustes.

On accède au premier étage par un escalier très large, de trois volées. La disposition des appartements a été des mieux comprises, et c'est bien là l'hôtel aristocratique, avec ses grands salons éclairés par des fenêtres donnant sur la rue et dans la cour. Si les autres appartements ont subi des réparations qui leur ont enlevé le caractère de cette époque, on ne peut le regretter cependant en admirant, dans une chambre avec alcôve, le plafond dont les sculptures ajourées sont admirables par leur style du règne de Louis XIV.

Un autre escalier, de moindre importance, situé rue du Bayle, n° 10, nous donne un spécimen, par sa grille en fer, de la serrurerie artistique, si merveilleusement ciselée, du règne de Henri II ou de Henri III.

Les escaliers ont toujours occupé une grande importance dans les anciennes constructions, alors qu'on n'avait pas à s'occuper, comme de nos jours, de l'exiguïté du terrain. La nomenclature en serait très intéressante ; on retrouverait dans le plus grand nombre la même ordonnance, et si ceux que nous allons mentionner n'ont pas la même valeur artistique

que les deux premiers, ils sont cependant très intéressants à visiter :

Rue Saint-Firmin, n° 10, escalier, cage carrée à deux étages ;

Rue Joubert, n° 1, escalier circulaire à trois étages ;

Place du Marché-aux-Fleurs, n° 7, escalier circulaire à trois étages.

Dans la rue de la Vieille, au n° 8, dont nous avons déjà parlé comme étant le spécimen le plus caractéristique de salles voûtées intérieures du xv° siècle, se trouve une belle porte avec de larges pilastres ornementés.

Au n° 35 de la rue Saint-Guilhem, une autre porte plus petite et très caractéristique se recommande à l'attention par ses pierres en bosselage.

Il en est de même au n° 3 de la rue Fournarié, mais dans de plus grandes dimensions. Le propriétaire de cet hôtel en donnant à la menuiserie le caractère de l'époque, a permis d'en admirer les belles proportions.

Époque Louis XIII. — L'hôtel de M. de Lunaret, rue des Trésoriers-de-France, a conservé les plafonds de cette époque. Les salles sont très élevées et spacieuses. Ce serait dans une petite pièce située sur l'arceau qui réunit cet hôtel à l'église des Pénitents qu'aurait été signée, en 1622, par Louis XIII, l'ordonnance relative à la capitulation de Montpellier.

Époque Louis XIV. — C'est sous le règne de Louis XIV que Montpellier s'est enrichi de belles constructions dont un grand nombre sont dues à l'architecte d'Aviler. On lui doit les premiers plans du Peyrou, l'arc de triomphe qui se trouve devant cette promenade, l'église Saint-Denis, ainsi qu'un grand nombre d'hôtels.

Dans la maison portant le n° 10 de la rue du Palais, il a donné une preuve évidente de sa profonde connaissance de la coupe des pierres. Peu d'architectes, de nos jours, se risqueraient à vaincre une semblable difficulté, malgré la certitude des calculs. Il est certain que son influence se manifesta aussi dans les cours et les escaliers, et c'est surtout là que son talent pouvait bien mieux se développer, n'étant pas tenu aux exigences de l'alignement et des saillies.

Avec une grande richesse d'ornementation et de sculptures en plâtre, ainsi que c'était l'usage à cette époque, nous pouvons encore admirer de vastes salles avec leurs grandes cheminées et les médaillons dans lesquels on retrouve toujours le portrait du roi. Bien des personnes ne sont pas sans connaître la maison de la rue Saint-Guilhem, portant le n° 10, où se trouvaient récemment encore les bureaux de la Société Générale. Cet immeuble peut être cité comme un des plus beaux spécimens de l'époque dont il s'agit.

L'hôtel de M. de Lunaret, rue des Trésoriers-de-France, dont nous avons déjà parlé, a conservé son escalier monumental et sa riche décoration avec son plafond peint par de Troy. Sur le fronton extérieur, sont sculptés, en bas-relief, un soleil avec ses longs rayons, symbole de la gloire que ses contemporains décernèrent au roi-soleil, Louis XIV.

L'hôtel de la rue des Trésoriers-de-la-Bourse, n° 4, autrefois propriété de M. de Lamoignon, possède, au-dessus d'une grande porte intérieure, une ravissante sculpture et un escalier en plein jour, unique dans les grands hôtels.

Les Etats de Languedoc, qui se réunirent à Montpellier, de 1736 à 1789 presque sans interruption, contribuèrent encore à embellir la ville de nombreux hôtels. Le plus grand nombre procèdent par des dispositions à peu près toujours les mêmes. Après une petite cour, s'ouvre un escalier dont les cages sont très aérées et ornées de pilastres en pierres. La monotonie des façades extérieures n'offre d'intéressant que les mascarons sculptés dans les clefs de voûte. Lorsque les architectes avaient le loisir de tirer le meilleur parti de l'emplacement, ils ont pu, comme dans la rue Fournarié, nous faire admirer une très belle porte, sur laquelle est un groupe des plus ravissants.

Les façades des maisons du règne de Louis XIII et Louis XIV n'ont aucun caractère particulier qui soit à signaler. Quelques portes d'entrée indiquent, d'une manière plus sûre, la date de leur construction ; elles n'ont pas subi les atteintes si nombreuses de la civilisation moderne.

Epoque Louis xv et Louis xvi. — Les constructions élevées sous les règnes de Louis XV et Louis XVI se distinguent par les sculptures et les ornements des claveaux des ouvertures extérieures. Les façades dépourvues de parties saillantes sont monotones et manquent de cette ampleur de lignes des édifices du règne précédent.

Font Putanelle. — Cette fontaine, construite par Jacques Cœur en 1444, était désignée aussi sous le nom de Fons Argenterie (fontaine de l'Argentier).

C'est un des monuments les plus anciens de Montpellier. Située sur les bords du ruisseau du Merdanson, derrière le cimetière de l'Hôpital Général et près de l'avenue Chancel conduisant à l'hôpital suburbain, cette fontaine rappelle par son nom le rendez-vous des jeunes filles aux mœurs légères.

Ce petit monument offre plus d'intérêt par le souvenir qui s'y rattache que par son caractère artistique, à cause des diverses transformations qu'il a subies. Cette ancienne source avait été captée dans un réservoir. Au-dessus du jet, sur une large pierre, se trouvaient les armoiries de Jacques-Cœur.

Eglise Saint-Pierre. — Cette église fut primitivement la chapelle du monastère Saint-Germain, fondé par Urbain V en 1364 ; depuis 1536 elle est devenue la cathédrale de Montpellier. Après la capitulation du 18 novembre 1567, la voûte, le couronnement de ses murs et le clocher de droite furent démolis. Le chœur a été reconstruit en 1854 et inauguré en 1875.

La porte d'entrée principale est abritée par un porche soutenu par deux piliers massifs et dont le dôme très élevé au-dessus du sol, donne un caractère de grandeur à cette partie de l'édifice. Sur le clocher de gauche et autour des petites ouvertures, on aperçoit de nombreuses éraflures porduites par les balles, lors du siège du fort de Saint-Pierre en 1565.

Les protestants, après s'être emparés, en 1567, de la cathédrale et du monastère, avaient résolu de les démolir; ils avaient même miné et étançonné la base de la grande tour de droite de la façade, dans l'intention de mettre le feu aux bois et de faire crouler ainsi, sans danger et très rapidement, cette solide construction.

Il y a vingt ans, on a ouvert sur le côté droit de l'église une autre porte décorative à laquelle on accède par plusieurs marches d'escalier; elle est due au sculpteur Baussan. Elle ne sert point au service de l'église.

La porte latérale de droite était autrefois protégée par un auvent dont on aperçoit les traces; on lit encore sur le mur, à moitié effacée, cette inscription : *Le peuple français reconnaît l'Etre suprême et l'immortalité de l'âme.*

Observatoire. — Sur l'emplacement de la Tour de la Babotte et au-dessus des murs épais des murailles, on construisit, au siècle dernier, un Observatoire.

Pendant plus d'un siècle, les membres de l'Académie des sciences ont fait une suite d'observations que favorisait le beau ciel de Languedoc. Elle fut plus tard disposée pour le télégraphe à lunettes; notre génération se rappelle encore les poteaux élancés avec leurs signaux.

C'est du balcon du premier étage qu'eut lieu la première expérience de descente en parachute tentée par le savant Lenormant, quelques années avant la Révolution, en présence des membres des Etats de Languedoc réunis alors à Montpellier.

La Citadelle. — La Citadelle fut construite en 1724 ; elle se composait de quatre bastions et d'une demi-lune faisant face à la ville et qui fut démolie pendant la Révolution.

Les deux bastions faisant face à la ville furent dénommés : celui du nord-ouest, bastion du Roi ; celui du sud-ouest, bastion de la Reine. Les deux autres s'appelaient, celui du nord-est, bastion de Montmorency ; celui du sud-est, bastion de Ventadour, du nom du gouverneur de la ville à cette époque. Le front de la Citadelle s'étendait sur l'Esplanade et fut rasé pendant la Révolution.

La Citadelle de Montpellier servit de prison à un certain nombre de personnages de marque, notamment à Cinq-Mars. Des prisonniers de guerre y furent également enfermés sous Louis XIV, entr'autres Janetia Doria, général des galères d'Espagne de l'illustre famille des Doria de Gênes ; don Pedro d'Aragon, marquis d'el Fovar, général en chef de l'armée espagnole, et le général don Vincent de la Mare. La prison se trouvait dans le bastion du Roi et s'appelait la Royale. Les portes se fermèrent aussi sur un seigneur de la cour, très connu à Montpellier, le marquis de Wardes, gouverneur d'Aigues-Mortes, qui avait eu le malheur de déplaire à Louis XIV.

Hôtel Saint-Côme. — Cet édifice fut construit en 1756, pour la Société des chirurgiens de Montpellier, au moyen d'un legs laissé par La Peyronie, chirurgien de Louis XV.

La façade sur la Grande Rue se compose d'une colonnade au rez-de-chaussée formant un abri. Après avoir traversé une cour on a devant soi un bâtiment circulaire surmonté d'un dôme en pierre à la Mansart, et dont la salle devait servir aux démonstrations anatomiques.

Un escalier placé sur le côté droit donne accès au premier étage. L'ensemble du monument présente les caractères les plus heureux au point de vue architectural.

Les locaux sont affectés actuellement au Tribunal de Commerce.

L'Arc de Triomphe du Peyrou fut édifié par la ville de Montpellier en l'honneur de Louis XIV en 1691 d'après les dessins de Dorbay. La construction en fut confiée à l'architecte d'Aviler. Il coûta à la ville 11,850 livres. Cette porte est percée d'un seul arc à plein cintre.

Ses deux façades sont ornées de quatre bas-reliefs en forme de médaillons représentant, ceux du côté de la ville, le triomphe de la religion avec cette inscription : *Extincta hæresi* ; l'autre la jonction des deux mers par le canal de Languedoc avec cette légende : *Junctis Oceano et Mediterrano mari*. Sur la face du côté du Peyrou, l'un des bas-reliefs montre Hercule qui terrasse un lion et épouvante un aigle avec ces mots : *Fusès terrâ marique conjuratis gentibus* ; l'autre, des villes et des provinces qui se soumettent et au dessous : *Sub oculos hostium Belgii arubens expugnatis*. Ces bas-reliefs sont de Bertrand, artiste de Montpellier.

Les pieds droits et l'archivolte sont en bossage par assises, ornés d'un pointillé rustique ; la voûte de l'arc est décorée de caissons et rosaces ; des casques, des boucliers ornent les métopes. Un attique couronne le monument.

Sur chaque face de l'attique, on fit graver en gros caractères, l'inscription suivante :

LUDOVICO MAGNO LXXII ANNOS REGNANTE
DESSOCIATIS, REPRESSIS, CONCILIATIS GENTIBUS
QUATUOR DECENNALI BELLO CONJURATIS
PAX TERRA MARIQUE PARTA. 1715.

La hauteur totale est de 15^m,4 ; sa largeur de 18 ^{m}. Le portique a 4^m,70 d'ouverture et 7^m de hauteur.

Le Lycée. — Les jésuites possesseurs des terrains depuis quelques années commencèrent la construction du Lycée sur les plans de l'architecte Savy. Grâce à une subvention de la municipalité, ils bâtirent de 1682 à 1686 le principal corps du monument faisant face à l'Esplanade et entourant la petite cour, et de 1686 à 1688, la galerie intermédiaire. De 1689 à 1692, ils firent l'enceinte à deux étages de la grande cour des classes avec la porte d'entrée sur la rue Vieille-Aiguillerie, actuellement rue du Collège. Ce projet en fut dressé par l'architecte Giral.

Le Lycée devint un centre considérable d'études, une sorte d' « Université jésuitique », un des établissements les plus importants du royaume.

La façade principale, sur l'Esplanade, est en partie masquée par une annexe moderne ainsi que par un mur élevé qui règne sur le boulevard de Bonnes-Nouvelles.

Théatre. — Les représentations théâtrales s'étaient données à Montpellier, soit dans la salle des Etats, soit chez les riches particuliers. Le 5 décembre 1655, Molière, avec sa troupe, vint jouer le ballet des *Incompatibles*, dans l'hôtel du trésorier Gérard de la Treilhe, où s'était logé le prince de Conti, pour la tenue des Etats de Languedoc. A l'occasion des fêtes de la paix de Nimègue, le cardinal de Bourg fit représenter, en 1678, dans l'hôtel de Castries, le premier opéra qu'on eût encore vu.

On donna par la suite des représentations publiques dans les Jeux de Paume, dont la ville ne manquait pas. Le 7 juillet 1689, au rapport de d'Aigrefeuille, on joua, dans celui du *Pas étroit* (1), l'opéra d'*Amadis*,

---

(1) Rue Bras de fer.

et successivement ceux de *Bellérophon*, de *Phaéton*, d'*Alceste* et autres.

Plus tard, la ville loua une salle dans la rue des Etuves qu'elle transforma en salle de spectacle, et dont la Chapelle des Pénitents-Bleus occupe de nos jours l'emplacement.

Malgré des lettres patentes accordées par Louis XIV, en 1740, à un citoyen de Montpellier, Antoine Rey, la ville fut privée de salles de spectacle jusqu'à ce que le maréchal duc de Richelieu, commandant en chef dans le Languedoc, incitât la municipalité à exécuter elle-même ce que les particuliers n'avaient pu faire. Les plans de Mareschal, directeur des fortifications de la province, furent adoptés et Ricard, déjà adjudicataire des travaux de l'aqueduc, soumissionna au prix de 83,000 livres. Les travaux s'élevèrent à 270,000 livres. Le théâtre fut inauguré le 20 décembre 1755. Un incendie le détruisit dans la nuit du 17 au 18 décembre 1785.

La salle était réputée une des plus coquettes de la province ; l'acoustique en était excellente ; et sa coupe en était si heureuse que, de tous les points, on apercevait aisément la scène, dont la profondeur atteignait 20 mètres à partir de la rampe ; en outre toutes les commodités s'y trouvaient réunies.

Deux grands vestibules précédaient la salle ; celui d'entrée avait à sa gauche un corps de garde, à sa droite, un café ; un autre de forme ovale, venait à la suite. La salle des Concerts, dont les cinq grandes fenêtres tombaient sur la place de la Comédie, occupait toute la largeur de la façade du monument.

Un arrêt du Conseil d'Etat du 3 avril 1786, autorisa la reconstruction de la salle de spectacle selon les plans et devis de Donnat et Lenoir et sous leur direction ; la nouvelle salle fut inaugurée le 1er octobre 1787. Donnat fut couronné aux premières loges de la main de l'intendant, M. de Ballainvillers,

Le théâtre fut incendié pour la seconde fois dans la nuit du 6 au 7 avril 1881.

Reconstruit sur le même emplacement, à la suite d'un concours et d'après les plans de M. Cassien-Bernard, il a été inauguré le 1er octobre 1888.

Fontaine des Licornes. — Elle est aussi désignée sous le nom de Chevaux-Marins. Elle fut commandée par la ville au sculpteur d'Antoine en l'honneur du marquis de Castries, vainqueur à la bataille de Clostercamp en 1768. Au-dessous des licornes est un bas relief représentant une épisode de cette bataille. On s'explique le sujet choisi par le sculpteur ; les licornes sont les supports héraldiques des armes de la famille de Castries.

Erigée primitivement sur la place des Etats-de-Languedoc, près la pharmacie Gély, on la transporta en 1860 à l'extrémité nord de la place de la Canourgue.

Fontaine de Cybèle. — Au milieu du square de la Préfecture, cette fontaine, due au sculpteur Journet, représente la déesse Cybèle, assise, appuyant une de ses mains sur un écusson aux armes de la ville. Dans la partie inférieure trois têtes de lions donnent l'eau dans une vasque. Avant l'ouverture de la rue Nationale elle se trouvait sur la petite place de la Préfecture.

Fontaine des Trois-Graces. — Sur des rochers couverts de lierre se dresse le groupe des Trois-Grâces, dont les formes gracieuses font l'admiration depuis plus d'un siècle des étrangers. Trois groupes d'amours cherchent à retenir des tortues ou se reposent sur elles et complètent l'ensemble de ce monument.

Lors de l'agrandissement de la place de la Comédie, on a transporté cette fontaine à une plus grande distance du théâtre ; la vasque a été agrandie ainsi que la hauteur du socle sur lequel repose le groupe.

XVI

BIBLIOGRAPHIE

Les Historiens de Montpellier. — Archives. — Mémoires des Sociétés savantes. — Journaux.

La liste des ouvrages mentionnés dans ce chapitre sur l'*Histoire de Montpellier* permettra aux érudits ou aux personnes qui s'intéressent à l'histoire de cette ville de se rendre compte du nombre et du mérite des historiens dont quelques-uns ont écrit des ouvrages d'une grande valeur et d'un intérêt incontestable.

Arnaud de Verdale. — Premier historien de Montpellier. Evêque de Maguelone de 1339 à 1352 ; a publié :
Catalogus episcoporum magalonensis (Chronique des évêques de Maguelone).
Cet ouvrage contient de nombreuses indications sur l'origine et les premiers seigneurs de Montpellier. Malgré les erreurs qu'on y trouve, il a eu une certaine valeur ; Germain a publié une traduction et des commentaires de cette chronique.

Pierre Gariel. — Né à Montpellier en 1584, mort en 1674. Chanoine de l'église cathédrale, a publié :
Idée de la ville de Montpellier recherchée et pré-

sentée aux honestes gens. — *1665.* — Petit in-folio de 832 pages.

Series præsulum Magalonensium et Monspeliensium. — 1 vol. in-folio de 646 pages.

Charles d'Aigrefeuille. — Prêtre, docteur en théologie et chanoine de l'église cathédrale Saint-Pierre de Montpellier. Né à Montpellier en 1673, mort dans la même ville en 1743. On a de lui :

Histoire de la ville de Montpellier depuis son origine jusqu'à notre temps ; avec un abrégé historique de tout ce qui précéda son établissement. A laquelle on a ajouté l'Histoire particulière des Juridictions anciennes et modernes de cette ville avec les statuts qui lui sont propres. — Un vol. in-folio. — 714 pages.

A Montpellier, chez Jean Martel, imprimeur du Roi et de Nosseigneurs des Etats Généraux de la province de Languedoc m dc cxxx vii (avec approbation et privilège du Roy).

Histoire ecclésiastique de Montpellier. — 1 vol. in-folio. A Montpellier, chez J. Martel, imprimeur.

Les deux volumes sont un fécond répertoire, où doivent forcément puiser les érudits jaloux d'approfondir le passé d'une ville que cet historien a si longuement et si consciencieusement étudiée.

Le 11 avril 1731, le conseil de ville, jaloux de donner à l'auteur de l'Histoire de Montpellier une preuve manifeste de gratitude, vota la dépense d'impression. L'ouvrage, bien que daté de 1737, n'était pas encore fini en 1740. Le conseil de ville décida d'en offrir une douzaine d'exemplaires reliés en maroquin rouge aux personnes de distinction, le cardinal Fleury, le chancelier d'Aguesseau, etc.

Le maire de Montpellier, escorté des autres officiers municipaux en grand costume, trompettes et tambours en tête, fut offrir solennellement le 1er janvier 1774, surlendemain des funérailles de Charles de Grefeuille, le précieux volume, relié en maroquin rouge, avec tranche dorée, au duc de Richelieu, commandant en chef de la province. On aime à voir une ville s'enorgueillir ainsi de ses annales retracées par la main d'un de ses enfants.

(Extrait de la notice sur Charles de Grefeuille par Germain).

Histoire de la ville de Montpellier depuis son origine jusqu'à notre temps, par Charles d'Aigrefeuille. Nouvelle édition publiée sous la direction de M. de la Pijardière, archiviste de l'Hérault. — 4 vol. in-4°. — 1885.

J. DE COLBERT. — *Proprium insignis ecclesiæ cathedralis ac diocesis Monspeliensis (olim Magalonensis).* — 1736. — in-8.

D. DONAT, avocat au Parlement. — *Almanach historique et chronologique de la ville de Montpellier.* — 1764. — in-4°. — 12 pages.

FLANDIO DE LA COMBE. — *Guide de Montpellier, ou Contrôle manuel et distribution de la ville de Montpellier en sixains, îles, rues, etc.* — 1788. — in-12.

SERRES. — *Histoire abrégée de la ville de Montpellier.* Montpellier, chez Martel. — 1779. — in-12 de 72 pages.

MOURGUES. — *Essai de statistique de la ville de Montpellier.* — An IX. — in-8°.

V.-G. PRUNELLE. — *Fragments pour servir à l'Histoire de la médecine dans l'Université de Montpellier.* — An IX. — in-4°.

J. POITEVIN. — *Essai sur le climat de Montpellier.* — 1803. — in-8°.

MURAT. — *Topographie médicale de la ville de Montpellier.* — 1810. — in-8°.

CHARLES DE BELLEVAL. — *Notice sur Montpellier,* an XI. — in-8°. — 4° édition, en 1826. — in-8°.

Notes sur Montpellier. Additions et corrections à l'ouvrage précédent. — 1835. — in-8°.

J.-P. Thomas. — *Mémoires historiques sur Montpellier* et le département de l'Hérault. — 1827.

Garonne. — *Histoire de la ville de Montpellier sous la domination de ses premiers seigneurs.* — 1829. — in-8° de 421 pages.

Histoire de la ville de Montpellier sous la domination française. — 1835. — in-8°. — 156 pages.

Broussonnet. — *De l'antiquité de Montpellier.* — 1839. — in-8°. — 49 pages.

Kahnoltz. — *Histoire de l'Université de Montpellier.* — 1840. — in-4°.

C. Desmazes. — *Indicateur des rues et places de la ville de Montpellier*, etc. — 1853. — in-12.

Eugène Thomas. — *Essai historique et descriptif sur Montpellier*, pour servir de guide dans cette ville et dans les environs. — 1836. — in-8°. — 184 pages.

2° Edition. — 1857. — in-8°. — 344 pages.

Eugène Thomas, a été archiviste du département, on lui doit un grand nombre d'études historiques sur le département de l'Hérault et la publication de l'Annuaire de 1818 à 1872.

Louis de la Roque. — *Peintres, sculpteurs et architectes.* — in-8°. — 1877.

Duval-Jouve. — *Les noms des rues de Montpellier*. Etude critique et historique. — in-16. — 1877.

Histoire populaire de Montpellier. — In-8°. — 1873.

Montpellier pendant la Révolution. 2 volumes. — Petit in-8°. — 1879.

Kahn Salomon. — *Les Juifs à Montpellier* (*Revue Juive*). — Années 1889-1891-1894.

ALEXANDRE-CHARLES GERMAIN. — Né à Paris en 1809, mort à Montpellier en 1887.

Vallon, secrétaire perpétuel de l'Académie, dans sa notice historique sur ses travaux, s'exprime ainsi :

« C'est un Parisien transplanté en province, y prenant racine et en tirant tous les éléments des études qu'il consacrera au pays dont il est devenu l'enfant d'adoption; infatigable promoteur de ces histoires locales qui seront les plus sûrs fondements d'une histoire générale de la France ».

C'est ainsi qu'il s'amassa la plus abondante collection de documents et de travaux qu'un homme ait jamais pu recueillir pour l'histoire d'une ville.

Le conseil municipal de Montpellier a donné son nom à la rue qu'il habitait, mais la ville doit à un de nos plus grands historiens un autre hommage (1).

Il a publié :

Histoire de la Commune de Montpellier depuis ses origines jusqu'à son incorporation définitive à la monarchie française. 3 vol. in-8°. — 1851.

Histoire du Commerce de Montpellier antérieurement à l'ouverture du port de Cette. 2 vol. in-8°. — 1861.

Les autres travaux historiques sur Montpellier ne comprennent pas moins de 45 études ou monographies formant ensemble 7 volumes in-quarto et publiés dans les recueils de la Société archéologique de 1838 à 1887, soit une période de près de 50 ans :

Une émeute populaire sous Charles V.

De l'organisation administrative à Montpellier au moyen âge.

Mémoire sur les anciennes monnaies seigneuriales de Melguel et de Montpellier.

---

(1) L'intérêt que M. Germain portait à nos travaux ne peut nous faire oublier la reconnaissance que nous gardons de ses conseils si précieux.

Le couvent des Dominicains de Montpellier.
Nouvelles recherches sur la secte des Multipliants.
De la charité publique et hospitalière à Montpellier au moyen âge.
Une vie inédite de François Bosquet.
Charles de Grefeuille et sa famille.
La paroisse à Montpellier au moyen âge.
Une nouvelle charte inédite de Marie de Montpellier.
Les inscriptions de l'ancienne Université de Montpellier.
Le président Jean-Pierre d'Aigrefeuille, bibliophile et antiquaire.
L'œuvre de la Rédemption des Captifs à Montpellier.
Les communautés du règne de Louis XIV et la Fronde à Montpellier.
Les dernières années de la Cour des Comptes, Aides et Finances à Montpellier.
Etudes archéologiques sur Montpellier.
Notice sur le manuscrit original de l'Histoire de la ville de Montpellier du chanoine Charles de Grefeuille.
Deux lettres du Comité de Bâle aux consuls de Montpellier.
La Renaissance à Montpellier.
Isaac Casaubon à Montpellier.
De la médecine et des sciences occultes à Montpellier dans leurs rapports avec l'astrologie et les mages.
Pierre Gariel, sa vie et ses travaux.
Une loge maçonnique d'étudiants à Montpellier.
Etude historique de l'Ecole de Droit à Montpellier (1160-1793).
Notice sur le cérémonial de l'Université de Médecine de Montpellier.
La médecine arabe et la médecine grecque à Montpellier.

L'Ecole de Médecine de Montpellier. Ses origines. Sa constitution. Son enseignement.

Les maîtres chirurgiens de l'Ecole de Chirurgie de Montpellier.

Du principe démocratique dans les anciennes écoles de Montpellier.

Le temporel des évêques de Maguelone et de Montpellier.

Arnaud de Verdale, évêque et chroniqueur.

La Faculté des Arts et l'ancien Collège de Montpellier.

Deux lettres inédites de Henri IV, concernant l'Ecole de médecine de Montpellier.

L'apothicairerie de Montpellier, sous l'ancien régime.

Le comte de Provence à Montpellier.

Géographie historique du comté de Melgueil et de la seigneurie de Montpellier.

La Faculté de Théologie de Montpellier.

Jacques de Primerose, historien de la Faculté de Montpellier.

Etudes archéologiques sur Montpellier.

Notice sur un recueil d'incunables de la bibliothèque de la Faculté de médecine de Montpellier.

Liber instrumentorum memoralium. Cartulaire des Guillems de Montpellier.

Le sixième Centenaire de l'Université de Montpellier.

Les anciennes thèses de l'Ecole de médecine de Montpellier.

SERRES. — *Abrégé de la vie de quelques hommes illustres de Montpellier.* — 1719. In-8°.

ASTRUC. — *Mémoires pour servir à l'histoire de la Faculté de Médecine de Montpellier.* — 1767. In-4°.

HENRI FOUQUET. — *Recherches sur la situation de la ville de Montpellier. Assemblée publique de l'Académie de Montpellier du 25 novembre 1772.* — (55 p.).

Mourgue (J.-A.). — *Essai de statistique.* — In-8º, an ix (76 p.).

Recueil des Bulletins publiés par la Société libre des Sciences et Belles Lettres de Montpellier. — De 1803 à 1813. 6 vol. In-8º.

J.-M. Amelin. — *Guide du voyageur dans le département de l'Hérault.* — 1827. In-12 (201 à 279 p.).

Cros (Ulysse). — *Code municipal de Montpellier. Recueil des règlements et arrêtés de la municipalité de cette ville.* — 1836. In-8º (301 p.).

Desgenettes. — *Eloges des académiciens de Montpellier.* — 1841. In-8º.

Indicateur des rues et places de la ville de Montpellier. — 1853. In-8º.

Coffinières (Paul). — *Saint-Roch.* — Etude historique sur Montpellier au xiv° siècle. — 1855. In-12 (258 p.).

Corbière (Philippe). — *Histoire de l'Eglise réformée de Montpellier depuis son origine jusqu'à nos jours.* — 1861. In-8º (610 p.).

Etat-civil de l'Eglise réformée de Montpellier. — 1856. In-8º.

Faucillon. — Ancien chef de division à la préfecture de l'Hérault :

La chaire de mathématiques et d'hydrographie de Montpellier. — In-8º (14 p.).

Notice historique sur le collège royal de Montpellier. — In-8º (47 p.).

La Faculté de théologie de Montpellier. — In-8º (48 p.).

Le collège Duvergier. — In-8º (86 p.).

Le collège des Jésuites à Montpellier. — In-8º (154 p.).

Recherches historiques sur la paroisse de Montpellier. — In-8º (99 p.).

La Faculté des Arts de Montpellier. — In-8°
(68 p.).
*Les professeurs de Droit français à la Faculté de
Montpellier* (1681-1791).
*Les Docteurs agrégés de la Faculté de Droit de
Montpellier* (1681-1791).
*Les Professeurs de Droit civil et canonique de la
Faculté de Montpellier.*

Les travaux historiques de Faucillon ont paru dans les Mémoires de la Société Archéologique et dans ceux de l'Académie des sciences et lettres de Montpellier. Quelques-uns ont été publiés en supplément dans le *Journal de Montpellier*.

Tourtoulon (Ch. de). — *Jayme Ier le Conquérant, roi d'Aragon, comte de Barcelone, seigneur de Montpellier.* — 1863. 2 vol. in-8°.
Notes pour servir à un nobiliaire de Montpellier. — 1856. In-8° (296 p.).

Pijardière (de la). — *Les Chroniques de Languedoc.*
— Revue du Midi, historique, bibliographique, littéraire, consacrée à la publication de documents rares ou inédits. — (5 années). 1874 à 1879. In-4°.

Malavialle (G). — *Le Peyrou et la statue équestre de Louis XIV.* — 1889. In-8°.

Guiraud (L). — Les fondations du pape Urbain V à Montpellier.

I. — *Le collège des Douze-Médecins ou collège de Mende, 1369-1551.* Montpellier, 1889, 1 vol. in-8°.

II. — *Le collège Saint-Benoît, le collège Saint-Pierre, le collège du Pape (collège de Mende, 2e période).* — Montpellier, 1890, 1 vol. in-8°.

III. — *Le monastère Saint-Benoît et ses diverses transformations.* — Montpellier, 1891, 1 vol. in-8°.

Recherches topographiques sur Montpellier au moyen âge. — Montpellier, 1895, 1 vol. in-8° (250 p. avec 4 plans).

La paroisse de Saint-Denis de Montpellier. — 1887. In-8º.

Bonnet (E). — *Les débuts de l'imprimerie à Montpellier*. — 1896. Grand in-8º (204 p.).

Saint-Marc (comte de). — *L'entrée à Montpellier le 18 juin 1617 de la duchesse de Montmorency.* — In-8º.

Gariel. — *Maguelone Suppliante*.
Ces deux ouvrages ont été publiés dans la collection des Cent-Quinze.

L. Mandon. — *Histoire du Prêt gratuit de Montpellier* (1684-1891). — in-8º. — 1891.

Thomas Plater (1595-1599). — *Notes de voyage de deux étudiants bâlois*, publiées d'après les manuscrits originaux appartenant à la Bibliothèque de l'Université de Bâle. Avec deux portraits, Montpellier 1892, 1 vol. in-8º.

F. Saurel (chanoine). — *Histoire religieuse du département de l'Hérault pendant la Révolution* 4 vol. in-8º, 1894-1896.

Frédéric Fabrège. — *Histoire de Maguelone*, 2 vol. in-4º avec planches. 1er vol., 1894. Cette importante publication dont le premier volume a récemment paru, se rattache à l'Histoire de Montpellier qui doit son origine aux habitants de Maguelone.

Archives de la ville de Montpellier. — Les Archives de la ville de Montpellier sont, comme le mot l'indique, le dépôt où pendant des siècles on a centralisé les chartes et documents de toute sorte, qui définissaient les droits, les obligations, les usages et règlements de la Cité, ainsi que les actes officiels émanant des pouvoirs constitués. On peut dire que les longues suites de textes, de valeur inégale, mais toujours témoins fidèles du passé, qui sont aujourd'hui conservées à la Tour des Pins, présentent un très réel intérêt, aussi bien pour l'histoire générale que pour l'histoire locale.

La ville de Montpellier a décidé la publication de l'Inventaire des Archives. Les deux premiers fascicules comprenant un historique sur les anciens inventaires et le commencement de l'Inventaire de Pierre Louvet (1662-1663) ont paru récemment.

D'autres inventaires, anciens ou nouveaux, suivront celui de Louvet, et parallèlement des textes importants seront publiés. A côté du *Petit Thalamus* et du *Liber Instrumentorum* déjà édités (1), d'autres recueils tels que le *Grand Thalamus*, le *Livre Noir*, etc., et de nombreux documents méritent l'attention des érudits et intéresseront tous ceux qui aiment à suivre dans l'histoire particulière d'une ville les changements que le temps et les événements apportent aux usages et aux institutions (Extrait de la Préface de l'Inventaire des Archives de Montpellier, par M. Berthelé, archiviste départemental, chargé de la haute direction des archives municipales).

PUBLICATIONS DE LA SOCIÉTÉ DES BIBLIOPHILES
DE MONTPELLIER

L'entrée de Madame de Montmorency à Montpellier. — In-8°.

Le Harlam des Eglises de Montpellier. — In-8°.

GARIEL (G). — *Les Gouverneurs anciens et modernes du Languedoc.* — In-8°.

DELORT (ANDRÉ.) — *Mémoires inédits sur la ville de Montpellier au* XVIIe *siècle.* — 1622-1693. 2 vol. in-8°.

---

(1) *Thalamus parvus*, le *Petit Thalamus de Montpellier*, publié pour la première fois, d'après les manuscrits originaux, par la Société archéologique de Montpellier : 1° La Coutume ; 2° les Etablissements ; 3° les Serments ; 4° la Chronique romane ; 5° la Chronique française (1740), 1 vol. in-8°, LXIX, 653 p.

Serres (Pierre). — *Histoire de la Cour des Comptes, Aides et Finances de Montpellier.* — In-8º.

Mémoires de Jean Philippi touchant les choses advenues pour le faict de la religion à Montpellier et dans le Bas-Languedoc. — 1560-1600. In-8º.

MÉMOIRES DE L'ACADÉMIE DES SCIENCES ET LETTRES DE MONTPELLIER

Grasset. — *J.-J. Rousseau à Montpellier.* — 1854.

Corbière. — *Histoire du siège de Montpellier en 1622, sous Louis XIII.* — 1865.

Thomas (E). — *Le séminaire de Montpellier.* — 1866.

Corbière (Ph). — *L'Académie protestante de Montpellier.* — 1880.

Grasset-Morel. — *L'Hôpital Saint-Eloi, l'Ecole Mage, le Palais universitaire.* — 1896. In-8º.

L. Malavialle et H. Lechat. — *Projet de construction d'un Palais des Etats de Languedoc à Montpellier et de la décoration du Peyrou à la fin du* xviiie *siècle.* — 1896. In-8º.

MÉMOIRES DE LA SOCIÉTÉ ARCHÉOLOGIQUE DE MONTPELLIER

Saint-Paul (de). — *Substantion* (V. 1, 37 p.).

Renouvier (J). — *Les vieilles maisons de Montpellier* (V. 1, 14 p.).

Saint-Paul. — *Notice sur les Guillems, seigneurs de Montpellier* (V. 1, 128 p.).

Castelnau (J). — *Notice sur la vie et les ouvrages de Castelnau* (V. 1, 66 p.).

Pégat (F). — *Mémoires sur les anciennes églises de*

Sainte-Croix et sur la place de la Canourgue (V. II, 33 p.).

Renouvier (G). — *Notice sur le liber Rectorum* (V. II, 14 p.).

Renouvier (G). et Ricard (A). — *Des Maîtres de pierre et autres artistes gothiques de Montpellier* (V. II, 216 p.).

Paulinier. — *Gui de Montpellier, fondateur de l'ordre de Saint-Esprit* (V. IV).

Pégat (F). — *Des consuls de Montpellier sous l'autorité des fonctionnaires royaux pendant les années 1640-1657* (V. IV, 42 p.).

La Cour du petit Scel royal de Montpellier (V. VI, 54 p.).

Thomas (E). — *Narcissa ou la fille d'Young* (V. I).

Tourtoulon (Charles de). — *Une session des États de Languedoc* (V. V).

Thomas (E). — *De l'organisation administrative de Montpellier au moyen-âge* (V. III, 79 p.).

Castelnau (J). — *Bibliographie du Languedoc en général, du département de l'Hérault et de la ville de Montpellier en particulier* (V. V).

Grasset-Morel. — *Un ancien quartier de Montpellier* (V. VIII).

BULLETIN DE LA SOCIÉTÉ LANGUEDOCIENNE DE GÉOGRAPHIE

Coste (Léon). — *Les anciennes fontaines de Montpellier, avec un plan indicatif des anciennes fontaines et un plan de la fontaine du Pila Saint-Gély* (IX).

Les transformations de Montpellier depuis la fin du XVIIe siècle, jusqu'à nos jours.

Germain. — *Géographie historique du comté de Melgueil et de la seigneurie de Montpellier* (v).

Le comte de Provence à Monpellier.

Malavialle. — *L'enseignement secondaire à Montpellier* (xi et xii).

Troubat (Fernand). — *Une imprimerie de Province, « Le noble Jeu de l'Arc. »* Hamelin, imp. — 1896. In-8º.

Le même auteur poursuivant la série de ses monographies Montpelliéraines, se propose de publier la danse des Treilles et du Chevalet. Cette seconde publication contiendra la notice, la chanson des Treilles, avec musique, notée par M. J. Coquelin, chef de musique au 122ᵉ de ligne, l'exécution chorégraphique avec 12 figures et plans, par Antoine Troubat, permettant la propagation facile et l'exécution étudiée de cette danse, dont l'origine peut bien remonter aux fêtes dyonisiaques.

JOURNAUX PUBLIÉS A MONTPELLIER

AVANT LE XIXᵉ SIÈCLE

Il a paru un grand nombre de journaux à Montpellier pendant le xviiiᵉ siècle ; mais les données sur ces publications sont très incomplètes. Les plus connus, sont :

Feuille hebdomadaire, ou journal d'annonces, affiches et avis divers. Un numéro par semaine, in-4º de 4 pages, à dater de 1775 à 1777.

Journal de la Généralité de Montpellier. — Recueil des annonces, affiches et avis divers du Bas-Languedoc. Un numéro par semaine, in-4º de 8 pages de 1780 à 1790.

Journal hebdomadaire ou précis du travail des divers corps d'administration du département de l'Hérault, du 1ᵉʳ octobre 1791 au .

INDEX ALPHABÉTIQUE

A

Académie de peinture, 239.
Académie protestante, 360.
ACIER (d'), 116.
ADAM, 319.
Administrateurs, 250.
ADRETS (B. des), 111.
Affineurs de métaux, 217.
AGATHOPOLIS, 36.
AGDE, 53, 102, 166, 181, 244.
AGDE (place d'), 297.
AGDE (mont d'), 19.
AGNÈS, 45, 46, 52, 54, 61.
AIGREFEUILLE (CH. d'), 32, 49, 55, 160, 259, 269, 317, 350, 354.
AIGREFEUILLE (F. d'), 260.
AIGREFEUILLE (H. d'), 256.
AIGREFEUILLE (P. d'), 354.
AIMARGUES, 141.
AIMERIC, 133.
AIGOUAL (l'), 10, 19, 24.
AIGUES-MORTES, 10, 129, 169, 221, 225, 228, 231.
AIGUILLERIE, 13, 210, 218, 227, 299.
AIGULF (comte), 33, 34.
ALAIS DE RONCHY, 52.
ALAIS, 166.
Albigeois, 45, 51, 83, 196.
ALBISSON, 175, 177, 150.
ALEXANDRE III, 43, 197.

ALEXANDRIE, 67, 222, 229.
ALLET PONS, 255, 257.
ALCESTE, 161, 347.
ALCUIN (duc d'), 148, 276.
ALOUETTE (rue de l'), 307.
ALLUT (A.), 251, 262,
ALLUT (J.), 258.
ALGER, 171.
ALGER (rue d') 323.
Almanach, 215.
ALMÉRAS (d'), 253, 314.
AMIS DE L'ÉGALITÉ, 177.
ALPHONSE ALVARET, 244.
ALPHONSE, roi d'Aragon, 44, 45, 78.
ALPHONSE, roi de Castille, 41, 42.
ALSACE, 324.
ALVARET FERNAND, 224.
AMADIS, 161-346.
Amateurs de Beaux-Arts, 315.
AMELIN (J.), 356.
AMBOISE, 112.
AMOREUX, 263.
Ancien collège, 355.
Ancien-courrier, 309.
Ancien-évêché, 322.
Anciennes industries, 299.
Anciens jeux, 275.
Anciens métiers, 299.
Anciennes portes, 303, 309.
Ancien quartier (un), 361.
Anciennes thèses, 355.

ANDUSE, 133, 146.
ANDRÉ AZEMA, 186.
ANDRÉ BAROUÈS, 124.
ANGLAIS, 85, 166, 215, 527.
ANGLETERRE, 215.
ANGLIC GRIMOARD, 235.
ANIANE, 124.
ANJOU (DUC d') (XIVe s.), 88, 89, 208.
— (XVIIe s.), 155, 164.
— (XVIIIe s.), 227, 244, 277, 280.
ANNE DE LEVÉ, 127.
Anneliers, 300, 333.
ANNEQUIN, 185.
ANTIBES, 224.
ANTIOCHE, 40.
Antiquité de Montpellier (de l'), 352.
ANTOINE, 11, 15, 348.
ANTOINE DE SUBJET, 202.
ANTOINETTE DE LA MARCHE, 126.
Apothicaires, 172, 355.
Apprèteurs, 217.
AQUIN (d'), 242
ARABES, 37, 49, 215, 241.
ARAGON, 41, 44, 49.
ARAGON (Pierre d'), 44, 51, 54, 55, 59, 61.
ARAGON (rois d'), 44, 45, 223, 224, 232.
ARAGONAIS, 83.
Arbalète, 11, 277.
Arbalétriers, 110, 218.
Arc des Mourgues, 309.
Arc, 276, 277.
Arceaux, 10.
Archéologie, 331.
Archers, 114, 276.
Archevêché, 127.
Architectes, 267, 315.
Archives de la ville, 358.
Archives municipales, 182.
Argenterie, 78, 300, 338.
Argentiers, 217, 218, 333.

ARGENCOUR (d'), 138, 139.
ARGENSON (d'), 153.
ARLES, 48, 69.
ARNAUD, 254.
ARNAUD DE CALVISSON, 232.
ARNAUD DE VERDALE, 34, 36, 259, 260, 269, 349, 355.
ARNAUD DE ROQUEFEUIL, 79.
Arquebuse, 277, 278, 309.
ARTAUD (J.), 258.
ARTAUD (S.), 265.
Artisan, 172.
Artistes gothiques, 361.
ASSAS (d'), 318.
Association patriotique, 173.
ASTRUC, 318, 356.
ATHÉNOR, 102.
Attributions communales, 304.
Auberges, 305.
Aubergistes, 217.
AUBIJOUX (d'), 151, 154, 155.
AUBRY (J.), 264.
AUGUSTINS (Les), 15, 237.
AULAS (MONTS), 10, 24.
AUMELAS, 48.
Auteurs dramatiques, 258.
Avignon, 29, 67, 79, 187.
AVILER (d'), 13, 14, 15, 271, 310, 315, 328, 340.
Avocats, 172, 217, 257.
AUZIÈRES (P.), 254.
AZULAÏS, 39.

B

Babotte, 304, 11, 235.
BACHAUMONT, 292.
BADOU (J.), 255.
BALAINVILLIERS, 317.
Balances, 300.
BALLARD (Vve), 186, 290.
Ballon (Jeu de), 278.
BALTHAZAR, 270.

Bailleul, 190.
Bailli, 304.
Bains, 311.
BALESTRIER-CANILLAC, 258.
Banal (G.), 263.
BAREEYRAC, 175.
Barbiers, 217.
BARDI (J.), 256.
BAR-SUR-AUBE, 229.
BARTHEZ (J.), 266, 318.
BARRAL, 47.
Barralerie, 207, 208, 300.
Barraliers, 217, 300.
BARRAS, 189.
BARRIS-UBERTS, 86, 87.
BARRIÈRE (A.), 102, 149.
BARRY, 119, 127, 128.
BASCOU (A.), 261.
Basse, 14.
BASSOMPIERRE, 136, 138, 141.
Bastille (la), 174.
Bastion, 304.
BASTION Blanc, 137.
— anciens, 304.
— du Roi, 344.
— de la Reine, 344.
— de Montmorency, 344.
— de Ventadour, 344.
BASVILLE (de), 159, 163, 165, 166, 168, 314.
Bâtiers, 218.
Bâtons, 281.
Batteurs, 218.
BAUMPS, 318.
BAUDINÉ (J.), 110.
Bayle, 230, 304, 339.
Baylie, 59, 61.
BEAUDON, 147, 148.
BEAULAC (G), 256.
BÉGÉ (A), 315.
BELFORT, 2, 324.
BELLÉROPHON, 161, 347.
Belles-Lettres, 237.

BELLEVAL (CH. de), 351.
BELLEVAL (P. de), 325.
BELLEVAL (Richer de), 150, 215, 242, 316, 325, 326.
BELLEVUE (G. de), 161.
BELIARDE, 39, 40.
BÉNÉDICTINS DE SAURET, 237.
BÉNÉDICTINS, 14.
BÉNÉZET, 169, 251.
BENJAMIN DE TULEDA, 205, 215.
BENOIT D'ANIANE, 33.
BERENGER DE FRÉDOL, 223.
BERGAME, 236.
BERGERAC, 124.
BERGER, 309.
BERNARD DE MONTLAUR, 40.
BERNARD BERNARDI, 224.
BERNARD DE COMMINGES, 47.
BERNARD D'ALBRET, 86.
BERNARD LE PÉNITENT.
BERNARD DE TRÉVIERS.
BERNARD DE ROQUEFEUIL, 79.
BERNARD TRIGAR, 236.
BERNY, 269.
BERTRAND, 245, 269.
BERTRAND DUGUESCLIN, 86.
BERTHEAU (CH.), 255.
BERRY (duc de), 93, 94, 277, 284.
BETIRACH, 94.
BEZAC (J), 264.
BÉZIERS, 86, 136, 188, 205.
BEZONS, 253.
BLANCHISSEURS, 218.
BLADUVIEL (G), 332.
Blanquiers, 217, 300.
Bibliographie, 349, 366.
Bluteurs, 217.
BOCADOR (J.), 310.
Bocaud, 108, 258, 314.
BOHÉMOND, 222.
BOISSET, 184.
BOISSIÈRE (S.), 268.
BOISSY D'ANGLAS, 190.

Bon (F.), 256.
Bonaparte (Ch.), 16.
Bonna-Nioch, 247, 316.
Bonneau (J.), 251.
Bonnes-Nouvelles (B.), 12, 309.
Bonnet (J.), 350.
Bonnier d'Alco, 15, 175, 181, 183, 189, 193, 194, 251, 317.
Bonzy, 157, 158, 159.
Bornier (Th.), 215.
Bornier (F.), 258.
Bosc (F.), 254, 261.
Bosset (F.), 260.
Bossonet, 114.
Botanistes, 316.
Boulbe (P.), 202
Bouchers, 199.
Bouisson, 111.
Bouisson Bertrand, 318.
Bouque d'Or, 319.
Bouquier, 270.
Bourdaloue, 159.
Bourg, cardinal, 346.
Bourdon (S.), 271.
Bourgogne, 42, 43.
Bourgogne (duc de), 16, 40, 277, 280.
Bourguignons, 97.
Bourse, 161, 165.
Boursier (N.), 127.
Bousquet, 181, 187, 190.
Bousquet (femme), 290.
Boussairoles, 314.
Boutonnet, 10, 20, 22, 115, 236, 324.
Boyer, 263.
Bœry (N.), 256.
Brabant, 225.
Brandebourg, 159.
Brandille (gouv. de), 13, 298.
Branlaire, 151.
Bras-de-Fer, 307.
Brescia, 236.

Brescou, 159.
Bretigny, 144, 145.
Brézé (de), 149.
Brie, 229, 275.
Brissac (de), 155.
Broussonet (A.), 316, 330, 352.
Brueys, 316.
Brugerie (La), 314.
Brugnière, 263.
Brun, 181.
Brunet, 175, 183, 189.
Brutel de la Rivière, 255.
Bruyas, 315.
Bucha Johannes, 310.
Bulletin (soc. sc. et let.), 356.
Bureau des Finances, 172.
Burgues (A.), 250.
Bregans, 87.

C

Cabanel, 318.
Cabanes, 297.
Cabassiers, 217.
Cabrol, 242.
Cadet, 145.
Caisse patriotique, 178.
Caliste II, 197.
Cambacérès, 157, 175, 183, 190, 317.
Cambacérès (G.), 255.
Cambacérès (J.-J.), 251, 255.
Cambon, 173, 175, 179, 183, 187, 189, 317.
Cambon (J.), 179, 181.
Cambon (P.), 251.
Cambradours, 199.
Camomille, 283.
Campredon, 317.
Campus novus, 310.
Canabasserie, 301.
Canabassiers, 199, 218.
Canabis, 301.
Candolle (de), 316, 327,.

Canigou, 24.
Cannau, 309.
Canourgue, 15, 109, 134, 149, 297.
Capella, 65.
Capucins, 134, 298,
Carbonnerie, 301.
Carcassonne, 152.
Carlencas, 138-253.
Carmes, 15, 115, 201, 175, 237, 322, 335.
Carmes du Palais, 322.
Carmes (Grands), 201,
Carnois, 40.
Carnot, 297.
Carquet, 159.
Carré de la Reine, 326.
Carré du Roi, 310, 326.
Carrefour de la Pierre, 311.
Carrié, 152.
Carricra Trepassens, 311.
Casaubon, 237, 354.
Casernes, 11, 262.
Cassien Bernard, 348.
Cassan (A), 201.
Castanet, 165.
Castel (L.), 261.
Castel-Moton, 207, 217, 305.
Castellan, 268.
Castellane, 297.
Castelnau, 10, 24, 48, 60, 136, 151, 206, 210, 260, 314.
Castelnau (J), 30, 360, 361.
Castelnau (gouv.), 119.
Castelnau (Pierre de), 55.
Castelnaudary, 148.
Castille, 88, 155.
Castilhon (P.), 183, 175, 190.
Castres, 133.
Castries, 48.
— (A), 244.
— (baron), 129, 143.
— (Ch.), 253.
— (duc de), 168.

Castries, (hôtel), 14, 346.
— (J.), 253.
— (maréchal), 170, 171.
— (marquis), 156, 173, 348.
— (place), 297.
Catalogus épiscop., 349.
Catalogne, 47, 149, 223.
Cathalans, 215.
Catherinots, 133.
Catherine de Gaut, 289.
— de Médicis, 124, 125.
— de Sauve, 96, 249.
Causit, 314.
Caylus, 112.
Ceinturiers, 218.
Celleneuve, 136, 180.
Césaire d'Heisterback, 241.
Celtes, 35.
Cette, 166, 181, 227.
Cévenols, 115, 152, 165, 208, 297, 301.
Cévennes, 117, 140.
Cézelli, 104, 238.
Chabaneau, 36.
Chaire de mathématiques, 357.
Chaises (fabr.), 218.
Chambre de Commerce, 165.
Champagne, 68, 225, 229.
Chambres des comptes, 113, 147.
Champ de Mars, 271, 181, 330.
Chancel, 319.
Chandelles (fabr.), 218.
Changeurs, 218.
Chanoines, 148, 172.
Chapeau rouge, 305, 334.
Chapeliers, 218.
Chapelle et B., 292, 293.
Chapelle Neuve, 236, 247, 314.
Chaptal, 12, 17, 319, 327.
Charles Martel, 35.
Charles V, 87, 91, 225, 232, 335.
Charles VI, 65, 92, 97, 288.
Charles VII, 223.

CHARLES VIII, 99, 100, 225, 232, 242, 275.
CHARLES IX, 113, 128, 120, 242, 298.
CHARLES DE NAVARRE, 92.
CHARLES DE VALOIS, 127.
CHARLES LE MAUVAIS, 232.
CHARLES-QUINT, 104.
Charitats (Las), 213.
Charité, 213, 322.
Charité (hôpital), 211, 323.
Charité publique, 354.
Charité Saint-Barthélemy, 201.
CHARENCY, 201, 202, 216.
CHARLOTTE, 102, 127.
Charte, 205, 209, 236.
CHARRETON, 218.
Charrue, 307.
Château, 303. 304.
CHASSIGNON, 147.
CHATILLON, 134.
Chevalet, 362, 279.
Cheval-Blanc, 305.
Chevaux-Marins, 15.
Cheval-Vert, 306.
Chevaliers du Temple, 197.
CHICOGNEAU (F.), 326.
CHICOGNEAU (J.), 327.
CHICOGNEAU (M.), 326.
CHICOYNEAU (F.), 168, 266.
Chirurgiens, 172, 217.
CHRESTIEN, 15, 318.
CHRISTOPHE, 101.
Chronique (Fr.), 359.
Chroniques de Languedoc, 357.
— romanes, 159.
CHYPRE (île), 222, 223, 229.
Cimetière des réformés, 16.
CINQ-MARS, 149, 344.
Citadelle, 11, 13, 137, 163, 162, 345.
CLAUDE BROUSSON, 162.
CLAPARÈDE, 317.
CLAPIÉS, 319.
CLAUDES SERRES, 319.

Clavaire, 65, 66.
CLÉMENT IV (pape), 81, 223.
— V (pape), 197.
— VI (pape), 79.
Clergé, 153.
CLERMONT, 79.
CLOSTERCAMP, 348.
COCON, 14, 124, 135.
Code municipal, 356.
COFFINIÈRES, 356.
COLBERT (J.), 127, 199, 202, 316, 351.
COLIGNY, 119.
Collèges, 239, 313.
Collège Cistérien, 235.
— de Bresse, 236.
— de Chirugie, 245.
— de Girone, 15, 236.
— de Mende, 358.
— des Douze-Médecins, 242, 358.
— du pape, 238, 358.
— du Vergier, 236, 238, 314, 357.
— des Jésuites, 357.
— Royal, 174.
— Saint-Benoit, 358.
— Saint-Pierre, 358.
— Valmagne, 235.
COLLOT, 315.
COLOGNE, 149.
Colonne, 183, 330.
COMBALAT, 138.
COMÉDIE (place), 11, 175.
Commanderie Saint-Antoine, 212.
Commune, 100.
Compagnie bourgeoise, 174.
Compagnie du Devoir, 291, 292.
COMTE (Aug), 318, 320.
COMTE D'EU, 290.
COMTE DE PROVENCE, 355, 361.
COMTE DU NORD, 170.
Concile, 197.
CONDÉ, 136, 154, 204.

Condorcet, 319.
Confrérie, 322.
Confrérie du Mont de Piété, 157.
Confrérie du Prêt, 157.
Constance de Cézelly, 126, 128, 169, 249, 287, 314.
Constance (tour), 10, 169.
Conseil des Vingt-Quatre, 122.
Conseil de ville, 168, 170.
Consulat, 61, 90, 91, 99, 119, 197, 305.
Consuls, 24, 61, 62, 63, 87, 112, 114, 132, 155, 168, 170, 172, 230, 286, 361.
Consuls anciens, 172.
Consuls de mer, 63, 161, 199, 227, 228.
Consuls majeurs, 230.
Consuls ouvriers, 199.
Contre-Pouvoir, 181.
Cope-Cambes, 310.
Coquelin, 362.
Coquette, 15, 310.
Corbière, 356, 360.
Cordeliers de l'Observance, 16.
Cordiers, 218.
Cordonniers, 217.
Corps des Marchands, 174.
Corps municipal, 176.
Corraterie, 361.
Corroyeurs, 217.
Cortaud, 147.
Cortès de Huesca, 44.
Coste (L.), 361.
Coste-Frège, 310.
Coudroy, 138.
Coupe (île), 306.
Cour des Aides, 14, 99, 111, 124, 147, 148, 153, 154, 157, 161, 172.
— des Comptes, 103, 157, 174, 354, 360.
— des Généraux, 100.

Cour du bayle, 118, 298.
— du Gouverneur, 113.
— du Parlement, 100.
— du Petit-Scel,
Courdurier (J.), 157, 250.
Cournonterral, 23, 48.
Cour provençale, 155.
Cours de la Reine, 11.
Courratiés, 301.
Courreau, 210, 324.
Courtaud (S.), 267.
Courteilles, 145.
Courtiers, 217.
Coustou (J.), 268, 318.
Coutumes, 359.
Crassous (J.), 190, 251, 258.
Crès (le), 10, 119.
Créqui, 141.
Creux du bœuf, 310.
Crieur du vin, 218.
Croix Blanche, 306.
— de Fer (Place de la), 11.
— de la Mission, 171.
— de l'Esplanade, 97.
— d'Or (Rue de la), 306.
— des Aréniers, 90, 94.
— de Salaison, 94.
Cros, 356.
Cros-d'Aou-Biou, 360.
Cros-d'Aguilhon, 113, 148.
Crouzet (F.), 250.
Crouzette (la), 117.
Crova, 26.
Crussol, 110, 111, 112, 115.
Culte catholique, 195.
Culte israélite, 205.
Culte protestant, 203.
Cubre foc, 69.
Curée, 175, 179, 181, 183, 189, 193.
Cusson (F.), 262, 327.
Cybèle (Fontaine), 298, 348.
Cygne, 306.

D

Dalençon (G.), 105, 203.
Dames (Les), 140, 285.
Danemarck (roi), 289.
Danou, 190.
Danville, 120 à 125.
Dardé, 314.
Dassa (A.), 224.
Daurados, 300, 333.
Daru (B.), 252.
Dauphin, 14, 170.
Dauraires, 300.
Duvidal (J.), 256.
David le Sage, 260.
Debry, 193.
Deidier, 168.
De La Mothe (H.), 149.
Delort (A.), 147, 259, 317, 359.
Delpech, 245, 318.
Demoulins (J.), 269.
Derrant, 261.
Départ. de l'Hérault (bateau), 187.
Desmazes (C.), 352.
Despeisses (A.), 256.
Devèze, 185.
Deville, 186.
Deydier, 264.
Didier (A.), 267.
Dillon, 169, 171.
Dimècre (Dames du), 288.
Dimècre (Œuvres du), 213.
Docteurs agrégés, 357.
Dominicains, 15, 237, 246, 354.
Donnat, 316, 347, 351.
Don Sanche, 69, 76, 218, 250.
Don Vaissette, 317.
Dorbay, 345.
Doria (A.), 220.
Dortoman, 242, 253, 264.
Doumet, 328.
Douze pans, 87, 304.
Draparnaud (J.), 263.

Draperie, 225.
Draperie rouge, 216, 301.
Draperie de Saint-Firmin, 301.
Drapiers, 199, 218.
Dubourdieu (A.), 255.
Dubourdieu (J.), 255, 258.
Duché, 153, 260, 314.
Ducros, 134.
Duel, 288.
Dulaurens, 288.
Dumas (Ch.-L.), 192, 194.
Dupuy-Imbert, 253.
Duranc (J.), 147, 261.
Durand, 175, 177, 180, 182, 185, 252, 260, 314, 317.
Duranti (G.), 260.
Durfort, évêque, 203.
Droit, 235.
Droit (Ecole), 67.
Dussaulx, 190.
Duval-Jouve, 246, 295, 318, 352.
Du Vergier, 236.
Duvidal (de), 262.

E

Ecoles, 233, 313.
Ecole d'Agriculture, 27, 30.
Ecole de Droit, 237, 245, 313, 354.
Ecole de Médecine, 240, 354.
Ecole de Pharmacie, 15, 236, 243.
Ecole Mage, 210, 237, 313.
Ecole Normale, 26, 27.
Ecoles centrales, 239, 240.
Ecoles chrétiennes, 174.
Ecoles de la Propagande, 239.
Ecoles Pies, 313.
Ecoles publiques, 239.
Echelles, 217.
Echelles du Levant, 222.
Ecrivains, 316.
Edit de Nantes, 129, 158.

EDOUARD III, 79.
EGYPTE, 215, 223.
ELÉAZAR, 40.
ELISABETH COSTE, 186, 290.
Eloges des académiciens, 956.
EL POVAR, 149.
EMBOUQUE-D'OR, 300, 338.
Emeute populaire, 353.
EN BARRAT, 314.
EN CANET, 13.
Enceinte, 333.
ENCIVADE, 135.
ENVALLAT (Mas d'), 111.
ENFUMAT (Plan d'), 314.
EN GOUDAU, 314.
EN ROUAN, 314.
Enseignement second., 361.
Enseignes, 305.
Epées, 218.
Epiciers, 218.
Epoque Louis XIII, 340.
— Louis XIV, 340.
— Louis XV, 342.
— Louis XVI, 342.
ERMENGARDE, 49, 263.
ERMESSENS, 40, 41.
Escaliers, 339.
Escarcelles, 218.
Escrivetta, 281, 283.
ESPAGNE, 45, 223, 225.
ESPAGNOLS, 127, 148, 215.
ESPEROU, 10, 24.
ESPLANADE, 11, 13, 144, 177, 178, 192, 232, 296, 330.
Espoussettes, 108.
Esquilles, 308.
ESTANOVE, 147.
ESTÈVE (L.), 257, 266.
ESTÈVE (P.), 258.
Essai de statistique, 351.
— sur le climat, 351.
— historique, 352.
Etat-civil, égl. réf., 357.

Etats Barbaresques, 67.
— de la province, 96, 151, 157, 328.
— de Languedoc, 13, 15, 158, 166, 298, 341.
— Généraux, 173.
Etudes Archéol., 355.
Etudiants, 16.
ETUVES, 11, 301, 311.
EUDES, 11, 43.
EUDOXIE COMMÈNE, 44.
Evêques, 16, 336.

F

FABRE (F.-X.), 15, 318.
FABRE, 175, 183, 187, 189, 252, 319.
FABRÈGE (F.), 319.
FABREGUETTES, 185.
FABRÈGUES, 40, 137.
Fabrerie, 217.
Facultés de droit, 174, 234 à 237, 242.
— de médecine, 14, 75, 113, 234, 235, 240, 242, 338, 356.
— des Arts, 234, 235, 237, 238, 242, 355, 357.
— des Lois, 113.
Faculté des Lettres, 238, 247.
— de Théologie, 234, 235, 355, 357.
Facultés (hôtel des), 301.
Faiseurs de sacs, 218.
FALCON, 102.
FALGUEROLE, 152.
FARGEON, 177, 183.
FARGES (J.), 114, 118, 298.
Faubourgs, 324.
FAUCILLON, 357.
FAUCON (F.), 523.
Femme muette, 14.
Femmes, 249.

FENOUILLET (P. de), 131, 133, 147, 207, 238, 297, 314, 316.
Fermiers, 218.
Ferraterie, 312.
FERREN (A.), 186.
Fête de la chute de Robespierre, 191.
Fête de l'Agriculture, 191.
Fête de la Reconnaissance, 191.
Fête de la Vieillesse, 191.
Fêtes des époux, 191.
Feuille hebdomadaire, 362.
FIGUAIROLLES, 10, 324.
FIGUIER (L.), 316.
FIZES, 265, 314.
FLANDIO DE LA COMBE, 296.
FLANDRE, 68, 225.
Fleurs (Marchands de), 298.
FLÉCHIER, 169.
FLOTTES, 318.
Foires, 231.
Fondeurs, 333.
Fons Argentarii, 308.
Fontaines, 307.
Fontaine de l'Argentier, 308.
Fontaine de Lattes, 307.
Fontaine Pila-Saint-Gély, 307.
Font de l'Hôpital, 307.
Font Putanelle, 98, 286, 307.
Font Saint-Berthomieu, 307.
Fontaines (anciennes), 361.
FONTANON, 264, 318.
FORMIS (S.), 264.
FORTIA D'URBAN, 250, 253.
FOSSEZ (de), 143 à 146.
FOULO FUNANG, 25.
FOUQUES, 154.
FOUQUET, 266, 318, 356.
FOUR CRÉMAT, 307.
FOUR DES FLAMMES, 307.
Fourfoulière, 311.
FOURNARIÉ, 15, 301, 340.
FOURNIER, 267.
Fourniers, 217.

FOURNY, 147.
FOURQUEVAUX, 110, 111.
Fours, 307.
Four Saint-Eloi, 307, 317.
FRAIDETTE, 102.
FRANCISCAINS, 237.
FRANÇOIS DE COLIGNY, 124.
— MATHERON, 151.
— I, 103.
— II, 103, 107.
— DE BOUSQUET, 202.
— DE CHEFDEBIEN, 104.
FRANÇOISE, 102.
FRANÇOISE DE CÉZELLY, 126, 148, 249, 287.
FRANÇOIS DE RANCHIN, 143, 147, 148.
FRÉDÉRIC BARBEROUSSE, 43.
FRÉDÉRIC II D'ARAGON, 221.
Frères de l'Observance, 101.
— des Ecoles chrét., 239, 313.
— Mineurs, 86, 96, 237.
— Prêcheurs, 237.
FRIBOURG, 154.
Friperie, 701.
Fripiers, 218.
FROISSARD, 93, 95.
FROMENT, 147.
Fronde (la), 155, 354.
FRONSAC, 137.
FRONTIGNAN, 248, 147, 148, 231.
Fustiers, 218, 332.

G

GABRIEL (P.), 264.
GAGNE-PETIT, 302.
Gainiers, 218.
GALABERT, 191.
GALARGUES, 82, 146.
Galettes (les), 186, 290.
GALLIÉ, 186.
Gallo-Francks, 35.
Gallo-Romains, 35.

GAMBETTA, 315, 323.
GANGES, 24, 240.
Gardes des marchandises, 230.
— des mesures, 217.
GARDIOLE, 19.
GARDON, 262.
Gare, 10.
GARIEL, 36, 258, 318, 349, 358, 359.
GARONNE, 352.
GAS, 186.
GASTELIER DE LA TOUR, 259.
Gastronome, 269.
GAULE, 215.
GAUSSEN (J.), 262.
GAUTHERON (A.), 261, 265.
GAUTHIER, 186.
GÉLASE II, 41, 197.
GÉLY, 348.
Généraux, 317.
Genève, 159.
GÈNES, 67, 215.
Genevois, 215.
Génois, 42, 43, 67, 159, 215, 219, 220, 221.
GENTILSHOMMES, 172.
Géogr. hist. des Seign. de Montpellier, 355, 361.
GÉRARD, 186.
GÉRARD-ARBRAUT, 53.
GERMAIN (H.), 38, 55, 82, 111, 246, 318, 353, 355, 361.
GERMONDE, 249.
GIGNAC, 148, 149.
GILLES DE CORBEIL, 241.
GINESTOUS (de), 163.
GIRAL, 13, 267, 168, 314, 316, 328, 346.
GIROD-POUZOL, 188.
GIRONE, 314.
GONDANGE (E.), 265.
GOTTIS, 35.
GOUAN (A.), 317.
GOUDARD (A), 257, 259.

Gouverneur, 60, 359.
GRAMMONT, 20, 164.
GRAND, 174.
Grande peste, 147.
GRAND-GALION, 306.
Grand Hiver, 131, 162.
GRAND MAHOMET, 135, 138.
GRAND'RUE, 13, 14, 94, 296, 311.
GRAND SAINT-JEAN, 213, 323.
GRAND SELVE, 42.
Grandes Compagnies, 86, 225.
GRANGE (N.-D. de la), 258.
GRANIER, 130.
GRASSET, 360.
GRASSET-MOREL, 360, 361.
GRAU, 64.
GRAVE (marquis de), 162, 232.
GRÈCE, 215.
GRECS, 15.
GREFEUILLE (Ch. de), 354.
GRÉGOIRE IX, 197.
GRENADIERS, 131, 323.
GRIMALDI (Ch. de), 220.
GRIMAUD, 316.
GRIMOARD, 245.
GROULARIÉ, 302.
GROS (P.), 211.
GUI DE MONTPELLIER, 254, 361.
Guide de Montpellier, 351.
GUILLAUME, 40, 245.
— BRUNEL, 171.
— MANGEOT, 204.
— DE NOGARET, 245.
GUILLEM ALAGUIER, 53.
— D'OREC, 53.
— 224, 299.
— I, 38.
— II, 39.
— III, 39.
— IV, 40.
— V, 40, 205, 216.
— VI, 41, 53, 197, 215, 219.
— VII, 42, 205, 219, 311.

GUILLEM VIII, 44, 53, 205, 224, 241.
— IX, 39, 46, 54.
GUIRAUD (L.), 333, 358.
GUITARD DE RATTE, 129, 202.
GUY, 270.
— DE CHAULIAC, 265, 318.
— DE FOLCUEIS, 68.

H

Habitanage, 225.
HAGUENOT (H.), 265,
Halle, 20.
— aux Colonnes, 13, 198, 227.
— Neuve, 21, 297.
Harlam, 134, 359.
HENRI II, 103.
— III, 104, 121, 125.
— IV, 12, 14, 15, 126, 128, 129, 131, 232, 236, 237, 314, 325.
— DE MONTMORENCY, 112.
— DE RANCHIN, 162.
HÉORARD, 264.
HÉRAULT (L'), 26, 48.
Herberie, 208, 227, 301, 302.
HERCULE, 128.
HERCULE DE BARRY, 148.
HERCULE D'OFFERNOD, 127.
HERMONDAVILLE, 263.
Histoire abrégée de la Ville, 351.
— de Languedoc, 317.
— de Maguelone, 356.
— de la ville sous la dom. française, 35, 168, 352.
— de la ville de Montpellier, 350.
— de Montpellier pendant la Révolution, 352.
— du commerce, 352, 353.
— du siège de Montpellier, 360.
— populaire de Montpellier, 352.

Histoire de l'Eglise réformée de Montpellier, 357.
— ecclésiastique de Montpellier, 350.
— du Prêt Gratuit, 355.
— religieuse pendant la Révol., 356.
Historiens, 258, 317.
Hommes illustres, 350.
— politiques, 250, 317.
Hôpital général, 12, 115, 219, 297.
— Saint-Eloi, 360.
HORTUS (mont), 24.
Hospices, 306.
Hôtel de ville, 89, 96, 109, 297.
— des Sciences, 109.
— de l'Université, 247.
Hôtels, 305.
HYÈRES, 224.

I

ICHEZ (P.), 261.
Idée de la v. de Montpellier, 349.
Illustrations militaires, 253.
Imprimerie à Montpellier. (Les débuts de l').
IMBERT, 266, 327.
Incompatibles (Les), 246, 271.
Incunables (Recueil), 355.
Indicateur des rues, 352, 356.
Ingénieurs, 265, 315.
INNOCENT II, 41.
— III, 45, 49, 51.
Inquisition, 96.
Inscription, 354.
Institut de physique, 334.
Intendance, 296.
ISABEAU PAULET, 157.

J

Jac, 173.
Jacobins, 115.
Jacques Cœur, 13, 14, 98, 200, 214, 271, 286, 298, 308, 315, 342.
Jayme, 324.
— I, 49, 69, 83, 115, 201, 207, 228, 235, 250, 273, 297, 324, 357.
— II, 73, 250.
— III, 78.
Joubert (L.), 189, 156.
Juifs, 352.
Juvénal, 10, 145, 162, 183, 232.

L

Laboureurs, 217.
Laclotte (F.), 148, 253
Ladron, 127.
Lafayette, 173.
La Feuillade, 159.
Lafon, 317.
Lafosse, 266.
Lagny, 229.
Lagrange (J. de), 258.
Lajart (P.), 252.
Lamartine, 315.
Lamoignoin (de), 341.
Lamorier, 265.
Languedoc, 53, 68, 225.
Languedocien, 152.
Languedocienne, 26.
Lanjuinais, 190.
La Nouvelle, 127.
La Peyronie, 245.
La Porte, 168.
La Reveillère-Lepaux, 190.
La Rivière, 190.
La Roque (de), 146.

Lattes, 10, 16, 42, 43, 48, 49, 51, 60, 64, 68, 81, 85, 87, 96, 98, 111, 119, 124, 133, 137, 206, 210, 228, 279, 336.
Latreilhe, 306.
Laurens, 266.
Lavérune, 24, 136, 164.
Lazuttes, 186.
Lechat, 360.
Ledru-Rollin, 12, 365.
Lefaucheur, 255.
Légion de Montpellier, 173, 180.
Lenoir, 347.
Lenormant, 344.
Lepic, 317.
Lèques, 194.
Lesage, 190.
Lesdiguières, 134, 140, 141.
Lésignan-la-Cèbe, 110.
Le Tourneur, 327.
Lettres, 234.
Leucate, 105, 127, 128, 148, 249.
Levant (Le), 98, 223.
Levat, 314.
Lez, 10, 18, 20, 41, 163, 164, 167, 191, 199.
Liber Instrumentorum, 359.
— Rectorum, 361.
Licornes, 15, 170, 297.
Lieutenant de maire, 165, 170, 172.
— de police, 164.
Ligue (la), 125.
Ligueurs, 127, 128.
Lisbonne, 224.
— (E.), 245, 247.
Littérateurs, 359.
Livre d'Or, 16.
— Noir, 359.
Loge et Petite Loge, 11, 13, 98, 110, 152, 154, 156, 227, 231, 305, 354.
Lombardie, 215.
Lombards, 215.

Logis Saint-Paul, 306.
Lonjumeau, 117.
Londres, 225.
Lopez, 224.
Lorrain, 324.
Louis Le Gros, 41.
— Lejeune, 43.
— duc d'Anjou, 85, 86.
— IX, 245.
— XI, 225, 273.
— XII, 99, 111, 242.
— XIII, 13, 132, 149, 232, 289.
— XIV, 12, 150, 183, 231, 299, 345.
— XV, 167.
— XVI, 166, 171.
Louis-Philippe, 14.
Loys (J.), 256.
Loupian, 48, 128.
Lou Rei n'a'na founteta, 282.
Louvre (île du), 306.
Lunaret (de), 338, 340, 331.
Lycée, 147, 346.
Lyon, 225.

M

Madeleine (La), 124, 211.
Magistrats, 256.
Magnol (P.), 262, 316.
Magnol (A.), 262.
Maguelone, 3, 10, 12, 24, 32, 35, 37, 40, 41, 43, 48, 103, 110, 111, 124, 148, 200, 202, 296, 358.
Mail (Jeu), 278.
Maire, 172.
Maisons, 337.
Maison centrale, 300.
— de ville, 114.
Maîtres chirurgiens, 354.
— de peyra, 332.
— de pierre, 361.
Majorque, 41, 80, 85, 224, 300, 337.

Malavialle, 358, 360, 361.
Malibrais, 190.
Malide (de), 173, 203.
Mandon (L.), 355.
Manœuvres, 218.
Marbriers, 302.
Marceau, 317.
Marchands, 172.
Marcot (E.), 215.
Mardochée, 215.
Maréchaussée, 312.
Mareschal (P.), 268, 347.
Marguerite, 127.
Marie de Montpellier, 41, 45, 46, 49, 52, 54, 170, 249, 279, 354.
— Blaise, 168.
— Caisergues, 322.
— des Ursins, 275.
Maroc, 78.
Marquez, 257.
Marra, 40.
Marrans, 131, 205.
Marseille, 30, 47, 87, 100, 168, 223, 224, 225, 257.
Martel (Ch.), 3.
Martel (G.), 350.
Martin (R.), 257.
Martin (V.), 246.
Martins (Ch.), 30.
Masquas (Las), 96.
Massanc, 314.
Massélian, 290.
Massilian, 187.
Mataplane, 41, 42.
Mathieu Dumas, 317.
Mathilde, 42, 43.
Matte (J.), 261.
Matte-la-Faveur, 262.
Mauguio, 119, 135.
Maureilhan, 317.
Maurin, 317.
Maury, 36, 37, 40, 42, 131, 205.

INDEX ALPHABÉTIQUE

MAYÈNE (duc de), 127.
MAZARIN, 148, 155.
Mazeliers, 217.
Médecine (école), 67, 354.
Médecins, 263, 318.
Mégissiers, 300.
MÉJEAN, 267.
MÉLAY, 144, 145.
MELGUEIL, 38, 40, 41.
Mémoires, 31, 352, 359, 360.
Mémorial des nobles, 333, 352.
MENDE (collège de) 235, 236, 238, 242.
MERCI, 177, 201, 202, 322.
Merciers, 199, 217, 218.
Mercredi, 288.
MERDANSON, 10, 69, 115, 138, 139, 140, 190.
MERLE-BLANC, 307.
MERLIN DE DOUAI, 190.
Messagers, 218.
METZ, 324.
Meuniers, 218.
MICHEL (J.), 185.
MIREPOIX, 126.
MIREVAL, 48, 49, 279.
Miséricorde, 211, 239, 283.
MOINIER, 186.
Moissonneurs, 138.
MOLIÈRE, 12, 15, 271, 315, 346.
MOLINE (F.), 260.
Monastère St-Benoît, 358.
MONDINI DE LUNZI, 244.
Monnaie, 113, 312.
Mons Puellarum, 285.
MONTAGNAC, 171.
MONTARNAUD, 48, 79.
MONTAUBAN, 23, 40, 147.
MONTCALM, 344.
MONTBAZIN, 48.
MONTÉLIMAR, 67, 225.
MONTEILLE, 151.
MONTELS, 187, 314.

MONTFERRANT, 10.
MONTFERRIER, 48, 119, 250, 314.
MONTMORENCY (duc), 43, 113, 126, 127, 129, 134, 137, 138, 148.
MONTMORENCY (duchesse), 358, 359.
MONTPELLIERET, 3, 15, 60, 68, 296, 336
MOREAU DE L'YONNE, 193.
Morisques, 131.
MOUINE, 249.
MOULINS, 303.
MOULINIER, 190.
MOURGUES (J.), 309, 351, 356.
MOUSSOLENS (de), 289.
MOUTONNIERS, 227.
Multipliants, 168, 312, 354.
Mur d'enceinte, 334.
MURAT, 351.
MURET, 51.
MURLES (de), 154.
— 24.
MURVIEL, 10, 24.

N

NARBONNE, 29, 30, 127, 224.
NARCISSA, 327, 361.
NANTES (Edit de), 141.
NATHAN, 115.
Naturalistes, 262.
NAVARRE (roi de), 88, 89, 124, 185.
NECKER, 174.
NEELGÉRIES, 25.
Négociants, 172.
NICE, 25.
NICÉE, 40.
NICOLAI (L.), 254.
NICOLAS IV, 197, 242.
NIMES, 10, 12, 36, 133, 139.
NISSOLE, 262, 264, 265, 316.
NOAILLES (duc de), 158, 159.
Nobiliaire, 357.
NOGARET, 256.

Noms des rues, 352.
Noms religieux, 322.
NORLINGUE, 153.
Normandie, 144.
Notables, 172.
Notaires, 172, 217.
Notes sur Montpellier, 352.
Notice sur le Collège royal, 357.
Notice sur Montpellier, 35.
NOTRE-DAME DES BONNES-NOUVELLES, 98, 310.
— DES GRACES, 201.
— 13, 48, 57, 106, 134, 158, 177, 238.
— DES TABLES, 62, 88, 89, 92, 101, 102, 108, 112, 113, 129, 130, 147, 180, 194, 196, 204, 210, 227, 243, 246, 298.
— DU PALAIS, 196.
NOUVELLE GALLES, 26.
NOYER, 70.

O

OBILION, 210, 203, 336.
OBSERVANCE, 16.
OBSERVATOIRE, 11, 16, 82, 212, 323, 343.
Œuvres de Notre-Dame du Charnier, 201.
OLIVIER, 159, 312.
OM (place de l'), 312.
Ordres religieux, 254, 312.
Orgerie, 156, 218, 305.
— du Pila Saint-Gély, 218.
Orgiers, 218, 305.
Origines, 296.
ORLÉANS (duc d'), 150.
ORTUS (mont), 19.
OSSONE (duc d'),
OTHON, 40, 87.

P

PACCOTTE (Dom), 259.
PAGÈS, 185.
Palais, 15, 109, 199.
Palais de Justice, 14, 20, 39.
Palais de Montpellier, 129.
PALAVAS, 11, 16, 24, 26.
Palemardiers, 278.
PALESTINE, 41.
Palissade, 303.
PANISSA, 104.
PAPES, 197.
PARIS, 167.
PARLEMENT, 158.
PARRAUT, 89.
Part Antique, 68, 104.
Partisan, 152, 288.
PAS-ETROIT, 307, 346.
Pastoureaux, 69.
PASTOUREL, 312.
PAUL, 111, 113, 203.
PAULHAN, 48.
PAULINIER, 361.
PEDRO (Don), 149, 344.
PÉGAT (F.), 360, 361.
Peigneurs, 217.
Peillarié, 43.
Peille, 302.
Peintres, 217, 218, 318, 332.
Pelleterie, 302.
Pelleteurs, 199.
Pelletiers, 217.
PELLICIER (G.), 103, 108, 202, 316.
Pénitents, 14, 174, 200.
PÉPIN LE BREF, 33.
PERDRIER (G.), 270.
PÉROLS, 135.
PERPIGNAN, 148.
Perroquet, 277.
PERRUQUE, 312.
Personnages célèbres, 269, 314.
Pestes, 86, 124, 148.

Pestiférés, 213.
Petiot, 267.
Petit-Guillaume, 194.
Petit Saint-Jean, 322.
Petit Scel, 14, 89, 231, 305.
Petites maisons, 213.
Pétrarque, 270.
Peyre (F.), 262.
Peyriers, 218.
Peyronie (La), 14, 265.
Peyrou, 10, 14, 21, 43, 115, 116, 137, 161, 169, 179, 183, 327, 336, 340, 345, 358.
Pézenas, 46, 110, 115, 124, 164, 181, 226, 236, 224, 291.
Pezet (F.), 268.
Phaéton, 161, 347.
Philippe III, 13, 208.
— (archiduc), 289.
— IV, 156.
— le Bel, 14, 68, 84.
— le Hardi, 68.
— de Valois, 68, 79, 80, 81, 84, 88, 220.
Philippi (J.), 256, 258, 260, 314.
Philosophes, 255, 318.
Philistins, 136.
Philerins (G.), 265.
Picardie, 144.
Pierre (quartier), 114.
— II, 149, 224,
— IV, 79.
— d'Aragon, 46, 79, 197, 201, 279.
— Bernard, 40.
— de Malagie, 102.
— Gaudette, 102.
— le Cruel, 88.
— l'Ermite, 40.
— de Luna, 245.
Pignan, 32, 48.
Pijardière (de la), 357.
Pila Saint-Gély, 12, 39, 69, 91, 114, 139, 218, 303, 335.

Pilleterius, 264.
Pins, 335.
Pisans, 67.
Pise, 215, 221.
Pistolet, 306.
Pitot, 169, 315.
Placentin, 265, 269, 304, 319.
Places, 295, 297.
Place Royale, 155, 329.
Plan de l'Olivier, 312.
— du Prévot, 109.
— du Parc, 306.
Plantade, 261.
Platter, 205, 355.
Plessy-Praslin, 153.
Plombiers, 218.
Poètes, 39, 259.
Poissonniers, 199, 217.
Poitevin, 30, 251, 262.
Poivriers, 199, 218.
Pomaret, 147, 265.
Pons d'Obilion, 303.
Pons de Montlaur, 40.
Pontis (de), 239.
Popian, 40, 48, 79.
Population, 273.
Potiers, 117.
— d'étain, 217.
Porcairagnes, 249.
Porcatiers, 217.
Portal (P.), 266.
Portalière, 96, 133, 303.
Portes, 335.
Poste (La), 16.
Pouderous, 180, 181, 203.
Pouget, 48, 79.
Pouget (A.), 255.
— (F.), 257.
— (P.), 258.
Poulalliers, 217.
Poutingon (J.), 174, 266.
Pouvoir exécutif, 181.
Pradet (Ch.), 157, 161, 202, 317, 320.

Préfecture, 125, 297.
Présidial, 112, 113.
PRESSOIR VILLARET (P.), 185.
Prêt Gratuit, 157.
PRINCE DE GALLES, 88.
Prix, 319.
Procureurs, 172.
Professeurs, 260, 357.
Projet de décor. du Peyrou, 360.
— de constr. d'un palais, 360.
Promenades, 325.
Provansals, 215.
Provence, 80.
Providence, 323.
PROVINS, 229.
PRUNELLE (V.-G.), 351.
PUECH-PINSON, 312.
Puits, 307.
PUITS DOUACHY, 308.
— DOUZILS, 308.
— DES ESQUILLES, 308.
— DU TEMPLE, 14, 308.
— ESPINAS, 308.
— DU PALAIS, 308.
— VALFÈRE, 308.
PYRÉNÉES, 306.

Q

QUADRIVIUM, 234.

R

RABBI BENJAMIN, 44.
RABELAIS, 14, 244, 270, 315.
Raffinerie, 312.
RAISON (temple).
RAMBAUD D'ORANGE, 260.
RANC (A.), 268, 318.
— (G.), 268.
RANCHIN (F.), 291.
— (G.), 257, 258.
— (J.), 319.

RAOUX, 268, 318.
RASTADT, 193.
RATTE (J. de), 15, 201.
— (H. de), 253, 259, 262.
RAYMOND I, 40, 219.
— (évêque), 215.
— (M.), 257.
— CABASSE, 96.
— TRANCAVEL, 44.
REBOUL (H.), 181.
REBUFFY, 39, 245, 256, 257.
Recherches historiques, 357.
— topographiques, 358.
Rectorie, 61, 89.
Rédemption des Captifs, 354.
Refuge, 323.
RÉGIS (F.), 265.
REINE DE NAVARRE, 83.
REINE D'ESPAGNE, 164.
Reines, 97.
Religieuses de la Merci, 237.
Remparts, 336.
Renaissance, 338, 354.
RENARD D'ESTE, 202.
RENAUD DE VILLENEUVE, 317.
RENOUVIER (J.), 319, 338, 361.
République (rue de la), 325.
Revendeurs, 217.
Révolution (place de la), 330.
REY, 337.
REY (A.), 347.
REYNARD, 174.
RHODES (ile), 25, 222, 229.
RHODES (chevaliers), 222.
RHONE, 215, 225.
RICARD (A.), 347, 361.
RICHELIEU, 15, 146, 148, 149, 237, 297, 298, 299.
RICHELIEU (duc), 347.
RICOINE (L.), 262.
RICUIN, 38, 39, 197.
RIDEUX (P), 265.
RIGAUD, 514.

Riu, 317.
Rivière, 147.
Rivière (L.), 264.
Rivière (G.), 265.
Roberjat, 187, 193, 194.
Rochelle, 304, 306, 334.
Rohan, 11, 134, 139, 140, 142, 144, 145, 146.
Rois, 250.
Rolland, 186.
Romairol (C.), 157.
Rome, 8, 53.
Romieu (Z.), 262.
Rondelet (G.), 244, 263, 311, 318.
Roque (L. de la), 352.
Rosset (P.), 260, 292, 309.
Rouan, 169.
Rouanet, 203.
Roubine, 64.
Roucher, 187, 260, 291, 303, 319.
Roudil, 319.
Rouen, 169.
Rouger, 175, 180, 183, 190.
Roure (J.), 156.
Roure (comte), 155.
Rouquairol, 157.
Rousseau (J.-J.), 14, 272, 315, 327, 360.
Roussillon, 148
Roux, 203.
Royale (La), 344.
Rues, 295, 299.
Rulman, 36.

S

Saboterie, 300.
Sabatier (Dom), 254.
Sacristie, 333.
Saints, 319.
Saint-Acace, 319.
— Arnaud, 201.
— Antoine, 69, 319.

Saint-André, 119, 127, 181, 339.
— Aunés, 127.
— Barthélemy, 89, 120, 210, 319, 320.
— Bauzille, 10, 79.
— Bauzille de Montmel, 10, 24.
— Benoit, 320.
— Bernard, 240.
— Charles, 137, 239, 320.
— Claude, 201, 320.
— Cléophas, 102.
— Clément, 169, 328.
— Come, 14, 86, 115, 227, 320, 344.
— Denis, 11, 97, 101, 111, 116, 137, 138, 139, 141, 146, 196, 199, 320, 358.
— Dominique, 10.
— Eloi, 15, 210, 234, 301.
— Esprit, 210, 320.
— Firmin, 39, 101, 117, 196, 197, 218, 243, 246, 296, 320, 340
— François, 202, 297.
— Fulcrand, 34, 36.
— Geniès, 39.
— Germain, 41, 87, 135, 236, 243, 245, 335.
— Georges, 48, 320.
— Gilles, 41.
— — (porte), 90.
— Guilhem, 12, 14, 101, 115, 137, 210, 320, 336, 340, 341.
— Jacques, 212, 336.
— Jaumes, 12, 137, 212, 324.
— Jean, 117.
— — d'Acre, 222.
— — de Védas, 23, 89, 119.
— Julien de Tournefort, 211.
— Lazare, 209.
— Louis, 320.
— Loup, 10, 19, 24.
— Marc, 358.

Saint-Martial, 213.
— Martin, 211.
— Martin-de-Londres, 10, 24.
— — de-Prunet, 320.
— Mathieu, 15, 101, 117, 200, 247, 296.
— Maur, 211.
— Maurice, 173.
— Michel, 168.
— Nicolas, 114, 117, 218.
— Pargoire, 48.
— Paul, 101, 117, 202, 296, 321.
— Paul (de), 360.
— Pierre, 109, 110, 115, 147, 154, 180, 199, 296, 321, 342.
— Pons, 180.
— Priest, 314.
— Ravy, 314.
— Roch, 197, 202, 254, 356.
— Romain, 123.
— Ruf, 117, 235, 236, 321.
— Sauveur, 250, 321.
— Sébastien, 117.
— Sépulcre, 321.
— Siège, 83.
— Simon, 289.
— Thomas, 321.
Sainte-Anne, 101, 117, 180, 201.
— Claire, 321.
— Catherine, 117, 133, 321.
— Croix, 10, 101, 109, 117, 296, 297, 321.
— — de Quintillargues, 24.
— Eulalie, 245, 247.
— Foix, 117, 200, 296, 311.
— Marie, 211, 321.
— Marthe, 111, 321.
— Ursule, 133, 239, 321.
Saladin, 190.
Salces, 127.
Salle-l'Evêque, 13, 117, 187, 246.
Samuel, 215.

Sanche de Navarre, 42.
Saporta (A.), 264, 270.
Sarran (J.).
Sarrasius, 36, 67.
Sarte (P.), 255.
Saunerie, 11, 13, 90, 112, 136, 175, 199, 304, 336.
Sauniers, 299.
Saurel (F.), 356.
Sauvages (de), 263.
Sauve (baron), 120.
Savants, 217, 261.
Savetiers, 217.
Scalager 1.
Scènes, 26.2
Schomberg, 148, 152.
Sciences, 224, 231.
Scribes, 218, 332.
Sculpteurs, 269.
Sébastien Bourdon, 318.
Sediers, 199.
Seigneur d'Acier, 111.
Seiguin de Badassol, 86.
Seliers, 217.
Séminaire, 360.
Seminarium, 310.
Sénéchaussée, 172, 173.
Sénégonde, 38.
Senhers, 333.
Sérane, 10, 19, 24.
Sérane (C.), 266.
Serres, 136, 351, 356.
Serres, (C.), 256.
Serres (P.), 360.
Series præsulum, 350.
Serments, 359.
Serruriers, 217.
Session des Etats, 361.
Sicile, 221.
Simon de Montfort, 51, 52, 197.
Singla, 122, 124.
Sixième centenaire, 356.
Société archéologique, 55, 360.

Société bibliophile, 359.
Société Languedocienne, 361.
Société des sœurs noires, 323.
SŒURS NOIRES, 14.
SOLDATS, 324.
SOLIGNAC, 259.
SOULAIROL (J.), 171.
Souvenirs militaires, 323.
SOVEROLS (G.), 263.
SQUARE DE LA GARE, 330, 331.
STAEL (Mme de), 13.
STRASBOURG, 324.
SUBURBAIN (hôp.), 210.
SUBSTANTION, 10, 35, 296, 360.
SUISSES, 114, 136, 138.
SYBILIA, 41, 42, 136.

T

TAILLEBOURG, 98.
Tailleurs, 217.
TALENCE (de), 143.
TALMA, 327.
TANDON, 174, 314.
Tanneurs, 217, 301, 302.
TAPIS VERT, 211.
TARDIF, 55.
Teinturiers, 302.
Teissiers, 217, 259, 302.
Temples, 14.
Temple (Grand), 125, 141, 158, 204, 298.
— (Petit), 130, 163, 204.
— (de la Loge), 108, 204.
— protestant, 157.
— (de la Raison), 187, 330.
— (nouveau), 16.
— (de la rue de l'Observance), 204.
— (de la rue Maguelone), 205.
Templiers, 43, 59.

TERRAL, 314.
TERRE SAINTE, 41.
TEULE, 314.
TEYRAT, 166.
Thalamus, 41, 55, 81, 101, 206, 269, 333, 359.
Théâtre, 174, 346.
Théologie, 233, 237.
THIBAUDEAU, 190.
THOMAS, 294.
THOMAS (E.), 352, 360, 361.
— (P.), 352.
Tirs, 390.
Tisserands, 217.
Toiles d'indiennes, 166.
TOIRAS, 155, 314.
TOLLET, 270.
Tondeurs, 302.
Tonneliers, 217.
Topogr. médicale de Montpel., 351.
TORTOSE, 41, 42, 43, 47, 224.
TOUCHY, 186.
TOULON, 184.
TOULOUSE, 10, 41, 44, 59, 100, 150, 156, 186, 224.
TOURNEMIRE, 321.
TOURTOULON (Ch. de), 357, 361.
Tours, 303.
Tour d'En-Canet, 304.
— des Pins, 13, 334.
— Sainte-Eulalie, 237, 304.
Transformation de Montpellier, 362.
Treilles, 180, 282, 284, 362.
TRENTE-DEUXIÈME (rue de la), 324.
Trepassens, 94, 311.
Trésoriers-Clavaires, 173.
Trésoriers de la Bourse, 313.
— de France, 13, 104, 148, 174, 312, 313, 340, 341, 358.
TRESSAN, 48, 79.
Tribunal de Commerce, 14.
Trinitaires, 202, 211, 237.
Triperie, 296.

Triperie Neuve, 302.
— Vieille, 302.
TRIPOLI, 67, 222.
TRIPOLITAINS, 67.
Trivium, 234.
Trois Etats, 99.
TROIS COURONNES, 323.
TROIS GRACES, 11, 348.
Troubadours, 259.
TROUBAT, 362.
TROYES, 229.
TROY (de), 341.
Tudesques, 127.
TUILERIES, 136.
TUNIS, 67.
TURC, 98.
TURQUIE, 98.
TYR, 53.

U

Université, 15, 113, 254, 313.
URBAIN (V.), 15, 40, 80, 196, 197, 199, 235, 242, 243, 270, 315.
URSIÈRES, 120.
URSINES DES URSIÈRES, 249.
Ursulines, 320.
UZÈS, 140, 157.
UZÈS (duc), 122.
UZILES, 261.

V

VACARIÉ, 208, 302.
VALESCURE, 146.
VALFÈRE, 39, 296, 312, 313, 337.
VALLAT (A.), 261, 319.
VAN DER BURH, 269.
VANNEAU, 269.
VEJOLADES, 199.
VENDARGUES, 23.
VENDEMIAN, 48, 79.
Vendeurs d'eau, 48.

VENDOME, 136.
Venel, 215.
VENTADOUR (duc de), 129, 244.
VENTOUX (mont), 20, 24.
VERCHAND, 145.
VERDALE, 317.
VERDANSON, 11.
VERDIER, 318.
VERDIER-ALLUT, 319.
VERDIER (A.), 249.
VERDIER (H.), 268.
VERLAC (B.), 258.
VERNAY (J.), 168.
Verrerie, 303.
Verriers, 217.
Verroul de Saint-Pierre, 200.
VERSAILLES, 174.
Vestiaire, 323.
Veyriers, 332.
Vicaire, 60.
VICTOR HUGO, 11, 315.
VIDOURLE, 48.
VIEILLE, 306, 337, 340.
VIEILLE AIGUILLERIE, 303.
VIEILLE BOUCHERIE, 303.
VIEILLE INTENDANCE, 207, 313.
VIEILLE DES PÉNITENTS BLANCS, 323.
Vieillesse (fête), 191.
VIEN (J.), 318, 268.
VIENNET, 175, 181, 183, 190.
Vierge noire, 198.
VIEUSSAN, 215.
VIGAROUS (B.), 266.
VIGAROUS, (F.), 266.
VIGNES, 166.
VIGUIER, 60.
VILBACH, 262, 293.
VILLEFRANCHE, 313.
VILLENEUVE, 135.
VILLENEUVE (de), 116.
VILLENEUVE-les-AVIGNON, 94, 121.
VILLENEUVE-LES-MAGUELONE, 124.
VILLERIOLA, 263.

Vincent, 217.
Vincent de la Mare, 344.
Vitriers, 217, 232.
Visigoths, 36, 96.
Vivarais, 140.
Volontaires, 324.
Volsques, 36.
Voltaire, 315.

W

Wardes, 344.

Y

Young.

Z

Zamet, 135, 138.

ERRATA

Page 36, Monspitillarius.. *lire* Monspistillarius.
— 179, En 1892......... — En 1792.
— 258, Breuys......... — Brueys.
— 266, Chicogneau..... — Chicoyneau.
— 270, Grimard........ — Grimoard.
— 271, d'Aviler Gharles. — D'Aviler Charles.
— 293, Flatters........ — Platter.
— 352, Kahnoltz....... — Kuhnholtz.
— 356, J.-M. Ancelin.... — J.-M. Amelin.

TABLE

Avant-Propos.................................... 5
Préface.. 7
I. TOPOGRAPHIE............................... 9
II. GÉOLOGIE................................... 17
III. CLIMAT..................................... 25
IV. HISTOIRE................................... 33
    I. Origine (Xe siècle)......................... 33
    II. Les Seigneurs : les Guillems.............. 37
        Guillem I (Xe siècle).................... 38
        Guillem II (XIe siècle).................. 39
        Guillem III (XIe siècle)................. 39
        Guillem IV (1058)...................... 40
        Guillem V (1068)....................... 40
        Guillem VI (1121)...................... 41
        Guillem VII (1149).................... 42
        Guillem VIII (1172)................... 44
        Guillem IX (1202)..................... 46
        Marie de Montpellier (1181-1213)..... 46
        Pierre d'Aragon (1204)............... 47
    III. Etablissement de la Commune (1204)... 52
    IV. Juridictions de Montpellier (XIIIe siècle). 59
    V. Prospérité de la Commune (XIIIe siècle).. 67

VI. Les Seigneurs (suite) : La Commune sous Jayme Iᵉʳ, roi d'Aragon (1213-1276).. 69
VII. La Commune sous Jayme II (1276-1311). 73
VIII. La Commune sous don Sanche (1311-1324) 76
IX. La Commune sous Jayme III (1324-1349). 78
X. Vente de la Seigneurie de Montpellier au roi Philippe de Valois (1349)...... 81
XI. Caractère de la commune de Montpellier (1204-1349).................. 82

Montpellier pendant les règnes :

XII. Du roi Jean (1350-1364)............... 85
XIII. De Charles V (1364-1380)........... 87
XIV. De Charles VI (1380-1422)......... 92
XV. De Charles VII (1422-1461).......... 97
XVI. De Louis XI, Charles VIII et Louis XII (1461-1515)............. 99

Montpellier pendant les guerres de religion

XVII. Règnes de François Iᵉʳ, Henri II, François II (1515-1560)........... 103
XVIII. Règne de Charles IX (1560-1574)... 107
XVIII (bis). Règne de Henri III (1560-1589). 121
XIX. Règne d'Henri IV (1589-1610)........ 126
XX. Règne de Louis XIII jusqu'après le siège de Montpellier (1610-1622)........ 132
XXI. Règne de Louis XIII, jusqu'a la mort de ce roi (1622-1643)............... 142
XXII. Règne de Louis XIV jusqu'a la révocation de l'Edit de Nantes (1643-1685)........................ 150

XXIII. Règne de Louis XIV, depuis la révocation de l'Edit de Nantes jusqu'a la mort de ce roi (1685-1715).... 159

Montpellier sous les règnes de :

XXIV. Louis XV (1715-1774)............ 167
XXV. Louis XVI (1774-1789)............. 170

Montpellier pendant la Révolution

XXVI. En 1789....................... 172
XXVII. En 1790....................... 176
XXVIII. En 1791 et 1792 179
XXIX. En 1793 et 1794................. 184
XXX. De 1795 a 1800.................. 188

V. CULTES.............................. 195
 Culte catholique..................... 195
 Culte protestant..................... 203
 Culte israélite 205

VI. LA CHARITÉ A MONTPELLIER PENDANT LE MOYEN AGE 209

VII. LE COMMERCE DE MONTPELLIER AU MOYEN AGE...................... 214

VIII. ENSEIGNEMENT..................... 233
 Faculté de Médecine................. 240
 Ecole de Droit...................... 245

IX. BIOGRAPHIE MONTPELLIÉRAINE JUSQU'A LA FIN DU XVIIIᵉ SIÈCLE.. 248

Personnages célèbres ayant séjourné a Montpellier..................... 269

X. POPULATION........................ 273

XI. ANCIENS JEUX..................... 275

XII. LES DAMES DE MONTPELLIER...... 285

XIII. PLACES ET RUES................. 295

XIV. PROMENADES ET JARDINS......... 325

XV. ARCHÉOLOGIE..................... 331

XVI. BIBLIOGRAPHIE................... 349

PLANCHES

I. PLAN DE LA VILLE DE MONTPELLIER AVANT LES GUERRES DE RELIGION (vers 1600).

II. PLAN DE LA VILLE ET CITADELLE DE MONTPELLIER, AVEC SES ENVIRONS, en 1737.

III. PLAN DE LA VILLE ET CITADELLE DE MONTPELLIER, AVEC SES ENVIRONS, en 1774.

Bergerac. — Imprimerie Générale (J. CASTANET), 3, rue Saint-Esprit.

PLAN DE LA VILLE DE MONTPELLIER AVANT LES GUERRES DE LA RELIGION

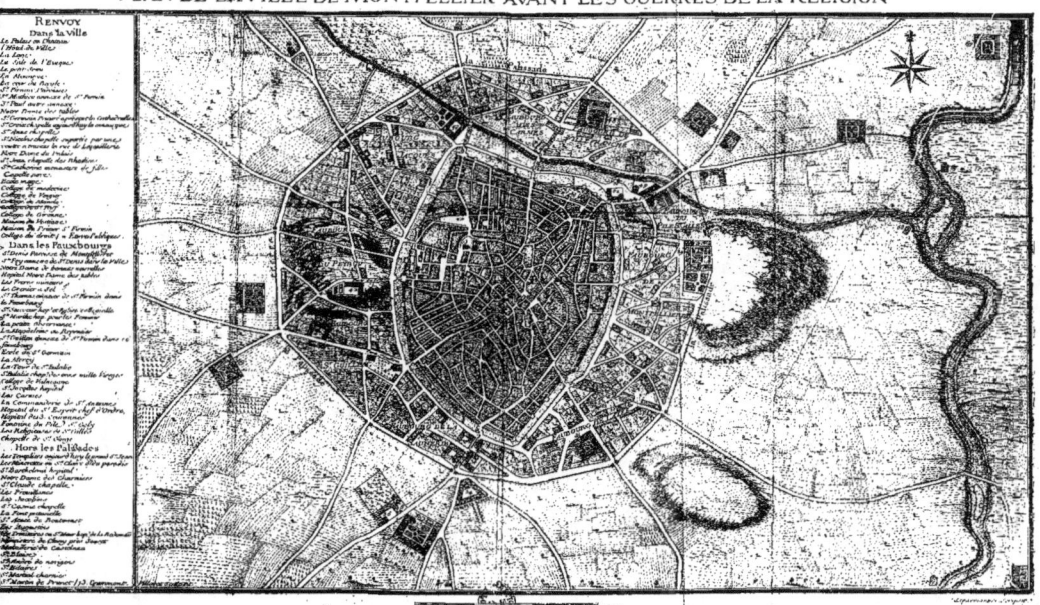

RÉDUCTION D'UNE DES PLANCHES DE L'*HISTOIRE DE MONTPELLIER*, PAR CHARLES D'AIGREFEUILLE
PLAN DE LA VILLE VERS 1600

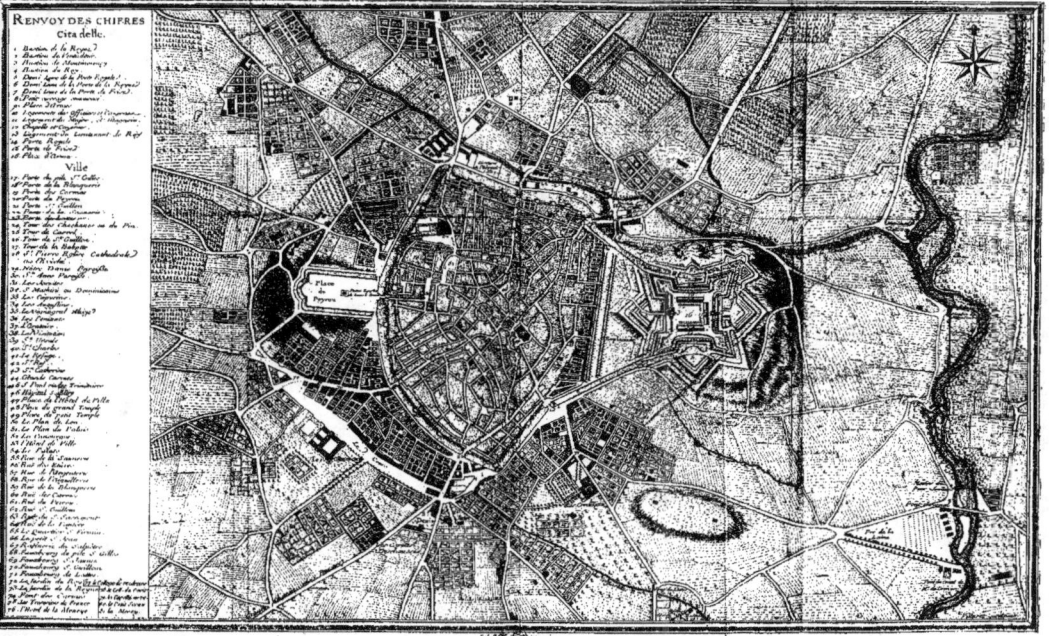

PLAN DE LA VILLE ET CITADELLE DE MONTPELLIER, AVEC SES ENVIRONS

RÉDUCTION D'UNE DES PLANCHES DE L'*HISTOIRE DE MONTPELLIER*, PAR CHARLES D'AIGREFEUILLE
PLAN DE LA VILLE EN 1737

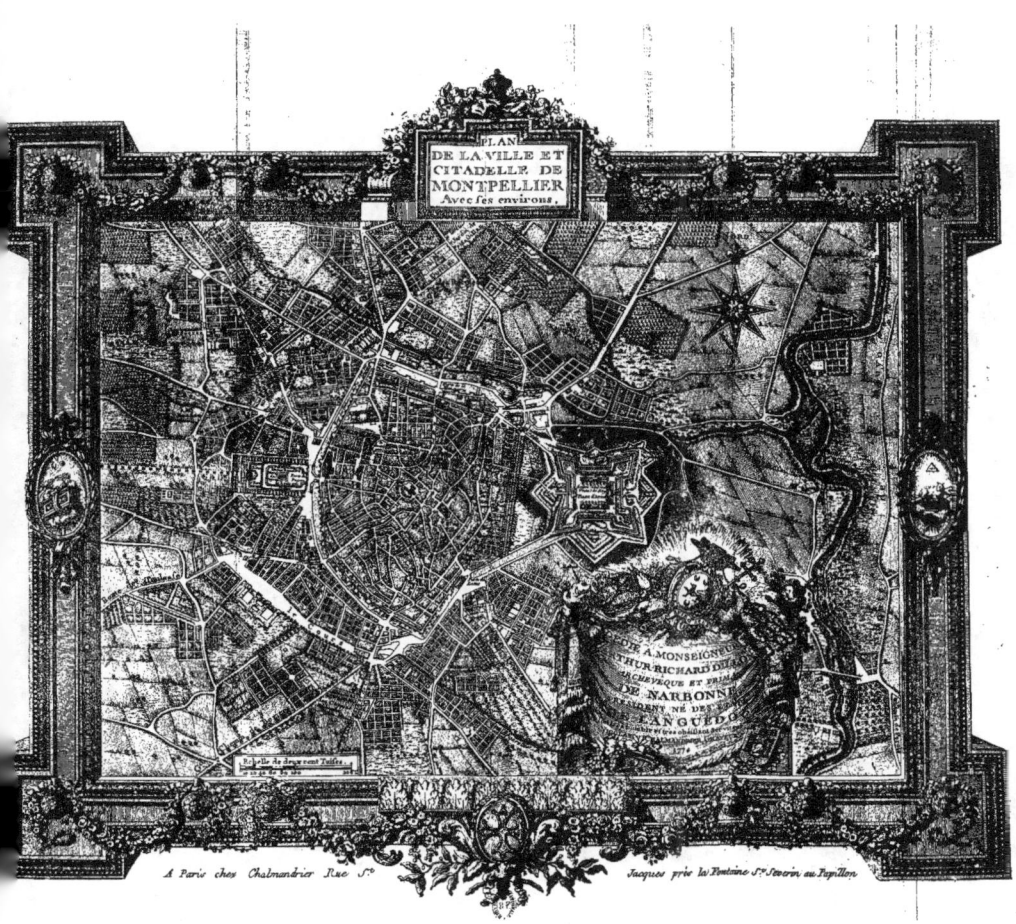

9

www.ingramcontent.com/pod-product-compliance
Lightning Source LLC
Chambersburg PA
CBHW071907230426
43671CB00010B/1504